Yf 2652

LE THEATRE DE Mr QUINAULT,

CONTENANT

SES TRAGEDIES, COMEDIES, ET OPERA.

DERNIERE EDITION,

AUGMENTE'E DE SA VIE, d'une Dissertation sur ses Ouvrages, & de l'origine de l'Opera.

Le tout enrichi de Figures en taille-douce.

TOME III.

A PARIS,
Chez PIERRE RIBOU, seul libraire de l'Académie Royale de Musique, Quai des Augustins, à la Descente du Pont-Neuf, à l'Image Saint Loüis.
M. DCC. XV.

Avec Approbation & Privilege du Roi.

PIECES CONTENUES
dans ce troisiéme Volume.

AGRIPPA, ou le faux TIBERINUS, Tragi-Comedie.

ASTRATE, Tragedie.

LA MERE COQUETTE, ou LES AMANTS BROUILLEZ, Comedie.

BELLEROPHON, Tragedie.

PAUSANIAS, Tragedie.

AGRIPPA
ROI D'ALBE,
OU LE FAUX
TIBERINUS,
TRAGI-COMEDIE.

Representée en 1660.

ACTEURS.

LAVINIE, *Princesse du Sang des Rois d'Albe.*

ALBINE, *Fille de Tirrhene, & sœur d'Agrippa.*

CAMILLE, *Confidente de Lavinie.*

JULIE, *Confidente d'Albine.*

MEZENCE, *Neveu de Tiberinus.*

FAUSTE, *Confident de Mezence.*

TIRRHENE, *Prince du Sang d'Ænée, Pere d'Agrippa & d'Albine.*

AGRIPPA, *Fils de Tirrhene, régnant sous le nom & la ressemblance de Tiberinus Roi d'Albine.*

LAUZUS,
ATIS,   } *Officiers d'Agrippa.*
GARDES.

La Scene est au Palais des Rois d'Albe, dans l'Appartement de Lavinie.

AGRIPPA,
OU LE FAUX
TIBERINUS.

ACTE I.
SCENE PREMIERE.
LAVINIE, ALBINE, CAMILLE, JULIE.

LAVINIE.

Votre malheur au mien n'est pas à comparer,
Consolés-vous, Albine, & laissés-moi pleu-
rer.
ALBINE.
Que vous connoissez peu la douleur qui m'emporte,
Si vous croiez la vôtre, & plus juste & plus forte !
LAVINIE.
Dans l'Illustre Agrippa massacré lâchement,
Vous ne perdés qu'un frere, & j'y perds un amant.
ALBINE.
J'y perds un frere unique ; & le mal qui m'accable,

A 2

AGRIPPA,

Est d'autant plus cruel qu'il est irréparable :
Mais pour vous en effet l'on doit vous plaindre moins ;
Le Prince à vous aimer a mis ses plus grands soins :
Et pour vous consoler vos yeux ont sçu vous faire
Beaucoup plus d'un amant, & je n'avois qu'un frere.

LAVINIE.

J'avois plus d'un amant avant ce dur revers,
Mais je n'en aimois qu'un, Albine, & je le pers ;
Le Roi jusques au jour qu'il perdit votre frere,
Vous a parlé d'hymen, a tâché de vous plaire,
Et le devant haïr, peut-être en vôtre cœur,
Un frere ne fait pas toute votre douleur.

ALBINE.

Ne me soupçonnez point d'un sentiment si lâche ;
Ce coup d'avec le Roi pour jamais me détache ;
Et souillé de mon sang, il me fait trop d'horreur,
Pour lui pouvoir laisser quelque place en mon cœur.
Le retour en ces lieux de ce Tyran infame,
Rouvre encor de nouveau cette plaie en mon ame,
Et quelque juste ennui qu'il renouvelle en vous,
Auprés de mes malheurs, les vôtres sont bien doux.
Prés d'un an écoulé depuis notre disgrace,
Et pour vous consoler un assez long espace.

LAVINIE.

Dites, dites pour vous, c'est bien plus aisément
Que l'on peut oublier un frere qu'un amant.
L'Amour est bien plus tendre, en pareille avanture,
Et n'est pas consolé si-tôt que la nature.
Le sang dans ses transports, content d'un peu de deuil,
Ne va jamais plus loin que les bords du cercueil ;
On cesse d'être sœur quand on n'a plus de frere ;
La Nature s'arrête, & n'a plus rien à faire ;
Mais l'Amour qui pénétre au creux d'un monument,
Peut faire encore aimer, quand on n'a plus d'amant.

ALBINE.

Pour regretter mon frere, & croître ma tristesse,
L'interêt de ma gloire est joint à ma tendresse :
Des vieux ans de mon Pere étant l'unique appui,

Toute notre esperance expire avecque lui.
Nous descendons du sang dont Albe est l'heritage,
Mais c'est d'un peu trop loin pour en prendre avantage,
Vous, vous touchez au thrône, & la Fortune un jour,
Pourroit vous consoler des rigueurs de l'Amour.

LAVINIE.

Mon cœur est à l'amour, & non à la fortune ;
Je tiendrois maintenant la Couronne importune,
Et quand tout ce qu'on aime entre dans le tombeau,
La pompe est une peine, & le sceptre un fardeau.
Aprés Tiberinus, & son neveu Mezence,
L'Empire ici m'est dû, par les droits de naissance ;
Mais le Roi trop cruel qui possede ce rang,
Souille par ses forfaits, son trône, & notre sang,
Et son ayeul Ænée, en ses faits magnanimes,
Fit voir moins de vertus, qu'il n'a commis de crimes.
Le meurtre d'Agrippa massacré par ses coups,
Fut comme le dernier, le plus cruel de tous:
Il sortoit de son sang, & jamais plus de zele
N'éclatta pour un Roi, dans un Sujet fidelle.
Cependant, même aux yeux d'un Pere infortuné;
Par ce Tyran barbare il fut assassiné,
Sans avoir pû jamais l'accuser d'autre offence.
Que d'avoir avec lui beaucoup de ressemblance.
Aprés ce crime affreux, le sang ni le devoir,
N'ont rien en sa faveur qui puisse m'émouvoir :
Je ne vois plus en lui de Parent ni de Maître,
Je ne le connois plus, ni ne le veux connoître ;
Et l'injuste assassin de mon illustre Amant,
Doit tout apprehender de mon ressentiment,
Mais qui s'approche,

ALBINE.

Adieu, c'est le Prince Mezence,
Son amour prés de vous ne veut pas ma presence.

AGRIPPA,

SCENE II.

LAVINIE, MEZENCE, FAUSTE, CAMILLE.

LAVINIE.

Vous voiez de vos soins quel est pour moi le fruit,
Dés que vous m'abordez, tout le monde me fuit?
MEZENCE.
Si c'est moi qui fais fuir Albine qui vous quitte,
J'ôte à votre douleur, un objet qui l'irrite.
LAVINIE.
Le neveu du Tyran qui fait tout mon malheur,
Doit bien plutôt encor irriter ma douleur.
MEZENCE.
Par quelle cruauté, puni par votre haine,
Sans avoir part au crime, ai-je part à la peine?
Quand j'aurois de ma main fait perir votre amant,
Pourriés-vous me traiter plus inhumainement?
LAVINIE.
Et qui peut m'assurer que votre jalousie,
N'ait point poussé la main qui termina sa vie?
Le Roi contre Agrippa n'étoit point irrité :
Que sai-je si son bras n'étoit pas emprunté?
Et n'a point immolé cette illustre victime,
Pour vous mettre en état de jouir de son crime?
MEZENCE.
Hier le Roi sur ce point, s'expliquant hautement,
Fit voir qu'il soupçonna la foi de votre Amant,
Qu'il l'avoit fait si grand qu'il lui fut redoutable,
Et qu'enfin avec lui le trouvant trop semblable
Il voulut, pour s'ôter tout sujet de terreur,

Prévenir par la mort quelque funeste erreur.
Pour les bien discerner, quelque soin qu'on put pren-
dre,
Leur rapport étoit tel qu'on s'y pouvoit méprendre,
Et qu'aprés les avoir cent fois considerez,
Je m'y trompois, moi même, à les voir separez.

LAVINIE.

La nature oublia sans doute, en leurs visages,
Ce dehors different qu'on void dans ses ouvrages,
Et contre sa coutume elle ne mit jamais
En deux corps separez, de si semblables traits.
Mais la diversité qui distingue nos trames,
Au défaut de leurs corps, se trouvoit dans leurs ames
Et la nature en eux, avec des soins prudens,
L'oubliant au dehors, la mit toute dedans.
Mon Amant eut une ame, aussi noble, aussi belle,
Que celle du Tyran est perfide & cruelle,
Et ce Heros reçut bien plutôt le trépas,
Parce qu'à ce Barbare il ne ressembloit pas.

MEZENCE.

Ce transport violent n'a rien de condamnable ;
Le Roi même envers vous sent bien qu'il est coupable:
Hier, pour le recevoir m'étant fort avancé,
Il me parla de vous, dés qu'il m'eut embrassé ;
Et lors que je lui dis la profonde tristesse
Où la mort d'Aprippa vous plonge encor sans cesse,
Je l'ouis soupirer, je le vis s'émouvoir,
Et pour vous consoler, il promit de vous voir.

LAVINIE.

Ah ! c'est le dernier mal qui me restoit à craindre !
Ce cruel à le voir prétend donc me contraindre !
Et pour nouveau tourment, veut offrir à mes yeux
Une main teinte encor d'un sang si précieux !

MEZENCE.

Dans le premier combat, au gré de votre haine,
Un trait fatal perça cette main inhumaine ;
Et le destin fit voir par ce coup merité,
Qu'on ne peut vous déplaire avec impunité.

LAVINIE.

Les Dieux justes vergeurs du sang de l'Innocence,
N'ont fait encor sur lui, qu'ébaucher leur vengeance;
Et le trait dont sa main a senti le pouvoir,
N'est qu'un premier éclat du foudre prêt à choir.
Vous-même qui suivez ses barbares maximes,
Et qu'avec lui le sang unit moins que les crimes,
Redoutez que ces Dieux, dans leur juste couroux,
N'étendent leur vengeance & leurs traits jusqu'à vous.
Mais vous n'en croiez point, & vous en faites gloire.

MEZENCE.

Si je n'en ai pas cru, je commence d'en croire:
Je me sens convaincu, graces à vos beautez,
Que l'on doit de l'encens à des Divinitez:
De vos charmes divins l'éclat tout admirable
Force assez de connoître un pouvoir adorable,
Et quand j'aurois toujours douté qu'il fût des Dieux,
Pour en croire, il suffit d'avoir vu vos beaux yeux:
Du moins, quand en effet, j'aurois l'erreur encore
De ne connoître pas tous les Dieux qu'on adore,
Prés de vous, quelque erreur dont on soit prévenu,
L'Amour n'est pas un Dieu qui puisse être inconnu.

LAVINIE.

Quoi qu'il en soit enfin, Prince, à ne vous rien taire;
Agrippa n'étant plus, rien ne me sauroit plaire,
Le Ciel dans ce Heros prit soin de renfermer
Les vrais & seuls appas qui me pouvoient charmer;
L'invincible pouvoir d'un destin tout de flâme
N'attacha qu'à lui seul tous les vœux de mon ame;
On ne doit à l'Amour qu'un tribut à son choix,
Et c'est trop pour un cœur d'aimer plus d'une fois.

MEZENCE.

Je n'en saurois douter, inhumaine Princesse:
Cet amant seul a pris toute votre tendresse,
Et reservant pour moi toute votre rigueur,
Son ombre encor suffit pour m'ôter votre cœur:
Votre couroux s'accroît, plus mon amour éclatte.

LAVINIE.

Perdés donc cet amour.

MEZENCE.

Le perdre! helas ingrate!
Plutôt toujours pour moi, gardés ce fier couroux,
Et laissés-moi du moins l'amour que j'ai pour vous,
Dûssai-je voir toujours vos beaux yeux en colere,
Ils ont beau s'irriter, ils ne sauroient déplaire.
Pour des destins divers, le Ciel nous sçut former.
Le vôtre est d'être aimable, & le mien est d'aimer,
Mais vous n'écoutez point, & vos yeux qui s'agitent
Lassés de mes regards, avec soin les évitent.

LAVINIE.

Voici de mon amant le Pere infortuné,
Quelque souci le presse, il paroît étonné.

SCENE III.

TIRRHENE, LAVINIE, MEZENCE, FAUSTE, CAMILLE.

TIRRHENE à Mezence.

NE vous offencez pas, Seigneur, si je m'avance,
J'apporte à Lavinie un avis d'importance;
Et je viens l'avertir que l'on m'a fait savoir,
Que le Roi va sortir à l'instant pour la voir.

LAVINIE à Mezence.

Ah! Prince, si votre ame à peine est sensible,
Empêchés qu'on m'expose à ce tourment horrible,
Et tâchez par vos soins d'épargner à mes yeux,
Le supplice de voir cet objet odieux.

MEZENCE.
Mon plus ardent desir est celui de vous plaire,
Et de tout mon pouvoir je cours vous satisfaire.

SCENE IV.
TIRRHENE, LAVINIE, CAMILLE.

TIRRHENE.

LE Prince entreprendra de l'arrêter en vain ;
Je ne connois que trop ce Tyran inhumain :
Son ame violente en ses desirs persiste,
Et sa fureur s'accroît pour peu qu'on lui resiste;
Pour mieux vous en défendre, il faut vous retirer;
Je doute que chez vous par force il ose entrer,
Il ne passera point à cette audace extrême.
Ce Méchant craint le peuple, & le peuple vous aime.

LAVINIE.
Mais pour vous...

TIRRHENE.
Que peut craindre un Pere desolé ;
Le plus beau de mon sang par ses mains a coulé ;
Pour le peu qui m'en reste, il faut peu me contrain-
  dre,
Je suis trop malheureux pour avoir rien à craindre.
Je veux lui reprocher son crime aux yeux de tous.
Gardez qu'il ne vous voie, il vient, retirez-vous.

SCENE V.

AGRIPPA, *sous le nom de* TIBERINUS, MEZENCE, LAUZUS, ATIS, TIRRHENE.

AGRIPPA à MEZENCE.

Qu'on ne m'en parle plus, je veux voir Lavinie.
Mezence se retire.

à LAUZUS.

Vous, allez donner ordre à la ceremonie.
Faites tout préparer pour rendre grace aux Dieux,
D'avoir mis par mes soins le calme dans ces lieux.

à ATIS.

Que le reste s'éloigne, & devant que je sorte
Qu'aucun n'entre en ce lieu... quoi ! l'on ferme la porte !

TIRRHENE.

Oui, l'on la ferme ; Ingrat, & c'est par mes avis.

AGRIPPA.

Mon Pere...

TIRRHENE.

A peine en vous je reconnois mon Fils,
Nous sommes sans témoins, je parle en assurance.
Quoi ! chercher Lavinie, & contre ma défence !
Oubliez-vous ainsi, ce qu'avoit ordonné
Un Pere, dont les soins vous ont seuls couronné ?
Ne vous souvient-il plus que c'est par ma prudence,
Que vous tenez ici la suprême puissance ?
Et que vous ne vivez, ni regnez que par moi ?

AGRIPPA.

Je n'ai rien oublié de ce que je vous doi.
Lorsque pour r'assurer la Frontiere alarmée,

Tiberinus pressé de joindre son armée,
N'aiant que nous pour suite avec trois de ses gens ;
Passant l'Albule à gué, fut abîmé dedans,
Ce fut vous, dont le soin m'inspira l'assurance
De regner aprés lui, par notre ressemblance,
Et sçut persuader les témoins de sa mort
De m'assister à prendre & son nom, & son sort.
Tandis que sous ce nom qui m'a fait méconnoître,
J'ai trompé tout le Camp, & m'y suis rendu maître,
Pour mieux feindre, en ces lieux retournant sur vos pas,
Vous avez au Roi même imputé mon trepas...

TIRRHENE.

Mais lorsque pour tenir l'entremise couverte,
Je vous quitai, pour feindre encor mieux votre perte ;
Et pour en accuser la main même du Roi,
L'ordre le plus pressant que vous eûtes de moi,
Pour conserver le Sceptre, & vos jours, & ma vie,
Ne fut-ce pas, sur tout, d'oublier Lavinie ?
Cependant, aussi-tôt qu'on vous void de retour,
Je vois encor pour elle éclater votre amour ?
Vous venez hazarder qu'un soupçon, qui peut naître
Par l'éclat de vos feux, vous fasse reconnoître,
Et qu'un œil éclairé par cette vieille ardeur,
Dessous les traits du Roi, découvre un autre cœur ?
Il faloit sur le Trône étouffer cette flâme ;
Il faloit commencer à regner dans votre ame,
Estre Roi tout-à-fait & savoir reprimer...

AGRIPPA.

Pour être Roi, Seigneur, est-on exempt d'aimer ?
Pour avoir pris un Sceptre en est-on moins sensible ?
Le Trône aux traits d'Amour est-il inaccessible ?
Pensez-vous qu'à ce Dieu les Rois ne doivent rien ?
Et qu'il soit quelqu'Empire indépendant du sien ?

TIRRHENE.

Ah ! quittés ces erreurs ; l'Amour & ses chimeres,
Sont des amusemens pour des âmes vulgaires,
La foiblesse sied mal à qui donne des loix,
Et la seule grandeur est l'amour des grands Rois,

Agissez comme eût fait Tiberinus lui-même,
AGRIPPA.
Mais il aimoit ma Sœur, voulés-vous que je l'aime ?
Que je presse un hymen horrible, incestueux ?
TIRRHENE.
Non, un crime de vous n'est pas ce que je veux.
L'heur de vous voir au trône à mes vœux peut suffire,
Mais ne hazardez point cette gloire où j'aspire,
Je veux que mon Sang regne, & c'est ma passion.
AGRIPPA.
Quel mal fait mon amour à votre ambition ?
Lavinie est le charme où mon ame est sensible,
Son Cœur avec le Sceptre est-il incompatible ?
Quel peril voiez-vous à lui tout reveler ?
TIRRHENE.
Elle est jeune, elle est fille, & pourroit trop parler,
Fiez-vous à moi seul : tout m'allarme, & me blesse,
Tout m'est suspect d'ailleurs, l'Amour, vous, la Princesse,
Les Amans osent trop, l'Amour est indiscret,
La Nature est plus sûre, & plus propre au secret.
Quand même Lavinie auroit l'art de se taire,
Vous ne vous pourriés pas empêcher de lui plaire ;
Et si vous lui plaisiez, on verroit aisément
Que Lavinie en vous connoîtroit son Amant.
Pour mieux garder le sceptre, il faut souffrir sa haine,
Et paier à ce prix la grandeur Souveraine.
AGRIPPA.
Ah ! vous n'estimez point ce prix si grand qu'il est,
Et le Sceptre n'est pas si doux qu'il vous paroît,
Depuis que votre soin à qui je m'abandonne,
A voulu sur ma tête attacher la Couronne,
Je n'ai point ressenti cette felicité,
Et ces vaines douceurs, dont vous m'aviez flatté
Je vois incessamment le Ciel qui me menace :
Les témoins de la mort du Roi pour qui je passe,
Et qui m'aidoient à prendre un rang si glorieux,
Dans le premier Combat perirent à mes yeux ;

Sur cet objet encor ma vuë étoit baissée,
Lors que d'un trait fatal j'eus cette main percée,
Comme si le Ciel juste eut voulu la punir,
Du Sceptre dérobé qu'elle osoit soutenir.

TIRRHENE.

Ne craignez rien du Ciel, il vous est favorable;
Bien qu'à Tiberinus vous soiez tout semblable,
Les témoins de sa mort pouvoient vous découvrir,
Et le Ciel vous fit grace en les faisant périr.
Vôtre main sans ce coup eut même pû vous nuire,
On vous eut pû connoître à la façon d'écrire,
Et pour vous donner lieu de regner sans fraieur,
Le coup qui la perça fut un coup de faveur.
Le sort comble avec soin votre regne de gloire;
Vous avez entassé victoire sur victoire,
Et venez de forcer les Rutules défaits,
Aprés cent vains efforts, à demander la paix,
Si du Prince en regnant vous occupez la place,
La justice du Ciel vous y met, & l'en chasse,
Noirci de cent forfaits qui l'ont deshonoré,
Au dernier attentat il s'étoit préparé;
Et sans l'amour qu'il prit depuis pour Lavinie,
Par qui l'ambition de son cœur fut bannie,
Malgré le nœud du sang, de fureur transporté,
Sur Tiberinus même il auroit attenté.
Regnez mieux qu'il n'eut fait, méritez la Couronne,
Mezence en est indigne, & le Ciel vous la donne:
Et puis qu'ici les Rois sont les portraits des Dieux,
Faites-en un en vous qui leur ressemble mieux.

AGRIPPA.

Le trône eut pu changer ses injustes maximes:
Respectons sa naissance, en détestant ses crimes:
Noirci d'impietez, de meurtres, d'attentats,
Il sort toujours d'Ænée.

TIRRHENE.

                      Et n'en sortons-nous pas?
Le sang des Dieux qu'Ænée a transmis à sa race,
Dans le cœur de Mezence & s'altere & s'efface;

Quoi que plus loin en nous l'éclat s'en soûtient mieux,
Et s'il est de plus prés sorti du sang des Dieux,
Le pur sang des Heros, quand la vertu l'anime,
Vaut bien le sang des Dieux corrompu par le crime:
Il se mocque des loix, se rit des immortels,
Ses forfaits ont passé jusques sur les Autels,
Et les Dieux offensez pour en tirer vengeance,
Avec eux contre lui vous font d'intelligence,
Pour l'éloigner du trône, & pour le lui ravir,
C'est de vous que le Ciel a voulu se servir,
Vous êtes l'instrument sur qui son choix s'arrête;
Et puis qu'il veut enfin emprunter votre tête,
Souffrez-y la Couronne, & vous representez,
Que c'est à tous les Dieux à qui vous la prêtez.

AGRIPPA.

Accommodez ma flame, avec le diadême,
Je consens à regner, mais consentez que j'aime.

TIRRHENE.

L'amour de Lavinie expose trop nos jours,
Si vous voulez aimer, prenez d'autres amours.

AGRIPPA.

Je ne saurois rien voir de plus aimable qu'elle.

TIRRHENE

Regardez la Couronne, elle est encor plus belle.

AGRIPPA.

Je suis amant, Seigneur, & vous ambitieux,
Et nous ne voions pas avec les mêmes yeux.
Le Sceptre que j'ai pris ne m'a jamais sçu plaire,
Qu'autant qu'à mon amour je l'ai cru necessaire;
Mezence étoit amant, en même lieu que moi,
Et pouvoit être heureux s'il fut devenu Roi.

TIRRHENE

Il garde encor ses feux, gardez le diadême.

AGRIPPA.

Mais sous le nom du Roi du moins soufrez que j'aime.

TIRRHENE.

Sous ce nom odieux vous serez méprisé.

AGRIPPA.

Ah ! qu'un mépris est doux, sous un nom supposé !
Caché sous les faux traits d'un Prince, où Lavinie
Ne croit voir qu'un tyran qui m'arracha la vie,
Sa rigueur n'aura rien que de charmant pour moi,
Ses dédains me seront des garants de sa foi,
Comme assassin ensemble, & Rival de moi-même ;
Son couroux me doit être une faveur extrême,
Et pour mieux m'exprimer, sa tendresse en ce jour,
La haine servira d'interprete à l'amour.

TIRRHENE.

Hé bien, flatez vos feux de cette douceur vaine,
Et pendant son amour jouissez de sa haine ;
Sondez jusqu'où pour vous son cœur est enflamé,
Et sous un nom haï goûtez l'heur d'être aimé.
J'ai d'importans secrets dont je doi vous instruire,
Mais un long entretien ici nous pourroit nuire.
Tirant le corps du Roi, sous votre nom, des flots,
A ses Manes errans je rendis le repos ;
Je fis seul son bucher, & ramassai sa cendre,
Et chacun dans mon deüil s'est si bien sçu méprendre,
Que tous les factieux trompez par mes regrets,
Se sont ouverts à moi de leurs complots secrets.
Pour nous revoir, feignez d'en vouloir à ma tête,
Avant la fin du jour commandez qu'on m'arrête ;
Vous m'examinerez, & je prendrai ce tems
Pour vous dire les noms de tous les mécontens :
Cependant contre moi, paroissez en furie,
Dites que mes conseils ont fait fuir Lavinie,
Menacez, & d'abord m'ordonnez en couroux,
De n'aprocher jamais ni d'elle ni de vous.

AGRIPPA.

De ce que je vous doi faire si peu de conte !

TIRRHENE

Un mépris qui vous sert ne me peut faire honte ;
Je vous défends moi-même ici de m'épargner ;
Ma veritable gloire est de vous voir regner.

Fin du premier Acte.

ACTE II.

SCENE PREMIERE.
ALBINE, JULIE.

JULIE.

CE Palais n'est pour vous qu'un objet de tristesse,
Pouvez-vous y rentrer ?

ALBINE.

C'est pour voir la Princesse,
L'amitié, tu le sais, nous unit fortement,
Au frere que je pers, elle perd un amant,
Et mêlant nos ennuis, qui par là s'adoucissent,
Outre notre amitié, nos malheurs nous unissent.
Mezence m'a trop tôt contrainte à la quitter ;
Et sentant aujourd'hui tous mes maux s'augmenter,
J'en veux aller chez elle adoucir l'amertume:
Mais la porte est fermée, & contre la coutume.

JULIE.

Peut-être, que le Roi de son deuil averti,
Est entré pour la voir, & qu'il n'est pas sorti.

ALBINE.

S'il est vrai, je l'attens, & pleine de furie,
Je veux lui reprocher sa lâche barbarie,
Et dans l'ennui mortel dont mon cœur est pressé,
Lui demander raison du sang qu'il a versé.
Je veux enfin, mais Dieux ! puis-je bien t'en instruire ?

JULIE.

Qui vous fait hesiter ? craignez-vous de me dire
Que vous le haïssez ? & qu'un couroux puissant,

ALBINE.
Pour dire que l'on hait, l'on n'hesite pas tant.
JULIE.
Le meurtrier d'un frere à qui le sang vous lie,
Pourroit vous plaire encor ?
ALBINE.
J'en ai bien peur, Julie:
Et mon mal à tes yeux cherche à se découvrir,
Afin que tes conseils m'aident à m'en guerir.
L'ingrat ! qu'il me fut doux autrefois de lui plaire !
JULIE.
Songez que maintenant il vous prive d'un frere.
ALBINE.
Il m'ôte beaucoup plus encor que tu ne crois ;
Il m'a ravi mon frere, & son cœur, à la fois.
Depuis le coup fatal dont mon Pere l'accuse,
Je n'ai point de sa part reçu la moindre excuse,
L'ingrat pour m'appaiser, n'a pris aucun souci,
Et si mon frere est mort, son amour l'est aussi.
JULIE.
Vous ne devez pleurer qu'un frere plein de gloire.
ALBINE.
Il m'étoit cher, Julie, & plus qu'on ne peut croire,
Pour un frere jamais le sang avec chaleur,
Ne mit tant de tendresse en l'ame d'une sœur,
Et la Nature exprés, pour me le rendre aimable,
Sçut même à mon Amant le former tout semblable.
Je l'aimois cherement, & sensible à son sort,
J'offre encor tous les jours des larmes à sa mort ;
Mais l'Amant que je pers n'aiant que trop de charmes,
Mon frere, à dire vrai, n'a pas toutes mes larmes,
Et son Tyran encor trop cher à mes desirs ;
Lui dérobe en secret beaucoup de mes soupirs.
J'ai beau les refuser à cet Amant si lâche,
Quand j'en donne au devoir, le dépit m'en arrache :
Et l'amour, malgré moi, mêlé dans mes douleurs,
Partage, avec le sang, mes soupirs & mes pleurs.

JULIE.
Rappellez, pour haïr cet assassin d'un frere,
Ce que de ses fureurs raconte votre Pere.
ALBINE.
Mon Pere à le haïr tâche de m'animer;
Mais lui-même autrefois m'ordonna de l'aimer.
Si j'aime injustement, j'aimai d'abord sans crime,
J'en reçus de sa bouche un ordre legitime,
Et d'ordinaire on sait beaucoup mieux obeïr,
Lors-qu'il s'agit d'aimer, que lors-qu'il faut haïr.
Je l'aimai par devoir, je l'aime par coutume:
Et dés qu'on a souffert qu'un premier feu s'allume,
Julie, on s'aperçoit qu'il est si doux d'aimer,
Qu'on peut malaisément s'en desacoutumer.
JULIE.
Je n'ose avoir pour vous l'injuste complaisance,
D'excuser lâchement un feu qui vous offence,
Ce seroit vous trahir que vouloir vous flatter.
ALBINE.
Je ne t'ai dit mon mal que pour y resister,
Et seule étant trop foible à combattre ma flâme,
J'appelle tes conseils au secours de mon ame.
JULIE.
Pour fuir ce feu funeste, & trop honteux pour vous,
Il faut..
ALBINE.
N'acheve pas, mon Pere vient à nous,

SCENE II.

TIRRHENE, ALBINE, JULIE.

TIRRHENE.

O Dure tyrannie! ô rigueur inhumaine!
Viens prendre part, Albine, à l'excés de ma peine.
ALBINE.
Qui peut causer, Seigneur, le trouble où je vous voi?
TIRRHENE.
Un outrage nouveau que j'ai reçu du Roi.
Mais, Julie, observez si l'on peut nous entendre,
Sans plainte & sans transport je ne puis te l'aprendre
Et pour perdre les siens, si-tôt qu'il l'entreprend,
La plainte la plus juste est un crime assez grand.
Lavinie a tantôt refusé sa visite;
Et croiant, qu'en secret, contre lui je l'irrite,
Si j'ose la revoir, il vient de m'assurer.
Qu'à perir aussi-tôt, je me dois préparer.
Sa fureur cherche encore à me joindre à ton frere,
Tout le sang de mon fils ne l'a pû satisfaire,
Et la soif qu'il en a ne se peut apaiser,
Si jusques dans sa source il ne vient l'épuiser.
Ce n'est pas que la vie ait pour moi quelques charmes;
Je n'ouvre plus les yeux que pour verser des larmes:
Mais te voiant encore, & jeune, & sans secours,
Je doi prendre pour toi quelque soin de mes jours.
ALBINE.
Puis-qu'on ne vous défend que de voir Lavinie,
Daignez donc prendre encor ce soin pour votre vie;
Ou si vous la voiez, engagez-la, Seigneur,
A voir du moins le Roi pour calmer sa fureur,

Et de peur que sur vous, sa cruauté n'éclatte,
Par quelques faux respects souffrez qu'elle le flatte.
TIRRHENE.
Tu veux que je l'engage à flater son amour?
ALBINE.
Son amour!
TIRRHENE.
   Ce secret enfin paroît au jour.
Il vouloit aborder la Princesse sans suite ;
Et brulant de dépit de voir qu'elle l'évite,
Dans son premier transport il ne m'a pû cacher,
Que pour elle en secret l'amour l'a sçu toucher ;
Qu'il n'immola mon fils qu'à cette ardeur couverte,
Que sur leur ressemblance il prétexta sa perte,
Mais que ce fut l'amour qui seul lui fut fatal,
Et qu'il ne le perdit que comme son Rival.
Veux-tu me voir servir, auprés de Lavinie,
Un feu qui de ton frere a fait trancher la vie,
Et mettre enfin, de peur de le suivre au Tombeau,
Le cœur de sa Maîtresse aux mains de son boureau.
ALBINE.
Non, cette lâcheté, Seigneur, seroit infame ;
Opposez-vous plutôt à cette indigne flame,
Irrités Lavinie, & tâchés aujourd'hui,
De redoubler encor l'horreur qu'elle a pour lui.
TIRRHENE.
C'est aussi maintenant le souci qui me presse.
ALBINE.
Mais c'est vous exposer que de voir la Princesse ;
Le Tyran vous perdra, s'il vient à le savoir,
Et sans aucun peril je puis encor la voir.
Laissés-moi tout le soin d'animer son courage.
TIRRHENE.
Va donc, parle, agis, presse ; & mets tout en usage
Pour nuire à ce Barbare, & le faire haïr.
ALBINE.
Je vous répons, Seigneur, de vous bien obeïr.
Oui, Julie, en effet je vais me satisfaire,

Et servit à la fois mon dépit, & mon Pere,
Si la Princesse en croit mon violent transport...
Mais on ouvre chez elle, & je la voi qui sort.

SCENE III.

LAVINIE, ALBINE, CAMILLE, JULIE.

LAVINIE.

J'Allois vous voir, Albine, & confuse & troublée,
Vous dire un nouveau mal dont je suis accablée,
Le fier Tiberinus contre moi déclaré,
Souillé qu'il est du sang d'un Heros adoré,
Par une cruauté qui toujours con inuë,
Veut encor m'exposer à l'horreur de sa vuë.

ALBINE.
Sa fureur va plus loin que d'offrir à vos yeux,
Le bras qui fit couler un sang si précieux :
Il porte plus avant son injustice extrême.

LAVINIE.
Que peut-il faire plus le Barbare ?

ALBINE.
Il vous aime.

LAVINIE.
Ah ! de quel coup affreux frapez-vous mes esprits !

ALBINE.
Mon pere qui l'a sçu me l'a lui-même apris ;
Et sans un ordre exprés de fuir votre presence,
Il vous en eût donné la fatale assurance.
Ce feu perdit mon frere, & lui coûta le jour.

LAVINIE.
Helas ! lui-même, Albine, ignoroit mon amour.

Toujours, un fier orgueil, tant qu'a vécu ton frere,
S'il m'a permis d'aimer, m'a contrainte à le taire,
J'ai caché tous mes feux avec des soins trop grands...
ALBINE.
Ah ! qu'un Rival jaloux a les yeux penetrans !
Il aura, malgré vous, éclairé par sa flâme,
Surpris dans vos regards, le secret de votre ame,
Et si dans le Tombeau mon Frere est descendu,
C'est pour l'avoir aimé, que vous l'avez perdu.
Cette flâme fatale aujourd'hui découverte,
Vous coûtant votre Amant, vous charge de sa perte;
Et pour trancher ses jours, cet Amour odieux
Fût un foudre mortel allumé par vos yeux,
Le Tyran, à ses feux donnant cette victime,
Vous a sçu malgré vous, engager dans son crime,
Et perdant ce Heros par un jaloux transport,
A rendu votre amour complice de sa mort.
LAVINIE.
A ce penser horrible, à cette affreuse Image,
Vous me voiez fremi & d'horreur, & de rage.
Ah Barbare ! ah Tyran! tremble, & crains ma fureur,
ALBINE.
Vous ne sauriez pour lui, concevoir trop d'horreur,
Il est digne en effet de toute votre haine.
Oui, pour cet inhumain rendez-vous inhumaine.
Votre colere est juste, & loin d'y resister,
Contre un si lâche amant j'aime à vous irriter :
Puisque son crime vient de l'amour qui l'anime,
Faites son châtiment de ce qui fit son crime ;
D'un éternel mépris paiant ses cruels vœux :
De l'autheur de vos maux faites un malheureux.
Votre vengeance est sûre & dépend de vous même,
Pour punir ce Tyran il suffit qu'il vous aime,
Et l'amour dont son cœur suit l'empire aujourd'hui,
Est du moins un Tyran aussi cruel que lui.
LAVINIE.
Ce n'est pas où je veux que ma haine en demeure,
Elle ira bien plus loin, Albine, il faut qu'il meure.

AGRIPPA,

Le sang qu'il a versé demande tout le sien,
Si je respire encor, c'est pour ce dernier bien.
Aprés mon Amant mort, il m'est honteux de vivre,
Mon cœur dans le tombeau tarde trop à le suivre;
Mais je lui dois vengeance, & mon cœur affligé
N'ose le suivre encor qu'aprés l'avoir vengé.
Le Tyran de retour à mes fureurs se livre,
Au bien qu'il m'a fait perdre, il a sçu trop survivre,
Et si mes vœux ardents sont exaucés des Dieux,
Ce jour est le dernier qui doit luire à ses yeux.
Je brule dans sa mort de goûter l'avantage....
Mais quel soudain effroi paroît sur ton visage ?

ALBINE.
Je tremble des perils où vous semblez courir.

LAVINIE.
Quoique puisse un Tyran, du moins il peut mourir,
L'Amour au desespoir ne void rien d'impossible,
Tiberinus n'a pas un cœur inaccessible;
Tant de bras contre lui s'uniront avec moi,
Qu'il ne te doit rester aucun sujet d'effroi.
J'ai fait des Partisans, Mezence est temeraire,
Et pour servir ma haine aime assez à me plaire.
Fais que de son côté, ton Pere prenne soin
De tenir ses amis préparez au besoin.
Mais le Roi va passer.

ALBINE.
Les gardes paroissent.
      Evitez ce Barbare.
Lavinie rentre, & Albine continuë.
L'ingrat merite assez le sort qu'on lui prépare,
Et toutefois....

JULIE.
  Songés vous-même à l'éviter,
Il vient.

ALBINE.
Si je le voi, c'est pour mieux m'irriter.

SCENE

SCENE IV.
AGRIPPA, ALBINE, JULIE, Suite.

AGRIPPA.

Le fort m'offre un bonheur où je n'ofois prétendre,
Je fai quels fentimens pour moi vous devés prendre,
Madame, & j'avouerai que le bien de vous voir,
Etoit une douceur qui paſſoit mon eſpoir.

ALBINE.
Il n'eſt pas mal-aiſé de connoître à mes larmes,
Ce qu'au bien de me voir vos yeux trouvent de charmes :
Et d'un frere meurtri tout le ſang épanché
Montre à quel point pour moi votre cœur eſt touché.

AGRIPPA.
Je ne ſuis point ſurpris de voir votre colere,
Je vous ai fait outrage en vous ôtant un frere ;
De ſes traits & des miens le merveilleux raport
Ne ſauroit envers vous juſtifier ſa mort ;
Tout ce que d'une erreur on avoit lieu de craindre,
Ni l'interêt d'Etat...

ALBINE.
    Non, non, ceſſez de feindre,
Je ſai quel interêt fut en vous le plus fort ;
L'Etat moins que l'Amour eut part à cette mort ;
Et vous ſacrifiant cette illuſtre victime,
L'Etat fit le pretexte, & l'Amour fit le crime.
Vos feux pour Lavinie armerent votre bras.

AGRIPPA.
Je voi qu'on vous l'a dit, & ne m'en défens pas ;

Tome *III.*   B

Aussi bien, si j'en croi le sang qui vous anime,
Prétendre à votre cœur seroit un nouveau crime :
Et tout ce qu'a l'amour d'innocent & de doux,
N'auroit rien desormais, que d'affreux parmi nous.
ALBINE.
J'ai dû peu m'étonner que votre ame inhumaine,
Pour se donner ailleurs m'ait pû quitter sans peine,
Vous trouvâtes d'abord dans ce change fatal,
Un grand crime à commettre en perdant un Rival,
Et n'eussiez eu jamais, ne cherchant qu'à me plaire,
De Rivaux à détruire, & de crimes à faire.
De votre amour pour moi, vous fûtes rebuté
Par le trop d'innocence, & de facilité ;
Vous ne pouviez m'aimer que d'un feu legitime ;
Mais rien ne vous est doux, s'il ne vous coûte un
  crime,
Et votre ame aux forfaits unie étroitement,
Se fut fait trop d'effort d'aimer innocemment.
AGRIPPA.
Eclatez, & traitez mon feu pour Lavinie,
De noire trahison, de lâche Tyrannie,
Nommez-moi criminel d'adorer ses apas,
Le crime en est si beau, que je n'en rougis pas.
Mon cœur se trouve exempt, dans des flâmes si belles,
Des remors attachez aux flâmes criminelles,
Et quoi qu'auparavant noirci de trahison,
Mon amour est en paix, avecque ma Raison.
ALBINE.
L'absence des remors est, dans un cœur coupable,
D'un Tyran achevé la marque indubitable,
Et c'est où peut monter la derniere fureur
D'être au comble du crime, & n'en voir plus l'horreur.
Aprés les noirs forfaits que cet amour vous coûte,
Votre ame doit fremir de la paix qu'elle goûte.
Tant qu'un remords demeure en l'ame d'un méchant,
Il a vers l'innocence encor quelque penchant.
C'est toujours dans un cœur où la fureur domine,
De la vertu bannie un reste de racine,

Mais ce reste est détruit quand on est sans combas,
Et l'on ne guerit point d'un mal qu'on ne sent pas.
AGRIPPA.
Si la perte d'un frere est tout ce qui vous blesse,
Vous n'aurez rien perdu, que votre douleur cesse ;
Je vous offre en moi-même un frere plein d'ardeur ;
Vous aurés mon estime au défaut de mon cœur.
ALBINE.
Votre estime ? ah du moins, dites-moi par quel crime ;
J'ai pû meriter cette honteuse estime ?
Et puis que les forfaits ont pour vous tant d'apas,
Dequoi m'accusez-vous pour ne me haïr pas ?
Pour m'offrir un barbare, un Tyran pour mon frere ?
AGRIPPA.
Mon estime s'augmente avec votre colere :
Et, quelqu'indignité qu'il m'en faille souffrir,
Loin de m'en irriter je m'en sens attendrir.
Le sang fait plus en vous, que je ne l'osois croire ;
J'ai même, je l'avouë, eu peur, pour votre gloire.
Il m'a semblé d'abord, qu'un peu d'émotion
A trahi dans vos yeux votre indignation,
Et qu'encore, à ma vuë, un vieux reste de flame
S'est, à travers la haine, échapé de votre ame.
ALBINE.
Je n'ai pour vous qu'horreur, n'en doutez nullement :
Si mes yeux ont osé vous parler autrement,
S'ils ont rien avancé dont votre orgueil se louë,
Ce sont des imposteurs que mon cœur desavouë.
Ce cœur fut, pour ma honte, offert à vos souhaits ;
Mais la mort d'Agrippa vous l'ôta pour jamais,
Si-tôt que vos fureurs eurent coupé sa trame,
L'Amour, tout indigné, s'arracha de mon ame.
La Nature outragée en vint briser les nœuds,
Et dans le sang d'un frere, éteignit tous mes feux.
Peut-être, qu'en effet votre premiere vuë
A surpris, dans mes yeux, mon ame encore émuë,
Mais sachez que la haine, agissant à son tour,
A ses émotions, aussi bien que l'amour :

Que l'abord odieux du Tyran qui m'outrage
A pû d'un frere mort me retracer l'image,
Et qu'il est naturel, que le sang offencé
S'émeuve en approchant du bras qui l'a versé.

AGRIPPA.

Je n'inviterai point votre haine à s'éteindre ;
Ces mouvemens du sang, sont trop beaux pour m'en
    plaindre,
Et votre cœur par eux, se montre également,
Digne d'un frere illustre, & d'un illustre amant.
Aprés ce que pour vous j'ai conçu de tendresse,
Dans votre gloire encor mon ame s'interesse ;
Vous devez me haïr, & j'aurois peine à voir
Qu'un cœur qui me fut cher soutint mal son devoir.
Je veux même vous fuir, de crainte que ma vuë
N'altere dans ce cœur la haine qui m'est dûë,
Et qu'au fonds de votre ame, un charme encor trop
    doux,
N'excite rien pour moi, qui soit honteux pour vous.
Je sai bien qu'une offence irrite un grand courage,
On s'attache à l'amour quand ce qu'on aime outrage;
Mais tant qu'on se peut voir, l'amour a des recours
Où tout cœur court hazard de retomber toujours ;
Je veux en m'éloignant vous sauver cette peine,
Et mettre en sûreté l'honneur de votre haine.

SCENE V.

ALBINE, JULIE.

ALBINE.

Pour te faire haïr, va, ne prens aucun soin,
Graces à tes forfaits, tu n'en as plus besoin.
Ne crains plus mon amour, Tyran, crains ma ven-
    geance ;

Croi que j'en veux encor à ton cœur qui m'offence,
Non plus pour l'attendrir, mais pour le déchirer,
Et goûter la douceur de le voir expirer.
Ah! Julie, à ce coup, je sens mourir ma flâme,
C'en est fait, le dépit l'étouffe dans mon ame,
Et ce que j'eus de feux ne sert plus seulement,
Qu'à grossir les ardeurs de mon ressentiment.
Le Tyran me fait grace en me trouvant sans charmes,
Je ne veux plus de lui de soupirs ni de larmes,
C'est à verser son sang que tendent tous mes vœux,
Et ses derniers soupirs, sont les seuls que je veux.
Allons prêter nos soins pour hâter son suplice,
Mon frere & mon dépit veulent ce sacrifice;
Et le Sang, & l'Amour, à la fois outragez,
Sont trop forts, étant joints, pour n'être pas vangez.

Fin du second Acte.

ACTE III.

SCENE PREMIERE.
FAUSTE, MEZENCE.

FAUSTE.

Quoi, tant de mécontens qui s'offrent dans l'armée
Dont la valeur paroît du repos allarmée,
Et dont les bras hardis sont mal accoutumez
A se voir par la paix oisifs & desarmés,
Joint aux secrets amis dont pour vous Albe est pleine,
Tous, pour vos interêts prêts d'éclater sans peine,
N'éveillent point en vous l'ambitieuse ardeur
Qui jadis pour le trône animoit votre cœur ?

MEZENCE.

Fauste, je suis amant, & depuis qu'on soupire,
A peine à l'amour seul tout un cœur peut suffire,
Et cette impetueuse & fiere passion
A du mien malgré moi chassé l'ambition.
   Pour m'élever au Trône, avant que la Princesse
M'eut forcé de me rendre au beau trait qui me blesse,
La honte d'obeïr, & l'ardeur de regner
M'eut fait tout entreprendre & ne rien épargner ;
J'eusse aux derniers forfaits abandonné mon ame :
Mais, depuis que ses yeux ont allumé ma flâme,
Mon cœur purifié par leurs feux tout-puissans
N'a plus osé former que des vœux innocens :
Tout mon bonheur dépend du cœur de ce que j'aime,
Et s'il pouvoit se rendre à mon amour extrême,

ou le faux Tiberinus.

Je ne changerois pas un bien si précieux,
Pour la felicité ni des Rois, ni des Dieux.
FAUSTE.
Le Roi vint vers l'endroit où loge la Princesse.
MEZENCE.
Il s'arrête en rêvant, quelque souci le presse.

SCENE II.
AGRIPPA, ATIS, MEZENCE, FAUSTE.

MEZENCE.
SAns paroître indiscret puis-je être curieux,
Seigneur ? Quel noir chagrin se montre dans vos
    yeux ?
Tout conspire à l'envi pour remplir votre attente,
Vous revenés vainqueur d'une guerre sanglante,
Et ramenés ensemble au gré de vos desirs
La Victoire & la Paix, l'Honneur & les Plaisirs.
Dans un destin si beau quelle humeur sombre & noire,
Ose aller jusqu'à vous à travers tant de gloire ?
Où trouvés-vous encore à former des souhaits ?
Et qui vous peut troubler dans le sein de la Paix ?
AGRIPPA.
Tout paroît en effet m'applaudir sur la terre,
Je reviens glorieux d'une sanglante guerre,
Aprés d'heureux exploits j'ai fini nos combats,
Tout est tranquile ici, mais mon cœur ne l'est pas.
Je ne saurois jouir du repos que je donne,
Rarement on le goûte avec une Couronne,
Et le calme qu'on trouve aprés d'heureux exploits,
Est fait pour les Sujets, & non pas pour les Rois.
MEZENCE.
Les Rois heureux n'ont pas des soucis sans relâche,
La Fortune sans cesse à tous vos vœux s'attache,

Et tout exprés pour vous, sans jamais se lasser,
A sa propre inconstance a semblé renoncer.
AGRIPPA.
Il est vrai, jusqu'ici la Fortune constante
A prévenu mes vœux & passé mon attente ;
Mais la fortune seule a-t'elle entre ses mains
Dequoi pouvoir remplir tous les vœux des humains ?
Nous sommes dépendans par des loix éternelles
De deux Divinités aveugles & cruelles ;
On les voit rarement nous flater tour à tour,
Et sûr de la Fortune, on doit craindre l'Amour.
MEZENCE.
Je suis surpris qu'Albine encor puisse vous plaire,
Elle dont vous avés sacrifié le Frere.
AGRIPPA.
Mon amour vient d'ailleurs, & vous l'aiant appris
Je m'attens à vous voir encore plus surpris ;
Ma flâme pour Albine est pour jamais finie,
Mais, pour vous dire tout, j'aime enfin Lavinie.
MEZENCE.
Lavinie !
AGRIPPA.
A ce mot j'entens votre douleur.
Je connois que ce coup vous perce jusqu'au cœur,
J'entens tous vos soupirs se plaindre de ma flame ;
Je sai que Lavinie a sçu charmer votre ame,
J'ai regret de l'aimer quand vous l'aimez aussi,
Mais il plaît à l'Amour d'en ordonner ainsi.
MEZENCE.
Malgré l'ennui profond que je vous fais paroître,
Et dont tout mon respect est à peine le Maître,
Je sai qu'en ma faveur je ne pourrois qu'à tort
Prétendre que mon Roi se fît le moindre effort.
Je ne vous ferai point de plaintes indiscrettes,
Je sai trop qui je suis, je sai trop qui vous êtes,
Et ce que la hauteur du rang où je me voi
Laisse encor de distance entre un Monarque & moi.
Quoi que je sois sorti du sang qui vous fit naître,

Je suis toujours Sujet, quoi qu'enfin je puisse être ;
Et les fronts couronnés dans leur sort glorieux,
N'ont pour leurs vrais parens que les Rois ou les
    Dieux.
Le sang n'est entre nous qu'une chaîne imparfaite
Qui rend ma dépendance encore plus étroite,
Et le trône est si haut, Seigneur, qu'auprés des Rois
La Nature est sujette & le sang est sans droits.
Ce n'est donc pas pour moi qu'il faut que je vous
    presse
D'étouffer, s'il se peut, vos feux pour la Princesse,
Et si j'ose en parler, je ne vous dirai rien
Que pour votre interêt sans regarder le mien.
Daignez-vous épargner l'indignité cruelle
De voir paier vos soins d'une horreur éternelle.
L'amant de la Princesse immolé par vos coups
Vous a fait pour jamais l'objet de son courroux ;
Pour vous en faire aimer votre puissance est vaine,
Son ame n'est pour vous capable que de haine,
Et c'est souffrir, Seigneur, mille maux tour à tour,
D'exciter de la haine où l'on prend de l'amour.
La rigueur dont l'ingrate a paié ma constance
M'en a fait faire assez la triste experience,
Et d'un feu si fatal vous serez peu tenté,
Si vous considerez ce qu'il m'en a coûté.
        AGRIPPA.
La rigueur où pour vous la Princesse se porte
Loin de me rebuter rend ma flâme plus forte ;
Forcé de soupirer il doit m'être bien doux
Que ce soit pour un cœur qui ne puisse être à vous.
C'est un bien où mon ame est d'autant plus sensible,
Que pour vous la conquête en paroît impossible,
Plus je vous voi haï, plus je suis enflâmé,
Et n'aimerois pas tant si vous étiez aimé.
        MEZENCE.
Mais sa rigueur pour vous est encor plus certaine ;
Vous ne vaincrez jamais les fureurs de sa haine,
Et jamais un grand Roi par la gloire animé

Ne doit paroître amant s'il n'eſt ſûr d'être aimé.
Il eſt de la grandeur de votre rang ſuprême
De ménager en vous l'honneur du Diadême,
Et de n'expoſer pas par d'inutiles vœux
La majeſté du Trône à des mépris honteux.

AGRIPPA.

Je connois ſur ce point tout ce que je doi croire ;
Ne craignez rien pour moi, j'aurai ſoin de ma gloire,
Et l'honneur de mon rang dans mes vœux empreſſés,
Ne court pas un peril ſi grand que vous penſez.
La Princeſſe me hait, mais il eſt peu de haines
Qui ne ſe laiſſent vaincre aux grandeurs ſouveraines,
Et le Sceptre en mes mains peut être aſſez charmant,
Pour lui faire oublier tout le ſang d'un Amant.

MEZENCE.

Ah ! ne vous flattez point d'une ſi vaine attente,
Seigneur, pour Agrippa ſon ame eſt trop conſtante,
Et dans ſon cœur pour vous à la haine obſtiné
Cet amant quoi que mort eſt trop enraciné :
Vouloir l'en arracher, c'eſt tenter l'impoſſible ;
C'eſt l'objet de tendreſſe où ſeul elle eſt ſenſible,
Et vous ne ſauriez croire à quel ardent couroux
Un ſang ſi précieux l'anime contre vous.
Votre couronne encor fut-elle plus charmante,
Teint d'un ſang ſi cheri tout de vous l'épouvante,
A votre nom ſes yeux ſont de rage allumez,
Et ſa fureur eſt telle...

AGRIPPA.

Ah ! que vous me charmez !
Qu'il m'eſt doux de trouver tant de fermeté d'ame,
Tant d'amour, tant de foi, dans l'objet de ma flame !
Et de voir que l'amour en m'impoſant des loix
Ait pris ſoin de me faire un ſi glorieux choix !
Ah ! Prince ! que d'un cœur ſi tendre & ſi fidelle
La conquête doit être & précieuſe & belle !
Et qu'un ſi rare prix ſous l'amoureuſe loi
Eſt digne d'occuper tous les vœux d'un grand Roi !

MEZENCE.

Mais songez-vous qu'un cœur si fidelle & si tendre
Est un prix que jamais vous ne pouvez prétendre ?
Que vos feux vont encor redoubler sa fureur ?
Qu'en vain...

AGRIPPA.

Que j'ai pitié, Prince, de votre erreur !
L'espoir de voir sur moi tomber toute sa haine
Flatte déja sans doute en secret votre peine,
Et vous fait présumer que son cœur en courroux
En s'aigrissant pour moi s'adoucira pour vous.
Mais sachés qu'à mon gré je puis m'en rendre maître,
Que pour le devenir je n'ai qu'à vouloir l'être,
Que j'ai des moiens sûrs d'obtenir tant d'appas,
Et ne vous réponds point de ne m'en servir pas.
Pour vous épargner, Prince, une vaine esperance,
Ma pitié se hazarde à cette confidence ;
Et pour vos bons avis offerts à mon amour,
J'ai cru vous en devoir quelque chose à mon tour.

SCENE III.

MEZENCE, FAUSTE.

MEZENCE.

Fauste, as-tu bien compris jusqu'où va ma disgrace ?
Et le barbare effort dont le Roi me menace ?

FAUSTE.

Il en dit trop, Seigneur, à ne vous point flatter,
Pour nous laisser encor quelque lieu d'en douter :
Il ne vous a donné que trop de connoissance
Qu'il prétend se servir de toute sa puissance,

Contraindre la Princesse à lui donner la main,
Et faire agir la force où l'amour seroit vain,
Vos feux vont recevoir cette atteinte cruelle?
Mais la Princesse sort, je vous laisse avec elle.

SCENE IV.

LAVINIE, MEZENCE.

LAVINIE.

Vous a-t-on dit, Seigneur, mes nouveaux déplaisirs?
Savés-vous qu'un Tyran m'ose offrir ses soupirs?
Et que mes tristes yeux, pour comble de misere,
Au plus lâche des cœurs ont la honte de plaire?

MEZENCE.

Helas! je sai bien plus, je sai que malgré vous
Ce fier Rival prétend devenir votre époux.

LAVINIE.

Le barbare! ah, Seigneur! s'il est vrai que sans feinte
Pour moi d'un pur amour votre ame soit atteinte,
M'abandonnerés-vous dans cet état fatal
Aux attentats affreux d'un si cruel Rival?

MEZENCE.

Quoi que ce pur amour où je suis si sensible
N'ait jamais eu pour prix qu'une haine invincible,
Il ne balance point, & pour vous secourir,
Aux plus mortels dangers il est prêt à courir.
Commandez seulement.

LAVINIE.

    Cette entreprise est grande;
C'est la mort du Tyran enfin que je demande;
Vous hésités! eh bien; ne me secourés pas,
Je saurai bien sans vous braver ses attentats:

Pour éviter sa rage, & fuir sa tyrannie,
Je sai trop au besoin comme on sort de la vie,
Et contre les Tyrans qui voudront m'attaquer
La mort est un secours qui ne peut me manquer.

MEZENCE.

Ah ! plûtôt mille fois, vivés, belle inhumaine ;
Au prix fatal du sang qu'exige votre haine,
Du moins à son défaut vous aurez tout le mien,
Et je suis trop à vous pour vous refuser rien.
Si j'hesite d'abord d'immoler une vie
A qui le sang m'attache & le devoir me lie,
C'est bien le moins qu'ont dû ce sang & ce devoir
Que de ne ceder pas d'abord sans s'émouvoir.
Mais en vain à l'effort où mon cœur se dispose
Des droits les plus sacrez la puissance s'oppose,
Il n'est rien sur mon cœur de si puissant que vous,
Et les droits de l'amour sont les premiers de tous.

LAVINIE.

Ah ! que de cette mort l'agreable promesse
Flatte déja ma haine & suspend ma tristesse !
J'ai fui toûjours vos soins, mais ce bien m'est si doux
Que je consens, sans peine, à le tenir de vous.
Non pas pour le peril dont ce coup me dégage.
Je crains peu du Tyran ni l'amour, ni la rage,
Je vous l'ai déja dit, quoi qu'il puisse attenter,
Qui ne craint pas la mort n'a rien à redouter.
Venger l'illustre amant dont j'adore la cendre
Est toute la douceur que j'en ose prétendre,
Et lui pouvoir donner du sang aprés mes pleurs
Est l'unique avantage où tendent mes douleurs.
Tous mes vœux sont comblez, si j'ai l'heur que j'espere
D'offrir cette victime à cette ombre si chere :
Et si je puis goûter le plaisir infini
De voir sa mort vengée & son Tyran puni.
C'est un grand bien encor dans un malheur extrême
De perdre ce qu'on hait, & venger ce qu'on aime,
La fureur assouvie a du charme à son tour,
Et la vengeance est douce au défaut de l'amour.

MEZENCE.

Je vous entens, Madame, il faut toujours m'at-
   tendre
A me voir méprifer pour un Rival en cendre,
Et vous offrant mon bras vous avez déja peur
Que quelque efpoir leger n'ofe flatter mon cœur.
Hé bien, cruelle, hé bien, je prens votre défenfe
Sans exiger de vous aucune récompenfe,
Mon cœur depuis le temps qu'il a pû vous aimer
A fervir fans efpoir a dû s'accoutumer.
Ce n'eft pas peu pour moi que l'ingrate que j'aime
Fie au moins fa vengeance à mon amour extrême,
Et qu'elle engage enfin fon infenfible cœur
A former une fois des vœux en ma faveur.
Le plus mauvais fuccés n'a rien qui m'épouvente ;
Vous m'allez voir perir ou remplir votre attente,
Et mon fort, quel qu'il foit, ne peut être que doux.
Par l'heur de vous fervir, ou de perir pour vous,
Je cours de mes amis folliciter le zele.

LAVINIE.

Gardez de vous fier à quelque ame infidelle,
Sur tout affurez-vous Tirrhene qui paroit,
Au coup que je demande il doit prendre interêt ;
Mais ma vuë en ces lieux empêche qu'il n'avance,
L'ordre exprés du Tyran lui défend ma prefence,
Et je vous laiffe feuls refoudre des moiens
De combler promptement tous mes vœux & les fiens.

SCENE V.

TIRRHENE, MEZENCE.

MEZENCE.

Venez savoir pour vous combien on s'interesse,
Et quel remede on cherche à l'ennui qui vous
presse.

TIRRHENE

En est-il pour les maux où l'on me voit plongé ?
Mon fils peut-il revivre ?

MEZENCE.

Il peut être vengé :
La mort du Roi cruel qui termina sa vie,
Fait sans doute aujourd'hui votre plus chere envie,
Et je viens vous promettre en secondant vos coups
Tout ce que la vengeance eut jamais de plus doux.

TIRRHENE

Vous ? Seigneur, sur le Roi vous pourriez entreprendre ?

MEZENCE.

Pensez-vous que je feigne afin de vous surprendre ?
N'avez-vous pas appris qu'il me veut arracher
L'aimable & seul objet qui seul m'a pû toucher ?
Et ne savés-vous pas quand l'amour est extrême
Qu'on perd tout mille fois plûtôt que ce qu'on aime ?

TIRRHENE.

Je condamne avec vous votre injuste Rival,
Et cet indigne amour lui doit être fatal :
Mais le peut-il, Seigneur, étant fils de son frere ?
Que l'Amour force en vous la Nature à se taire ?
Ne pourra-t-elle rien sur votre ame à son tour ?

AGRIPPA,

MEZENCE.

Et que peut la Nature opposée à l'Amour ?
Je ne sens plus les nœuds par qui le sang nous lie ;
Et dés que la Princesse a demandé sa vie,
A peine ai-je un moment senti fremir mon cœur,
Tant le nom de Rival traîne avec lui d'horreur.
Son ordre exprés m'engage & veut ce sacrifice,
Quelque devoir qu'il blesse, il faut que j'obeïsse,
Et ne dépendant plus que de son seul pouvoir,
Son ordre me tient lieu du plus sacré devoir :
Quand ce qu'on aime ordonne & presse d'entreprendre,
En vain la voix du sang tâche à se faire entendre ;
L'objet aimé peut tout sur quiconque aime bien,
Et dés que l'amour parle, on n'écoute plus rien.

TIRRHENE.

Le peril qui suivroit l'entreprise avortée,
La peur de la voir sçuë ou mal executée,
La vengeance d'un Roi qui sait peu pardonner,
Forceront votre cœur peut-être à s'étonner.

MEZENCE.

Non, non, ne craignés point qu'aucun danger m'étonne,
Et me force à trahir l'espoir que je vous donne ;
Un objet trop puissant m'engage à ce trepas,
J'en voi tous les perils, & ne m'en émûs pas :
La crainte dans mon cœur ne sauroit trouver place,
Et le Dieu qui l'occupe est un Dieu plein d'audace.

TIRRHENE.

Je vous laisse à juger dans des desseins si grands,
L'effort que je doi faire, & la part que j'y prens :
Mais, Seigneur, comme aux Rois on ne peut faire outrage
Sans s'attaquer aux Dieux dans leur plus noble image,
Peut-être que l'horreur qui suit ces attentats
Prés du coup malgré vous retiendra votre bras.
Si vous méprisez tout du côté de la Terre,
Peut-être craindrez-vous les éclats du tonnerre ?
Les plus grands criminels s'en trouvent effraiez;

MEZENCE.

Les criminels toujours ne sont pas foudroiés ;
Quand le Ciel en courroux gronde contre la Terre,
C'est sur les malheureux que tombe le Tonnerre,
Et souvent, quand les Dieux le lancent avec bruit,
Au sortir de leurs mains le hazard le conduit.
Mais quand, pour me punir du crime où je m'apprête,
Tout le Ciel ébranlé menaceroit ma tête,
Quand tous les Dieux vengeurs à ma perte animez
Feroient gronder sur moi leurs foudres allumez,
S'agissant de servir cette beauté charmante,
Soiez sûrs qu'en effet, ni la foudre grondante
Ni tous les Dieux vengeurs armez pour mon trepas,
Ni le Ciel ébranlé ne m'ébranleroient pas.
Conduisez seulement ce que j'ose entreprendre,
Faites voir l'interest qu'un Fils vous y fait prendre.

TIRRHENE.

Si vous pouviez sçavoir, Seigneur, jusqu'à quel
point.
Cet interest me touche......

MEZENCE.

Ah ! je n'en doute point,
J'ai bien cru que c'étoit vous faire une injustice,
Que vous refuser part à ce grand sacrifice ;
Et que je ne pouvois, pour conduire mes coups,
Me confier ici plus seurement qu'à vous.

TIRRHENE.

Je doi tout, je l'avoüe, à cette confiance,
Vous relevez par-là ma plus chere esperance,
Et m'auriez fait un tort qui m'eut desesperé,
Si, sans m'en avertir, vous eussiez conspiré.

MEZENCE.

Décidez donc de l'heure & du lieu qu'il faut prendre,
J'ai des amis puissans & tous prêts d'entreprendre,
Qui dés mon premier ordre oseront tout tenter.

TIRRHENE.

Ah ! sur tout gardez-vous de rien précipiter.
Le Roi s'est fait ici suivre par son Armée,

Le Fort est bien gardé, la ville est enfermée,
Et si le dessein manque, ou s'il est découvert,
Nul espoir de salut ne nous peut être offert.
Ce peril de plusieurs peut étonner le zele,
Et parmi nos amis faire quelque infidelle,
Cet obstacle en ces lieux ne sera pas toujours,
Et l'armée au plutôt doit partir dans six jours.
Nos conjurez alors les plus forts dans la Place
Voiant moins de peril en prendront plus d'audace.
Un grand dessein dépend d'en bien choisir le temps.

MEZENCE.

Puisque c'est votre avis, differons, j'y consens,
L'entreprise vous touche, & votre experience
Doit ici prévaloir sur mon impatience :
Nous tiendrons cependant nos amis préparez ;
Je vai mander les miens, & vous en jugerez :
J'attens tout de vos soins, c'est en eux que j'espere.

TIRRHENE.

Ah, Seigneur ! pour un fils que ne fait point un pere !
Pour peu que par le Ciel mes soins soient secondez,
Ils pourront faire encor plus que vous n'attendez.

Fin du troisiéme Acte.

ACTE IV.

SCENE PREMIERE.

LAVINIE, MEZENCE.

LAVINIE.

QUel malheur imprévu venez-vous de m'apprendre!
Tirrhene est arrêté!

MEZENCE.

     Ce coup vous doit surprendre.
Ainsi que vous, Madame, il m'a beaucoup surpris,
J'attendois tout du Pere allant venger le fils;
J'avois fondé sur lui ma plus forte esperance.
Il a beaucoup d'amis, de cœur, d'experience;
Il avoit déja vu mes partisans secrets;
Les avoit exhortez à se tenir tous prêts;
Et chacun, à l'envi, jurant d'être fidelle,
Avoit pris à l'entendre une audace nouvelle:
Lors qu'Atis l'aiant vu qui sortoit de chez moi,
Est venu l'arrêter, par les ordres du Roi.

LAVINIE.

Jamais un prompt secours ne fut plus necessaire.
Du sang de mon Amant, ce barbare s'altere:
Et veut en perdre encor, d'un courroux obstiné,
Jusqu'aux veines du Pere, un reste infortuné.
Courez précipiter, sans que rien vous arrête,
La perte du Tyran pour sauver cette Tête;

Prévenez, par vos coups, un coup si plein d'horreur,
Et dérobez, du moins, ce crime à la fureur.
Il n'a que trop vécu, trop de cœurs en gémissent,
Et c'est toujours trop tard que les Tyrans perissent.
Puisque vos Partisans sont tous prêts d'éclater,
De leur premier transport songez à profiter :
Par des reflexions, craignez qu'il ne s'altere;
Et ne leur donnez pas le temps d'en pouvoir faire.
Si Titrhene perit, sur tout considerez
Quel trouble peut alors saisir vos Conjurez.

MEZENCE.

Ce sont vos seuls desirs qu'ici je considere ;
Je cours sans differer oser tout pour vous plaire ;
Et sans voir les raisons que vous examinez,
La mienne est seulement que vous me l'ordonnez.
L'heure même où le Roi doit faire un sacrifice,
Est celle que mon cœur choisit pour son suplice,
Et je jure vos yeux, ou de perdre le jour,
Ou de vous apporter sa tête à mon retour.
Mais il vient.

LAVINIE.
Je le suis.
MEZENCE.
Contraignez vôtre haine ;
Il s'est trop avancé, la suite seroit vaine.
Pour l'amuser ici, faites-vous quelque effort,
Et donnez ces momens aux aprêts de sa mort.

SCENE II.

AGRIPPA, LAVINIE, ATIS, Suite.

AGRIPPA.

Il se peut donc, Princesse, enfin que je vous voie ?
Mais, helas ! c'est pour vous, un tourment que ma joie ;
Et tout l'ardent amour dont vous touchez mon cœur,
N'ose attendre aujourd'hui que mépris & qu'horreur.
Mais je voudrois en vain l'empêcher de paroître
Cet amour, trop puissant, dont je ne suis plus maître ;
C'est dans les maux communs qu'on peut dissimuler,
Et l'Amour n'est pas grand, quand on le peut celer.
J'ai prévu, quels transports de haine, & de colere,
Doit attirer sur moi cet aveu temeraire,
Vous m'allez accabler de rigueurs, de mépris,
Mais mon amour encor m'est trop doux à ce prix.
Eclatez : mais, ô Ciel ! qu'aperçois-je ? & quels charmes,
Font que vos yeux aux miens, ne montrent que des larmes ?
Ma vuë attendrit-elle un cœur si rigoureux ?
Helas ! le puis-je croire ?

LAVINIE.

Oui, cruel, tu le peux.
Mon cœur ne fait rien moins que ce qu'il croioit faire ;
Je croiois que ta vuë aigriroit ma colere,
Je croiois sans horreur ne te pouvoir souffrir,
Cependant, je te vois & me sens attendrir ;
La haine dans mon cœur a peine à trouver place.

AGRIPPA.

Quoi ? Madame, Agrippa de votre cœur s'efface ?

AGRIPPA,

Et vous pourriez aimer un Roi trop fortuné ?

LAVINIE

Et mon cœur d'un tel crime est par toi soupçonné ?
Aimer le meurtrier de l'objet de ma flame ?
D'un Heros que la mort respecte dans mon ame ?
Aimer de tous mes maux l'auteur injurieux ?
Si tu m'entends si mal, je vais m'expliquer mieux.
Avec toi mon amant eut tant de ressemblance,
Que je n'ai pu sans trouble endurer ta presence :
Et sous les mêmes traits qui m'ont été si doux,
Tu t'es pu dérober d'abord à mon couroux.
Oui, cette chere image, a sçu d'abord, sans peine,
Amortir ma colere, & suspendre ma haine :
Et mon cœur à ce charme engagé d'obéir,
A presque en sa faveur, eu peur de te haïr.
Ces traits accoutumez à surprendre mon ame,
Ne m'ont rien retracé que l'objet de ma flame,
Ils n'ont pu me souffrir ni haine ni fureur,
Et l'amour est tout seul demeuré dans mon cœur.
Mais déja cet amour dont mon ame est si pleine,
Rappelle ma fureur, & fait place à ma haine ;
Et mon couroux honteux d'être trop suspendu,
Grossit, pour regagner le tems qu'il a perdu.
Tu vas voir à son tour la fureur implacable,
Que m'inspire le sang d'un amant adorable ;
Tu vas voir tant de haine éclater dans mes yeux....

AGRIPPA.

Helas ! Princesse, helas ! je n'attendois pas mieux.
Armez-vous d'une haine encor plus éclatante,
Vous n'en paroîtrez point à mes yeux moins charmante,
Vous pouvez d'Agrippa m'imputer le trépas,
M'en blâmer, m'en haïr, je ne m'en plaindrai pas.
Je veux bien vous aimer sans espoir de vous plaire,
Sans murmurer jamais contre votre colere,
Sans presser votre cœur d'être moins animé,
Et n'aimerai pas moins pour n'être pas aimé.

LAVINIE.

C'étoit donc pour mes yeux trop peu que de mes lar-
  mes,
Sans la honte & l'horreur d'avoir pour toi des char-
  mes
Ce feu dans un Tyran tombé mal à propos,
Ne devoit enflâmer que l'ame d'un Heros.
Qu'il fut fatal ce feu que ton cœur deshonore,
A ce Heros détruit, qui m'eſt ſi cher encore!
Cet amour fut pour lui funeſte autant que beau,
Et ſembla naître exprés pour ouvrir ſon tombeau.
Faſſe au moins, s'il ſe peut, la vengeance celeſte
Que cet amour pour toi, ſoit encor plus funeſte ;
Que la fatalité de ce feu malheureux,
T'expoſe à tout l'effort du ſort le plus affreux ;
Que cette même flame, avec plus de juſtice,
Ne t'éclaire à ton tour, qu'à choir au précipice ;
Qu'elle attire ſur toi tout le courroux des Cieux,
Qu'elle allume la foudre entre les mains des Dieux.
J'obtiendrai de ces Dieux dont tes crimes abuſent....

AGRIPPA.

Ne les preſſez point tant, ces Dieux qui vous refu-
  ſent.
Ils ſavent mieux que nous d'où dépend notre bien,
Princeſſe, croiez-moi, ne leur demandez rien.
Vous n'avez pas ſongé peut-être à l'avantage.
Du trône dont mes yeux vous offrent le partage.
Un tendre ſouvenir d'un amant malheureux,
A touché juſqu'ici votre cœur genereux ;
Vos beaux yeux de leurs pleurs ont honoré ſa perte :
Mais quel deüil ne conſole une Couronne offerte ?
Le ſceptre eſt un doux charme aux plus vives dou-
  leurs,
Et le bandeau Roial ſéche aiſément des pleurs.

LAVINIE.

Dans les mains des Tyrans le Sceptre doit déplaire,
Et l'ombre d'Agrippa m'eſt encore ſi chere,
Qu'on me verroit choiſir, avec bien moins d'effroi,

Le cercueil avec lui que le Trône avec toi.

AGRIPPA.

Quoi haïr jusqu'au Trône ! helas ! le puis-je croire ?
Et que vous préferiez une ombre à tant de gloire ?
C'est un exemple rare, encor jusqu'à ce jour,
De n'avoir plus d'amant & d'avoir tant d'amour.
Qu'il est commun de voir dans le cœur le plus tendre,
Le feu bientôt éteint, quand l'objet est en cendre !
Et qu'après quelque éclat de regrets superflus,
On oublie aisément un amant qui n'est plus !

LAVINIE.

Connois donc mieux, par moi, ce que la gloire
    inspire
Aux cœurs où l'Amour prend un legitime empire.
La cendre sans chaleur de l'objet de mon deuil
Nourrit encor mes feux du fonds de son cercueil,
Et mes soupirs, perçants dans la nuit la plus sombre,
Vont jusques chez les morts, rendre hommage à son
    ombre.
Rien n'arrête le cours d'un feu bien allumé ;
Qui peut cesser d'aimer n'a jamais bien aimé.
Apprens enfin, Barbare, apprens qu'une belle ame
Peut perdre ce qu'elle aime, & conserver sa flame ;
Et que dans les grands cœurs, en dépit du trépas,
L'amour fait des liens que la mort ne rompt pas.
Ah ! devant qu'au Tombeau mon amant put descen-
    dre,
Que n'a-t'il pu savoir ce que tu viens d'aprendre !
Helas ! d'un fier orgueil l'effort imperieux
A peine en sa faveur laissoit parler mes yeux :
J'affectois des froideurs, quand je brulois dans l'ame,
Et j'ai tant sçu contraindre une innocente flame,
Qu'il n'a pas en mourant emporté la douceur,
De savoir quel empire il avoit sur mon cœur.
Dieux ! s'il eût pleinement joüi de ma tendresse
S'il eût prévu mes pleurs...

AGRIPPA.

    Ah ! c'en est trop, Princesse,
Je

ou le faux Tiberinus.

Je ne puis plus tenir contre un charme si doux.
Faites venir Tirrhene, Atis: Vous laissez-nous.

Atis rentre, & les autres se retirent.

C'est trop vous abuser, & c'est trop me contraindre,
Mon amour veut parler, je ne saurois plus feindre;
Mon secret trop pesant commence à devenir
Un fardeau que mon cœur ne peut plus soutenir.
Cessez, cessez enfin, ô Beauté trop fidelle,
De chercher Agrippa dans la nuit éternelle;
Tiberinus fut seul dans le Fleuve abîmé,
Et vous voiez en moi cet Amant trop aimé.

LAVINIE.

Vous! ô Ciel!..... mais douter d'un Pere qui m'assure!....

AGRIPPA.

Je voi que vous m'allez soupçonner d'imposture,
Et je vous fais si tard ce surprenant aveu,
Que j'ai bien merité qu'on me soupçonne un peu.
Aussi ne croi-je pas pouvoir tout seul suffire,
A vous persuader ce que j'ose vous dire;
J'obligerai mon Pere à ne déguiser rien,
Croiez-en son rapport, n'en croiez pas le mien.
Je m'en vais le forcer de nous rendre justice,
De finir votre erreur, d'avouer l'artifice,
Et de ne chercher plus, du moins à l'avenir,
A separer deux cœurs que l'Amour veut unir.
Essaiez cependant vous-même à me connoître,
Croiez-en votre cœur.

LAVINIE.

J'en croirois trop, peut-être;
Mon cœur se peut méprendre; interdit comme il est
Je n'ose l'écouter.

AGRIPPA.

Tirrhene enfin paroît.
Connoissez qui je suis par l'aveu qu'il va faire.

LAVINIE.

Tâchez d'être son fils, si vous me voulez plaire.

SCENE III.
AGRIPPA, TIRRHENE, LAVINIE.

AGRIPPA, *il fait signe à Atis de se retirer.*

Seigneur, à la Princesse, enfin j'ai tout appris :
Vous m'en pourrez blâmer, vous en ferez surpris,
Mais enfin c'en est fait, l'amour m'a fait connoître,
Mon cœur de mon secret n'a pas été le maître,
Je n'ai pu vous tenir ce que j'avois promis,
J'ai tout dit.

TIRRHENE.
Quoi ? Seigneur.

AGRIPPA.
Que je suis votre fils.

TIRRHENE.
Vous, Seigneur ! vous, mon fils ! que pouvez-vous prétendre ?
Mon fils est au tombeau, laissez en paix sa cendre,
Helas ! c'est par vos coups...

AGRIPPA.
Vos soins sont superflus,
Un secret échapé ne se r'appelle plus.
Avouez qu'en faveur de notre ressemblance,
Depuis la mort du Roi, j'ai gardé sa puissance ;
Que noié par malheur, son corps tiré de l'eau,
Eût de vous, sous mon nom, les honneurs du tombeau.
Que pour fuir tout soupçon, & pouvoir vous instruire
De ce qu'entreprendroient ceux qui voudroient me nuire,

Vous avez accusé le Roi de mon trépas...
TIRRHENE.
Je vois où je m'expose en ne l'avouant pas ;
Il y va de ma vie, & déja je m'aprête,
Seigneur, à vous paier ce refus de ma tête.
Trahir le sang d'un fils pour m'entendre avec vous !
AGRIPPA.
Quoi ?...
TIRRHENE.
Non, en vain vos yeux éclatent de couroux :
Vous m'avez mal connu si vous l'avez pu croire,
De cette lâcheté l'infamie est trop noire,
Et le sang malheureux qui peut m'être resté,
Ne vaut pas l'acheter par cette indignité.
AGRIPPA.
Que vous êtes cruel, de chercher tant d'adresse
Pour tromper une illustre & fidelle Princesse !
Ses beaux yeux dans les pleurs sans cesse ensevelis
N'en ont-ils pas assez honoré votre fils ?
TIRRHENE.
Je vous entens, Seigneur, vous ne sauriez encore
Souffrir que de ses pleurs la Princesse l'honore ?
Et que, jusqu'au cercueil, un cœur si genereux
Donne quelques soupirs à ce fils malheureux ?
Il ne vous suffit point qu'il ait cessé de vivre,
Au delà du trépas vous le voulez poursuivre ?
Et dans le tombeau même où vous l'avez jetté,
Il n'est pas à couvert de votre cruauté.
Ah ! revenez, Seigneur, de cette injuste envie :
Vous avez eu son sang, vous avez eu sa vie,
Ne sauriez-vous laisser à cet infortuné
Un cœur, que pour lui seul l'Amour a destiné ?
AGRIPPA.
Ah ! n'empêchez donc pas que je le desabuse,
Ce cœur que je possede, & que l'on me refuse :
Ce cœur qui pour le mien est plus cher mille fois
Que toutes les douceurs du sort des plus grands
    Rois ;

Ce cœur à qui toujours tout mon bonheur s'atta‑
che;
Ce cœur que l'amour m'offre, & qu'un Pere m'arra‑
che,
Un pere qui pour fils veut ne m'avouer pas.
TIRRHENE.
J'avouërois pour mon fils l'Auteur de son trépas!
Sa mort, vous le savés, n'est que trop veritable;
Et mon rapport, helas! n'en est que trop croiable.
J'en fus témoin, Seigneur, vous ne l'ignorez pas;
Tout percé de vos coups, il tomba dans mes bras:
Son Sang à gros bouillons réjallit sur son Pere.
Mais, Madame, admirez ce que l'amour peut faire,
Votre Amante expiroit, lors qu'après de vains cris,
Prononçant votre nom, j'arrêtai ses esprits;
Quoi que déja ses yeux, en baissant leur paupiere,
Eussent pris pour jamais congé de la lumiere?
Malgré le voile épais dont la mort les couvrit,
A ce nom adoré, l'Amour les entr'ouvrit.
Son ame avec son sang déja toute écoulée,
Dans sa bouche mourante encor fut rappellée,
Mais à peine sa flâme eût en votre faveur,
Commencé d'exprimer sa derniere chaleur,
Que le Roi s'irritant de ce reste de vie,
L'arracha de mes bras avecque barbarie,
Et l'aiant fait jetter à la merci des flots...
Ah! Princesse, d'un Pere excusez les sanglots,
Ma parole s'étouffe à cet endroit funeste,
Je n'ai plus que des pleurs pour vous dire le reste,
C'est le sang qui s'émeut, & pour s'expliquer mieux,
Au défaut de ma bouche, il parle par mes yeux.
LAVINIE.
Reçoi donc à la fois, Ombre, qui m'es si chere,
Les larmes d'une Amante, avec les pleurs d'un Pere,
Et sois sensible encor, aiant perdu le jour,
A ces derniers tributs du sang & de l'Amour.
Pardonne cher Amant aux troubles qu'en mon ame,
Ton Tyran, sous ton nom, a surpris à ma flâme,

A ces doux mouvemens, qu'en mon premier transport,
De ses traits & des tiens a produit le rapport.
Maintenant que mon cœur éclairé par ton Pere
Connoît ton assassin, & reprend sa colere,
Pour venger à la fois, ton sang & mon erreur ;
Je vais porter si loin le cours de ma fureur,
Je vais par tant de vœux, si le Ciel peut m'entendre,
Presser sur ce Tyran la foudre de descendre,
Et pour voir à mon gré tous ses crimes punis...

En regardant Agrippa.

Mais, Seigneur, mais, helas ! s'il étoit votre fils ?

TIRRHENE.

Quoi ! vous écouterez l'erreur qu'on vous inspire ?

AGRIPPA.

Quoi ! vous n'entendrez pas ce que l'amour veut dire ?
N'est-il pas un témoin assez digne de foi,
Pour l'entendre un moment, s'il veut parler pour moi ?
Et puis qu'en votre cœur sa voix m'est favorable...

TIRRHENE.

L'Amour parle en aveugle, & n'en est pas croiable.

AGRIPPA.

Suivrez-vous, ma Princesse, une si dure loi ?
Ne me croirez vous point ?

LAVINIE.

    Helas ! tient-il à moi ?

TIRRHENE.

Votre cœur n'a-t-il pas, contre cette imposture,
Assez bien entendu la voix de la Nature ?
En a-t-il dit trop peu, ce sang tout interdit,
Dont le trouble...

LAVINIE.

    Ah ! Tirrhene, il n'en a que trop dit.
Il ne m'ôte que trop, sur un trépas si rude ;
La flateuse douceur d'un peu d'incertitude.
Votre fils ne vit plus, je ne puis m'en flatter,
La Nature le dit, & je n'ose en douter :
Mais ce doute est si doux, que l'Amour qui mur-
    mure

Voudroit bien, s'il osoit, démentir la Nature.
TIRRHENE.
Quoi que le Roi vous die, assurez-vous si bien...
LAVINIE *regardant encore Agrippa.*
Ah ! si je ne le suis, je ne répons de rien ;
Ses traits ressemblent trop à ceux qui m'ont char-
    mée,
Pour les voir sans fremir, & sans être allarmée.
Ce n'est pas, que de vous je n'aie assez appris,
Qu'il n'est qu'un imposteur, qu'il n'est point votre
    fils,
Avec trop de clarté vos raisons me le montrent ;
Mais, pour peu que ses yeux & les miens se rencon-
    trent,
Ce regard malgré moi, vous, & ses trahisons,
Est seul presqu'aussi fort que toutes vos raisons.
TIRRHENE.
Fuiez-le donc, Madame, & pour mieux vous défen-
    dre...
AGRIPPA.
Ah ! Princesse, arrêtez un moment pour m'enten-
    dre.
LAVINIE.
Cruel, qui que tu sois, jusqu'où va ta rigueur ?
N'es-tu pas satisfait des troubles de mon cœur ?
AGRIPPA.
Quoi ! fuir sans m'écouter ?
LAVINIE.
                  Est-ce peu pour ta gloire ?
Va, si je t'écoutois, j'aurois peur de te croire.
AGRIPPA.
Je ne vous quitte point, que vous n'aiez pu voir...

SCENE IV.
TIRRHENE, AGRIPPA.

TIRRHENE *retenant Agrippa.*

Arrête, aveugle, arrête, & rentre en ton devoir :
Sois mon fils en effet, songe à me satisfaire.
AGRIPPA.
Et vous ne voulez plus, Seigneur, être mon Pere ?
TIRRHENE.
A cet aveu fatal trop de peril est joint ;
C'est être Pere ici, que ne l'avouer point.
Puisque la guerre a pu nous ôter les complices
De votre heureuse audace, & de mes artifices ;
Et qu'en votre faveur, le Ciel a pris le soin
De ne vous en laisser que moi seul pour témoin,
Obligé d'empêcher ce secret de paroître,
Pour en répondre mieux, j'en veux seul être maître ;
Et j'aime mieux dans l'heur de vous voir commander,
Desavouer mon fils, que de le hazarder.
Je voudrois, pour vous voir sans crainte au rang suprême,
En vous cachant à tous, vous cacher à vous-même,
Et le sang, seul témoin de tout votre bonheur,
S'applaudiroit assez dans le fonds de mon cœur.
Voiez où nous réduit déja votre foiblesse
Vous deviez si bien feindre, auprés de la Princesse ;
Savoir si bien vous taire, & nourrir son erreur,
Vous l'aviés tant promis.
AGRIPPA.
Et l'ai-je pu, Seigneur !

Prés d'un Objet aimé votre esprit trop severe,
Connoît mal un Amant, s'il croit qu'il se peut taire,
On n'est pas sûr toujours de feindre autant qu'on veut;
Et l'amour bien souvent promet plus qu'il ne peut.
J'avois pû me flatter que mon amour, sans peine,
Seroit, dans son erreur, satisfait de sa haine,
Et ses mépris trompez, en effet trop charmans,
M'ont donné cent plaisirs inconnus aux Amans.
J'ai goûté la douceur si chere, & si nouvelle,
D'être sûr d'être aimé d'un cœur vraiment fidelle,
D'un cœur qu'on ne peut perdre, aiant perdu le jour,
Et d'où même la Mort ne peut chasser l'Amour.

TIRRHENE.
N'étoit-ce pas assez de ce bonheur extrême?

AGRIPPA.
Peut-on être en effet heureux sans ce qu'on aime?
Et quand on est charmé d'un objet plein d'appas,
Est-ce un bonheur qu'un bien qu'il ne partage pas?
Voir souffrir ma Princesse, & d'une ame inhumaine,
Lui dérober ma joie, & jouir de sa peine,
C'étoit pour mon amour un plaisir trop cruel;
Le bonheur des Amans est d'être mutuel.

TIRRHENE.
Je plains des feux si beaux; mais il faut les contraindre,
Nous avons maintenant trop sujet de tout craindre,
Nos secrets n'ont jamais été plus importants;
Que votre amour se taise au moins pour quelque temps.
Le moindre éclat nous perd; Mezence enfin conspire,
Pour vous ravir le jour, la Princesse, & l'Empire,
Et l'Empire pour vous, la Princesse, & le jour,
Valent bien tout l'effort que fera votre amour.
Les autres Conjurez sont Volcens, Corinée,
Antenor, Serranus, Sergeste, Ilionée,
Tous Mécontens secrets, parmi le Peuple aimez,

Et tous, sans vous connoître, à vous perdre animés,
Grace à l'heureuſe erreur que ma feinte autoriſe,
Mezence m'a rendu maître de l'entrepriſe.
Sans doute en ma faveur il parlera d'abord ;
Accordez-lui ma grace & ſans beaucoup d'effort,
Par mes ſoins pour ſix jours l'attentat ſe diffère.
Ménagés bien un temps pour vous ſi neceſſaire ;
Donnés aux conjurés, des emplois ſpecieux,
Qui leur faiſant honneur les ôte de ces lieux.
Feignés quelques avis pour retenir l'Armée,
Et redoublez du Fort, la garde accoutumée.
Sur tout, flattez Mezence, & de toutes façons,
Par une fauſſe eſtime, endormez ſes ſoupçons,
Enſuite, aſſurez-vous ſans bruit de ſa perſonne,
Et dans un lieu bien ſûr..... Quoi ! votre ame s'étonne ?

AGRIPPA.
Sans ſcrupule à ce prix peut-on donner des loix ?

TIRRHENE.
Le ſcrupule doit être au deſſous des grands Rois.
Mezence veut vous perdre, & s'y réſoud ſans peine,
Le crime n'eſt pas moindre, encor qu'il ſe méprenne,
Et ſur ce qu'il vous croit, jugeant de ſes deſſeins,
C'eſt dans un ſang ſacré qu'il veut tremper ſes mains.
Le Ciel veut l'en punir, par votre miniſtere,
Les Dieux vous font regner, il faut les laiſſer faire
Et ſans approfondir leurs ſecrets, ni vos droits,
Leurs ſoins doivent en vous répondre de leur choix.
Si dans ce haut degré, votre vertu peut craindre,
Que quelqu'ombre de crime encor vous puiſſe atteindre,
Tenés-vous ferme au Trône, & gardés d'oublier
Qu'il faut n'en pas ſortir pour vous juſtifier ;
Quand on monte en ce rang, quelle qu'en ſoit l'audace,
Le crime eſt d'en tomber, & non d'y prendre place ;
On n'a jamais failli qu'au point qu'on en deſcend,
Et qui regne toujours eſt toujours innocent.
Regnez donc. Ah ! mon fils, ſi vous pouviés connoître,

AGRIPPA,

Combien est beau le droit de n'avoir point de Maître...

AGRIPPA.

Ah ! si vous connoissiez combien l'Amour est doux, Seigneur...

TIRRHENE.

J'entens du bruit ; on vient, songés à vous.

SCENE V.

TIRRHENE, AGRIPPA, LAUZUS, ATIS.

TIRRHENE.

HE' bien ! par tout mon sang, contentés votre haine.

LAUZUS.

Tout est prêt dans le Temple

AGRIPPA.

Allons, qu'on le remeine.

TIRRHENE.

Va, barbare....

ATIS.

Ah ! Seigneur, craignez d'être entendu.

TIRRHENE.

Que peut-on craindre, helas ! quand on a tout perdu ?

Fin du quatrième Acte.

ACTE V.

SCENE PREMIERE.

FAUSTE, LAVINIE, CAMILLE.

FAUSTE.

DE quel effroi, Madame, êtes-vous agitée
Au point que l'entreprise est presque executée ?
On a surpris le Prince, en lui faisant savoir
Qu'avec empressement vous cherchez à le voir.

LAVINIE.

Oui, Fauste, je le cherche, & lui veux faire entendre
Qu'il seroit bon encor de ne rien entreprendre ;
Que je voi tout à craindre à trop tôt éclater ;
Qu'un peu trop de chaleur sçut d'abord m'emporter ;
Qu'un attentat si grand veut moins de promptitude.

FAUSTE.

Le Prince s'est douté de votre inquietude ;
Et se trouvant au Temple engagé prés du Roi,
Pour vous tirer de peine, il s'est servi de moi.
Je viens vous assurer que pour votre vengeance,
Le Ciel même avec nous, paroît d'intelligence ;

Jamais un grand dessein ne s'est vu mieux conduire,
Le Prince a rassemblé ses Conjurez sans bruit,
Il a joint avec eux les amis de Tirrhene ;
Et tous les Partisans que s'est fait votre haine,
Qui, tous ensemble unis, brûlent de partager
Dans la mort du Tyran, l'honneur de vous venger.
Par de vaines fraieurs cessez d'être allarmée ;
Je sçai que l'on peut craindre, & le Fort & l'Armée,
Mais, Tiberinus mort, Mezence est ici Roi,
Et chacun en tremblant en recevra la loi.
La ville en sa faveur, doit être soûlevée,
Et l'on est seur de voir l'entreprise achevée,
Avant qu'aucun des Chefs du contraire Parti,
Au Fort, ni dans l'Armée, en puisse être averti.
Tout nous rit, & sans doute, après le sacrifice,
Tiberinus surpris ne peut fuir son supplice.
Le Palais de Tirrhene en est le lieu marqué,
C'est-là qu'à son retour, il doit être attaqué,
Pour mieux apprendre à tous, que suivant votre envie,
Aux manes d'Agrippa l'on immole sa vie.
On diroit, à le voir flater les Conjurez,
Qu'il s'offre même aux coups qui lui sont preparez.
Pour Mezence, pour tout, tant d'estime le touche,
Qu'à peine sur Tirrhene a-t-il ouvert la bouche,
Que le Roi, tout-à-coup, cessant d'être irrité,
L'a fait en sa faveur remettre en liberté.

LAVINIE.

Puisque Tirrhene est libre, il est plus sûr d'attendre ;
Il faut le consulter avant que d'entreprendre.
Tout m'effraie en ce jour ; je sens secrettement
D'un funeste destin l'affreux pressentiment.
Helas ! si pour servir mon aveugle colere...
Ah, si Mezence m'aime, obtenez qu'il differe.
Hâtez-vous.

FAUSTE.

J'obéïs, mais vous courez hazard,
Que cet ordre imprévu n'arrive un peu trop tard ;
Madame, nous touchons à l'heure qu'on a prise ;
On doit sortant du Temple être prêt sans remise ;
Le signal est donné, les ordres sont reçus.

LAVINIE.

Empêchez qu'on n'acheve ; allez, ne tardez plus.

CAMILLE.

Que pourra-t-on penser du desordre où vous êtes,
De ces troubles pressans, de ces craintes secretes ?
Si ce n'est que le Roi par un doux entretien….

LAVINIE.

Qu'on pense tout, pourvu qu'on n'execute rien.
Dieux ! si le coup fatal qu'a tant pressé ma haine,
Tomboit….. mais qu'on me laisse entretenir Tir-
rhene.

SCENE II.

LAVINIE, TIRRHENE.

LAVINIE.

Venez, Seigneur, venez, s'il se peut, dissiper,
Les mortelles fraieurs dont je me sens frapper.
Par une voix secrette, en mon cœur élevée,
Ma vengeance s'étonne, & craint d'être achevée.
J'ai fremi quand d'abord j'ai sçu l'amour du Roi,
Et j'avois aussi-tôt caché ce fer sur moi,
Pour pouvoir au besoin m'en servir de défence ;
Et sur tout, pour tâcher d'en hâter ma vengeance ;
Cependant l'aiant vû sans suite & sans soldats,
Une tendresse aveugle a retenu mon bras,

Le voiant si semblable à l'objet de ma flame,
Mon couroux en tremblant est sorti de mon ame,
Et jusqu'en un Tyran tout noirci de forfaits,
Ma main de ce que j'aime a respecté les traits;
Toute autre à vous entendre eut été convaincuë,
Mais tous mes sens n'étoient attentifs qu'à sa vuë,
Et quand vous me parliez, dans mon cœur à tous coups
Je ne sçai quoi pour lui, parloit plus haut que vous.
Profitons maintenant ici de son absence,
S'il n'est point votre fils, réveillez ma vengeance,
Et tandis que de lui rien ne me peut toucher;
Rendez-moi mon courroux qu'il me vient d'attacher;
De ses discours encor mon ame est toute pleine,
Et des vôtres, Seigneur, il me souvient à peine.

TIRRHENE.

J'ai prévu tout l'excés du trouble où je vous voi;
Et si tôt que Mezence a pû fléchir le Roi,
Et que de ce Tyran l'ame aujourd'hui moins fiere,
A bien voulu donner ma grace à sa priere,
J'ai fait mon premier soin de vous desabuser,
Quelque nouveau péril où ce soit m'exposer,
On peut connoître assez à l'ennui qui m'accable,
Si la mort que je pleure, est feinte ou veritable:
Mes déplaisirs sans fin, par le tems même aigris,
Ne vous disent que trop que je n'ai plus de fils.
S'il vivoit, s'il regnoit, quoi que je puisse faire,
La nature contente auroit peine à s'en taire;
Le sang, comme l'amour, inspire des transports,
Qui toujours tôt ou tard, échapent au dehors.
Mais il me reste encore une preuve plus sure,
Pour convaincre entre nous le Tyran d'imposture;
C'est la pressante ardeur que j'ai pour son trépas,
Dont tantôt devant lui, je ne vous parlois pas.
Mezence est un témoin, dont vous pouvez apprendre,
Si contre ce Barbare, il m'est doux d'entreprendre,
Et si des Conjurez dont on connoît la foi,

Aucun est de son sang, plus alteré que moi.
Ne m'avez-vous pas vû plein des vœux que vous fai-
tes,
Chercher des mécontens les factions secretes,
Entrer dans leurs complots, me rendre chef de tous,
Et briguer ardemment, l'honneur des premiers
coups :
Je vous ai du Tyran cent fois dépeint le crime,
Pour aigrir contre lui l'horreur qui vous anime ;
Vous sçavez pour sa mort quels soins j'ai toujours
pris ;
Et vous pourriez encor, penser qu'il fut mon fils !
Lui dont je suis tout prêt d'aller trancher la trâme....

LAVINIE.

Que vous rendez, Seigneur, un doux calme à mon
ame,
Pour fuir l'affreux desordre en mon cœur excité,
Je prens cette assurance avec avidité ;
J'écarte de mes sens, j'étouffe en ma memoire,
Tout ce qui me pourroit détourner de vous croire.
Je ne veux plus ouïr ce que mon cœur me dit ;
Un Pere est moins suspect qu'un cœur tout interdit,
L'amour est trop aveugle auprés de la nature ;
Et sur l'aveu du sang ma haine se r'assure.
Tout mon courroux revient plus ardent que jamais ;
La perte du Tyran fait mes plus chers souhaits.
Je n'ai plus d'autres soins que ceux de ma vengeance :
J'en goûte avec transport les douceurs par avance,
Je m'abandonne entiere à la felicité,
D'ôter au moins la vie à qui m'a tout ôté,
Au barbare assassin d'un Heros adorable....

TIRRHENE.

Plût au Ciel, seul recours d'un pere miserable,
Que dés ce même jour, il m'eut été permis
D'offrir cette victime aux manes de mon fils.
C'est un tourment cruel, pour mon impatience,
De n'oser pas encor hâter notre vengeance.
Pressant un si grand coup, on l'eut trop hazardé,

L'armée est autour d'Albe, & le Fort bien gardé,
Il faut encor languir ; il faut encor attendre.

LAVINIE.

Non, non, consolez-vous ; j'ai fait tout entreprendre.

TIRRHENE.

Quoi ! sans considerer....

LAVINIE.

Vous sachant arrêté,
J'ai voulu sans delai, que l'on ait éclaté,
Et vous pouvez flater dés ce jour votre haine,
De toutes les douceurs d'une vengeance pleine.

TIRRHENE.

Ah, Madame ! empêchons ce coup précipité.

LAVINIE.

Sans doute, il n'est plus tems, tout est executé.

SCENE III.

FAUSTE, LAVINIE, TIRRHENE.

LAVINIE à Fauste.

Avez-vous assez tôt pû rejoindre Mezence?

FAUSTE.
J'ai couru par votre ordre avecque diligence,
Et dans vos interêts le Ciel prend tant de part,
Qu'enfin heureusement, je l'ai rejoint trop tard.

TIRRHENE.
Ciel! qu'entens-je!

FAUSTE.
    Admirez un bonheur sans exemple.
Je n'ai pas eu besoin d'aller jusques au Temple;
J'ai trouvé le Tyran au retour attaqué,
Prés de l'endroit fatal pour sa perte marqué;
Pressé du Prince enfin, sans espoir, hors d'haleine,
Et se trouvant fort prés du Palais de Tirrhene,
Il a pris, malgré nous, le tems de s'y jetter,
Tandis que tous les siens ont sçu nous arrêter.
Leur sang a satisfait notre troupe animée;
Mais le Tyran entré, la porte s'est fermée;
On a craint les fureurs d'un peuple soûlevé,
Et le Roi seul....

TIRRHENE.
    O Dieux! se seroit-il sauvé?

FAUSTE.

Chacun s'est, comme vous, senti l'ame allarmée :
Nous avons craint le Fort, nous avons craint l'Armée,
Et perdant tout enfin à beaucoup differer,
Par force, aprés le Roi, l'on s'apprêtoit d'entrer ;
Lors que d'une Terrace, Albine toute émuë,
A tâché d'arrêter nos efforts par sa vuë,
Et son sexe, & son rang, la faisant respecter,
Nous avons fait silence, afin de l'écouter.
Seigneur, a-t-elle dit, s'adressant à Mezence,
La Princesse me doit ma part dans sa vengeance ;
L'Amour a commencé, c'est au Sang d'achever ;
Le Roi s'est mieux perdu, quand il s'est cru sauver,
Mes Gens l'ont immolé par mon ordre à mon Frere,
Tout son sang à mes yeux, vient de me satisfaire,
C'en est fait, il est mort.

TIRRHENE,
Dieux !

FAUSTE.
          Ces mots, tout d'un temps
Ont fait pousser au Ciel mille cris éclatans.
Chacun admire Albine, & le Prince s'apprête
A venir du Tyran vous presenter la tête :
Vous l'avés demandée, & pour vous contenter,
De sa main à vos pieds, il la veut apporter :
Albine doit la rendre. Il l'attend, & m'envoie
Pour préparer votre ame à cet excés de joie.

LAVINIE à *Tirrhene*.
Ainsi donc, tous nos vœux sont comblez pleinement.
Vous vengez votre Fils, je venge mon Amant,
Albine venge un Frere, & nous goûtons les charmes...
Mais, d'où naissent, Seigneur, ces soudaines allarmes ?
Ce trouble où vous tombez ?

TIRRHENE.

Je tremble, je fremis.

LAVINIE.

Quoi! le Roi mort!

TIRRHENE.

Helas! Madame, c'est mon fils.

Elle tombe sur un siege, & Fauste se retire.

LAVINIE.

Votre fils!

TIRRHENE.

Je sens trop ici que je suis Pere :
La voix du sang m'échape, & ne peut plus se taire :
La Nature, à ce coup, laisse la feinte à part :
Elle parle.

LAVINIE.

Ah! pourquoi parle-t-elle si tard?
Enfin, il est donc vrai, j'ai perdu ce que j'aime,
J'en recherchois la cause, & la trouve en moi-même ;
J'en poursuivois le crime, & viens de m'en charger ;
Et j'ai versé le sang que je voulois venger.
J'ai tant sollicité, tant demandé sa perte,
Que le Ciel trop propice, à la fin l'a soufferte ;
De mes vœux importuns, les Dieux se sont lassez,
Et c'est pour m'en punir qu'ils les ont exaucez.
Que ces Dieux sont cruels, quand ils sont trop faciles !
Helas ! que leurs refus sont quelquefois utiles !
Et qu'on trahit souvent ses plus chers interêts,
En fatiguant le Ciel, par des vœux indiscrets !
Mais, c'est à vous, Barbare, à qui je me dois prendre

A Tirrhene.

Du sang de mon Amant que je viens de répandre ;
Je l'ai persecuté, sous un nom décevant ;
J'ai cru l'adorer mort, & l'ai haï vivant ;
Sa perte étoit la mienne, & j'ai pu l'entreprendre ;

Mais, pere ingrat, c'est vous qui m'avés fait méprendre,
Et si je l'ai perdu, persecuté, haï,
C'est sur la foi du Sang, que l'Amour s'est trahi.
Vous avés aveuglé ma passion extrême;
Vous avés revolté mon feu contre lui-même,
Vous avés corrompu tous les vœux de mon cœur;
De ma flâme innocente envenimé l'ardeur,
Et fait cruellement, par vos dures maximes,
Du plus pur des Amours, le plus affreux des crimes.
Politique inhumain, qu'un soin ambitieux
Rend, pour perdre son fils, assez ingenieux:
Si le jour vous éclaire, après ce parricide,
Si pour vous en punir, mon bras est trop timide,
Rendés graces, cruel, dans mon juste courroux,
Au sang de votre fils que je respecte en vous.

TIRRHENE.

Quand un Pere a fait choir son fils au précipice,
Il n'a guere besoin qu'on aide à son supplice,
Et pouvant d'Agrippa me reprocher la mort,
Le Sang pour m'en punir, est tout seul assés fort.
Oui, pour ce fils trop cher, ma tendresse trahie
N'a rien fait qu'il n'ait vu tourner contre sa vie,
Et l'amour paternel, par trop d'ardeur séduit,
L'a, jusqu'au coup mortel, en victime conduit.
J'ai sçu rendre avec moi, par tous mes artifices,
Son Amante, & sa Sœur, de son trépas complices,
Et j'ai pu soulever pour le perdre aujourd'hui,
L'Amour & la Nature à la fois contre lui
Soit crime, soit malheur, il cesse enfin de vivre,
Je l'ai toujours perdu, c'est assez pour le suivre.

LAVINIE.

Suivons-le, mais du moins par nos derniers efforts,
Entraînons avec nous Mezence chez les morts.
Le crime est assez grand pour lui coûter la vie,
D'avoir trop bien servi mes vœux qui m'ont trahie.

ou le faux Tiberinus.

TIRRHENE.

Rien ne me coûte à perdre, après ce que je pers,
Avec mon fils & nous, perisse l'Univers;
Que ma fille elle-même evite ma colere.

SCENE IV.

ALBINE, TIRRHENE, LAVINIE, CAMILLE, JULIE.

TIRRHENE.

Malheureuse! où viens-tu?

ALBINE.

Me livrer à mon Pere;
Lui déclarer mon crime, & m'offrir à ses coups;
Le remords me défend d'éviter son courroux.

TIRRHENE.

Sçais-tu ce que ton crime en effet vient de faire?

LAVINIE.

Sçais-tu, cruelle Sœur, que tu trahis ton frere?

ALBINE.

Je sçai que j'ai trahi mon frere, & mon devoir.
Son meurtrier vainqueur.... Mais vous allez le voir,
Il vient.

TIRRHENE.

Tournons sur lui la fureur qui nous presse.

SCENE V.

AGRIPPA, TIRRHENE, LAVINIE,
ALBINE, CAMILLE,
JULIE, Suite.

AGRIPPA.

Ay-je encor contre moi mon Pere & ma Princesse ?

TIRRHENE.

Mon Fils respire encor !

LAVINIE.

     Agrippa voit le jour !
Quel favorable Dieu le rend à mon Amour ?

AGRIPPA.

L'instinct sacré du sang est le Dieu tutelaire,
Par qui ma Sœur...

ALBINE.

   Seigneur, vous êtes donc mon Frere ?

TIRRHENE.

Oui, loin de faire un crime, empêchant son trépas,
Tu nous as tous sauvez. Mais ne l'interromps pas.

AGRIPPA à Lavinie.

Par votre ordre, Madame, attaqué par Mezence,
J'ai contre lui d'abord fait peu de résistance,
Et voulu témoigner jusqu'aux plus cruels coups,
Que je sai respecter tout ce qui vient de vous.
J'ai pourtant cru devoir quelques soins à ma vie,
Sûr, qu'en effet ma mort n'étoit pas votre envie,
Et votre tendre amour qui m'est venu flatter,
Au Palais de mon Pere enfin m'a fait jetter.

ou le faux Tiberinus. 71

Le desordre où l'on craint qu'un Peuple ému s'em-
  porte,
Dés qu'on me void entré, force à fermer la porte.
Ma Sœur qui m'apperçoit de son appartement,
Et qui ne croit en moi voir qu'un perfide Amant,
S'avance avec transport, & me fait en attendre
Ce qu'une aveugle erreur lui peut faire entreprendre ;
Mais contre mon attente, & malgré son erreur,
Le sang dans ce peril s'éveille en ma faveur.
Comme pour un Amant, son cœur tremble & mur-
  mure ;
Elle impute à l'Amour, ce que fait la Nature,
Et la Nature ardente à me sauver le jour,
N'a pas honte d'agir sous le nom de l'Amour,
Albine cede enfin à l'instinct qui la guide ;
Va, dit-elle, en tremblant, va, sauve-toi, perfide.
J'obeïs sans replique, & passe sans effort ;
A travers des jardins qui touchent presqu'au Fort,
J'y cours, & je m'y rends, sans rien voir qui m'arrête;
J'y trouve des Soldats, je m'avance à leur tête ;
Le nombre en croît sans cesse, & dés le premier bruit,
L'élite de l'Armée, & les joint & me suit
J'approche, & trouve encor, pleins de joie & d'audace,
Les Conjurez épars avec la populace,
Qui trompez par ma Sœur, trop credules & vains,
N'attendoient plus qu'à voir ma tête entre leurs mains.
Chacun d'eux à ma vuë, & fremit & s'égare ;
La consternation de tous leurs cœurs s'empare,
Et n'osant même fuir, ni faire aucun effort,
Tous laissent à mon choix, ou leur grace, ou leur mort;
Je fais saisir les Chefs, & je pardonne au reste.
Mezence seul s'obstine en cet état funeste.
Je défends qu'on le presse, & retiens les Soldats ;
Mais en vain on l'épargne, il ne s'épargne pas,
Animé par votre ordre, & n'aiant pu le suivre,
Par les soins d'un Rival, il dédaigne de vivre,
Ne peut se pardonner, & sans montrer d'effroi,
Tourne sur lui, les coups qu'il a manquez sur moi.

Je meurs pour vous, Princesse, est tout ce qu'il peut dire
Je cours pour l'arrêter : mais il tombe, il expire :
Et fait, dans son trepas, voir tant d'amour pour vous,
Qu'avec tout mon bonheur, j'en suis presque jaloux.

LAVINIE.

Je le plains, mais le bien qu'en vous le Ciel m'envoie,
Ne laisse dans mon cœur, de lieu que pour la joie.

TIRRHENE à *Lavinie.*

C'est à vous que le sceptre est dû par ce trepas.

LAVINIE

De mes droits, pour regner, ne vous allarmez pas.
Si le sceptre m'est doux, ce n'est pas pour moi-même,
C'est pour mieux l'assurer aux mains de ce que j'aime,
Venez, aux yeux de tous, voir dés ce même jour,
Votre Fils de nouveau couronné par l'Amour.

Fin du cinquiéme & dernier Acte.

ASTRATE,
ROY DE TYR.
TRAGEDIE.
PAR
Mr. QUINAULT,
Representée en 1663.

ACTEURS.

AGENOR, *Parent de la Reine, destiné pour l'épouser.*

NERBAL, *Confident d'Agenor.*

ASTRATE, *Legitime Roi de Tyr, crû fils de Sichée.*

BELUS, *Ami d'Astrate.*

SICHE'E, *Seigneur Tyrien, crû Pere d'Astrate.*

BAZORE,
NICOGENE, *Amis de Sichée.*

ELISE, *Reine de Tyr par usurpation.*

CORISBE, *Confidente d'Elise.*

GERASTE, *Capitaine des Gardes d'Elise.*

GARDES.

SOLDATS.

La Scene est à Tyr, dans l'Apartement de la Reine.

ASTRATE,
ROI DE TYR.
TRAGEDIE.

ACTE I.
SCENE PREMIERE.

AGENOR, ASTRATE, NERBAL, BELUS.

AGENOR *sortant d'un côté du Theatre, & voyant sortir de l'autre Astrate, qui veut se retirer dés qu'il l'apperçoit.*

Vous m'évitez, Astrate ? Au moins peut-on sçavoir
Ce qui vous fait trouver tant de peine à me voir ?
Pourquoi fuir mon abord ? Parlez sans vous contraindre.
M'est-il rien échapé dont vous puissiez vous plaindre?
Ai-je mal reconnu tout ce que je vous doi,
Et ce qu'ont fait vos soins pour la Reine, & pour moi?
Tyr, où commande Elise, & dont par d'heureux crimes
Nos Peres ont détruit les Maîtres legitimes,

D 2

Malgré nos vains efforts, fans vous, fans vos Ex-
ploits,
Des Siriens vainqueurs auroit reçu des Loix;
Et fans vos foins plus forts que nos Deſtins contraires,
Nous aurions peu joüi des crimes de nos Peres.
Moi-même, prifonnier, fans efpoir que la mort,
Je vous vis m'arracher aux rigueurs de mon Sort,
Sur nos triſtes débris rappeller la Victoire,
Et releve d'Eliſe, & le Trône, & la gloire.
Ni la Reine, ni Moi, quoi que nez de Parens,
Qui fe font élevez fur les pas des Tyrans,
Nous n'avons pas au Crime affez pris d'habitude,
Pour paffer, fans horreur, jufqu'à l'ingratitude.
Que n'a point fait la Reine, à force de bienfaits,
Pour porter vos Deſtins plus loin que vos fouhaits ?
Et fi la gratitude & fe forme, & s'exprime,
Par beaucoup d'amitié joint à beaucoup d'eſtime,
L'eſtime & l'amitié que pour vous j'ai fait voir,
N'ont-elles pas rempli vos vœux & votre eſpoir ?
ASTRATE.
C'eſt trop jouir, Seigneur, d'une eſtime ufurpée,
Et furprendre en votre ame une amitié trompée.
Connoiſſez mieux un Cœur eſtimé fi parfait,
Si grand en apparence, & fi foible en effet;
Ce Cœur plus criminel que vous ne fçauriez croire,
Qui dément en fecret tout l'éclat de fa gloire;
Et fouffrez qu'un Coupable, en fuyant vos bontez,
Se dérobe à des biens qu'il n'a pas meritez.
AGENOR.
Quelque crime en ces lieux que vous aiez pû faire,
Vos Exploits parlent trop, les Loix n'ont qu'à fe taire;
Qui releve un Empire, a du moins merité
De faillir une fois avec impunité.
Qui que vous offenfiez, fa plainte fera vaine.
ASTRATE.
Mon crime eſt à la fois, contre Vous, & la Reine.
AGENOR.
Contre la Reine, & Moi ? c'eſt dequoi m'étonner ?

TRAGEDIE.

Mais j'aurai droit bientôt de vous tout pardonner.
Vous sçavez que je touche à l'heureuse journée
Où la Reine a remis notre illustre himenée ;
Que suivant l'ordre exprés qu'a laissé le feu Roi,
Je suis prêt d'obtenir sa Couronne, & sa Foi,
Prêt de voir cette fiere & charmante Princesse
Livrer tous ses appas à l'Amour qui me presse...

ASTRATE.

Ah ! Seigneur... Mais helas ! dans mes transports confus
J'ai peur d'en dire trop, si je dis rien de plus.
Souffrez que je me taise, & que je me retire.

AGENOR *arrêtant Astrate.*

Ah ! vous aimez la Reine ! & c'est assez le dire.

ASTRATE.

Puis que jusqu'à vos yeux mes feux ont éclaté,
J'aime, je le confesse, avec temerité ;
J'aime en dépit du Sort, dont l'aveugle puissance
De moi jusqu'à la Reine a mis trop de distance :
J'aime, malgré l'Hymen, de qui les nœuds sacrez,
Pour vous unir demain, sont déja préparez ;
J'aime, malgré l'horreur de perdre ce que j'aime ;
Et pour dire encor plus, j'aime malgré moi-même,
Mais malgré votre hymen, mon destin & mes soins :
Malgré tous mes efforts, je n'en aime pas moins.
Reprochez-moi, Seigneur, cette injustice extrême.

AGENOR.

Pour vous la reprocher, il suffit de Vous-même ?
Tous reproches sont vains, s'ils viennent d'autre part.

ASTRATE.

Pour m'en faire, Seigneur, je n'attens pas si tard.
Pour combattre en secret le mal dont je soûpire,
Je me suis dit cent fois tout ce qu'on se peut dire ;
Tout ce qu'on peut tenter, je l'ai fait jusqu'ici ;
Du moins mon foible Cœur se l'est fait croire ainsi :
Mais, s'il faut dire tout, contre un mal qui sçait plaire,
On ne fait pas toûjours tout ce que l'on croit faire,
Et pour se reprocher un crime qu'on cherit,

D 3

Pour peu que l'on se die, on croit s'être tout dit.
Offrez-moi des raisons qui réveillent ma gloire:
Donnez-moi des conseils.

AGENOR.

Et m'en pourrés-vous croire?
Non, non, & ce soûpir m'en dit tout seul assés:
On suit peu les conseils qu'on croit interessés;
Et quand on est aveugle à ses propres lumieres,
Les raisons d'un Rival ne persuadent guéres.
Si la Reine vous touche, elle a sçû me toucher,
Et ce n'est pas à moi de vous rien reprocher:
J'aurois tort de contraindre une si belle flame,
A borner seulement son pouvoir sur mon ame;
Un Amant d'un Rival doit excuser les feux.

ASTRATE.

Il n'est rien plus aisé pour un Amant heureux,
Seigneur, on peut souffrir, sans beaucoup se contraindre,
Un malheureux Rival dont on n'a rien à craindre:
Mais qu'à de maux cruels c'est être abandonné,
Que d'avoir à souffrir un Rival fortuné!
Ce bonheur est pour vous un choix si legitime,
Qu'il ne m'est pas permis d'en murmurer sans crime:
Le bien qui m'a charmé ne peut être qu'à Vous;
Vous devez l'obtenir, sans que j'en sois jaloux;
Sans que j'ose accuser le Sort qui vous le donne,
Le Respect, la Raison, le Devoir, tout l'ordonne:
Mais l'Amour, & sur tout, l'Amour au desespoir,
Connoît-il ni Respect, ni Raison, ni Devoir?
Punissés d'un Ingrat l'audace & l'injustice:
Je vous ai dit le crime, ordonnés le supplice.
Seigneur, je vai l'attendre, & délivrer vos yeux
De souffrir plus long-tems un Objet odieux.

SCENE II.
AGENOR, NERBAL.

NERBAL.
Souffrirés-vous, Seigneur, une telle insolence ?
AGENOR.
Il n'est pas temps d'en faire éclater la vengeance.
NERBAL
Quoi ? laisser impuni l'amour qu'il ose avoir ?
AGENOR.
Quel supplice est plus grand qu'un amour sans espoir ?
Puis-je rien ajoûter à son malheur extrême ?
Triompher à sa vûë, obtenir ce qu'il aime,
Voir ses feux sans colere, ainsi que sans danger,
Enfin le pouvoir plaindre, est-ce peu m'en venger ?
Mon couroux, loin d'accroître, eût adouci sa peine ;
La pitié d'un Rival, punit mieux que sa haine.
Pour tout dire entre Nous, ce n'est pas qu'en secret
Je souffre, sans dépit, cet amour indiscret :
Mais sçavoir à propos se contraindre, & se taire,
Pour qui prétend régner, est un art necessaire.
Je dois en être instruit, & je crois l'être assez.
D'un secret ennemi nous sommes menacés :
Cet Etat n'est à Nous que par le droit des crimes :
Nous en avons détruit les Princes legitimes ?
Mais il en reste un Fils, dés l'enfance sauvé,
Que l'on a, pour nous perdre, en secret élevé :
Tout inconnu qu'il est, dans Tyr on le révere.
Astrate peut beaucoup.
NERBAL.
Seigneur, voici son Pere.

D 4

SCENE III.

AGENOR, NERBAL, SICHE'E.

SICHE'E.

J'Ai reçu de la Reine, ordre exprés de vous voir,
Seigneur.
AGENOR.
Vous venez donc confirmer mon espoir ?
M'assurer de nouveau du bonheur où j'aspire ?
SICHE'E.
Je n'ai rien de sa part de semblable à vous dire.
AGENOR.
Romproit-elle un hymen que j'ai droit d'esperer ?
SICHE'E.
Seigneur, la Reine au moins, prétend le differer.
AGENOR.
Quoi, Sichée, un hymen à l'Etat necessaire,
Résolu par la Reine, ordonné par son Pere,
Attendu si long-tems, & tant de fois promis,
Aprés le jour marqué, seroit encor remis ?
Avec quelles raisons se peut-elle défendre,
D'achever un bonheur où je dois seul prétendre ?
Que dit-elle qui puisse excuser ses refus ?
SICHE'E.
Qu'Elle le veut ainsi, Seigneur, & rien de plus.
En cherchant des raisons, la fierté de la Reine
Croiroit trop abaisser la Grandeur Souveraine,
Et prétend qu'en tous lieux, & qu'en toutes saisons,
Les volontez des Rois tiennent lieu de raisons.
Je vous dois trop, Seigneur, pour n'être pas sensible

TRAGEDIE.

A l'affront que vous fait un mépris si visible.
Lors que par vos Parens, aux yeux de l'Univers,
Le vrai Roi fut jetté du Trône dans les fers,
Je ne puis oublier qu'on eût puni le zele,
Qui de tous ses Sujets me fit le plus fidelle,
Si votre Pere alors par pitié n'eût pour moi
Pris le soin de calmer l'esprit du nouveau Roi.
Depuis qu'Elise régne, & que son injustice
De tout le Sang Royal s'est fait un sacrifice,
Si tout le mien encore échape à son couroux,
Je sai trop qu'en effet je ne le dois qu'à vous.
Cent fois de ses soupçons vous m'avez sçu défendre;
Et je connois assez quel parti je dois prendre,
Si le juste dépit de trop de temps perdû
Vous porte à vous saisir d'un bien qui vous est dû;
Tout vous est favorable; Elise, aprés son Pere,
Du pouvoir Souverain n'est que dépositaire:
La Cour qui veut un Maître, à regret suit ses Loix;
Le Peuple est irrité du meurtre de ses Rois,
Les plus braves Soldats sont mécontens dans l'ame;
Un Roi sied mieux enfin au Trône, qu'une Femme;
Et malgré ses refus, il est doux de pouvoir
Vous couronner vous-même, & ne lui rien devoir.

AGENOR.
Puis-je contre la Reine oser rien entreprendre ?

SICHE'E.
Mais plutôt contre vous qui pourroit la défendre ?
Tout est pour vous, le Peuple, & l'Armée, & la Cour.
Rien n'est pour Elle.

AGENOR.
Helas ! n'est-ce rien que l'Amour ?
Mes vœux vont à son cœur autan qu'à sa Couronne;
L'un de ces biens n'est rien, si l'autre ne se donne;
Et j'aime mieux encor, pour être plus heureux,
Attendre un peu plus tard, & les avoir tous deux.
Allez, allez, Sichée, & dîtes à la Reine
Qu'elle peut à son gré faire durer ma peine,

Que son Trône n'est pas ce qui m'a sçû charmer;
Et qu'on peut tout souffrir, quand on sçait bien
    aimer.

SCENE IV.
SICHE'E, BAZORE, NICOGENE.

SICHE'E.

J'Attendois d'Agenor une ame moins soûmise :
Je l'ai cru plus charmé du Trône, que d'Elise;
Et ce délai nouveau me flatoit aujourd'hui
De quelque heureux divorce entre la Reine, & lui.
BAZORE.
Votre gloire, Seigneur, doit être sans seconde,
Pour peu que la Fortune à vos desseins réponde;
Votre entreprise est belle, & vos projets sont grands;
Mais il faut desunir la Maison des Tirans;
Sans quelque trouble entr'eux, l'issuë est incertaine.
SICHE'E.
De grace, parlons bas; nous sommes chez la Reine;
Défions-nous de tout, craignons... Mais la voici,
Elle veut me parler.

SCENE V.

ELISE, SICHE'E, GERASTE, CO-
RISBE, NICOGENE, BAZORE, *Suite*.

ELISE.

Que l'on nous laisse ici !
Tout le monde se retire à l'exception de Sichée.

SICHE'E.

Le Prince a sçû votre ordre ; & malgré sa surprise,
Il m'a fait voir une ame au dernier point soûmise.
J'ai voulu vainement, en m'offrant contre vous,
Pénétrer ses desseins, & sonder son couroux ;
Et soit qu'il me néglige, ou soit qu'il me soupçonne,
Je n'ai rien vû de lui qu'un respect qui m'étonne :
Mais si j'ose en juger, l'excés de ce respect
Est trop peu naturel, pour n'être pas suspect.
Ce n'est pas d'aujourd'hui que le Prince sçait feindre,
Qu'on connoît qu'il excelle en l'art de se contrain-
   dre,
Et dans tous les secrets, que jusques à ce jour
L'artifice a pû mettre en usage à la Cour.
Mais souvent les plus Fins manquent à reconnoître,
Que c'est ne l'être plus, que le vouloir trop être ;
L'art le plus affecté n'éblouit pas le mieux,
Et le trop d'artifice ouvre souvent les yeux.
Qui paroît si tranquille, au moment qu'on l'outrage,
Loin d'ôter des soupçons, en donne davantage ;
Le dépit est plus fort, moins il est apparent,
Et l'orage est à craindre, où le calme est trop grand.

Le Prince peut aſſez, pour être temeraire ;
Il croit que juſqu'au trône il n'a qu'un pas à faire,
Qu'à monter un degré qu'on franchit tout d'un coup.

ELISE.

Quand il s'agit du trône, un degré, c'eſt beaucoup ;
Quelque projet qu'il faſſe, avant qu'il l'execute,
L'eſpace eſt aſſez grand, pour craindre encor la chute,
Et lors qu'on croit atteindre à ce rang plein d'appas,
Le dernier pas qu'on fait eſt ſouvent un faux pas :
Je vous avouërai tout, puis qu'il faut faire un maître,
Je veux m'en donner un qui ſoit digne de l'être,
Qui puiſſe ſoutenir le Souverain Pouvoir,
Et m'affermir au trône où je l'aurai fait ſeoir.

SICHE'E.

Je rends graces, Madame, au Ciel qui vous inſpire
Ce deſſein favorable au bien de votre Empire,
Pour quelque Roi voiſin que vous puiſſiés pencher....

ELISE.

Quand on peut faire un Roi, quel beſoin d'en cher-
cher ?
Je veux en choiſir un qui ſoit tout mon ouvrage,
Qui n'ait que de ma main ce ſuprême avantage,
Qui ne doive qu'à moi le rang qu'il aura pris ;
En un mot, ce grand choix regarde votre fils.

SICHE'E.

Mon fils ? Madame, ô Dieu !

ELISE.

                        Quel trouble vous agite ?

SICHE'E.

Cet excés de bonheur rend mon ame interdite,
Madame, & peu s'en faut que l'amour paternel
Ne donne à vos bontez un aveu criminel,
Et que mon cœur n'oublie avec trop peu de peine,
En faveur de mon fils, l'interêt de ma Reine :
Mais mon devoir me force à vous repreſenter
Les perils où ce choix peut vous precipiter.

TRAGE´DIE.

Pensez-vous qu'Agenor renonce au Diadême,
A moins de faire un Roi qui le soit de lui-même ;
Qui pour vous pouvoir mettre au dessus des Mutins,
Vous éleve au delà de vos premiers destins ?
Le Prince aspire au Sceptre, & doit y trop pré-
   tendre,
Pour le laisser en paix, à qui l'osera prendre :
Sur lui seul votre Pere a fixé votre choix ;
Il a des Partisans qui soutiendront ses droits ;
La foule de la Cour le suit, & l'environne.

ELISE.

On court à sa fortune, & non à sa personne :
L'espoir de le voir Roi le fait suivre aujourd'hui,
N'aiant plus cet espoir, il n'aura rien pour lui ;
Ce qui suit la Fortune, avec elle s'écoule,
Et son moindre revers écarte bien la foule.
Si le Prince eût des droits, qu'il ne s'en flate plus,
Dans nos derniers combats il les a tous perdus ;
Lors qu'il me réduisit en perdant deux Batailles,
A me voir assieger jusques dans ces murailles,
Des Siriens vainqueurs, l'effort a renversé
Le Trône que pour lui mon Pere avoit laissé ;
Et le Prince obligé de le savoir défendre,
Le devoit relever, s'il y vouloit prétendre.
Un autre a sçu le faire, & s'est mis dans ses droits ;
Mon Trône enfin n'est plus tel qu'il fut autrefois ;
Un Trône ôté par force à son Roi legitime,
Cimenté de son sang, & fondé sur le crime.
C'en est un de conquête, où votre illustre Fils
M'a placée, en dépit des destins ennemis ;
Dont le feu de la Guerre a purgé l'injustice,
Qu'un Héros a pour moi tiré du précipice,
A formé du débris d'un Empire abatu,
Et ne m'a fait devoir qu'à sa seule vertu.

SICHE´E.

Astrate fût heureux, & peut cesser de l'être ;
C'est un Fils qui m'est cher, mais je le dois connoître :
Loin comme il est de vous, pourriez-vous aujourd'hui,

Sans vous trop abaisser, descendre jusqu'à lui ?
Il a sans doute un cœur qui ne cede à nul autre,
Mais il n'a point de Sceptre à joindre avec le vôtre,
Point de rang qui mérite un si glorieux soin.
ELISE.
Il a de la vertu, c'est dequoi j'ai besoin.
Le crime en ma famille, a mis le diadême ;
L'aiant ainsi reçû, je l'ai gardé de même.
Mon pere fut injuste & le fut moins que moi :
Mon regne commença par la mort du vrai Roi :
Aprés quinze ans entiers de prison & de peines.
N'aiant plus nul espoir qu'on pût briser ses chaînes,
Son parti réveillé voiant mon pere mort,
Crut que contre une fille il seroit assez fort.
Mais j'osai dans le trouble où je me vis réduite,
En détruisant la source, en arrêter la suite ;
Et du danger pressée, enfin je me défis
De ce Roi malheureux, & de deux de ses fils.
Le troisiéme, à mon pere échapé dés l'enfance,
Caché dans mes Etats, prépare sa vengeance :
J'en ai divers avis, & le peuple irrité,
Pour lui sans le connoître, est presque revolté.
Le Prince, en m'épousant, loin d'assurer ma tête,
N'aideroit qu'à grossir l'orage qui s'aprête ;
Et le peuple seroit encor plus mutiné,
S'il voioit des Tyrans tout le sang couronné.
J'ai besoin d'un époux illustre & magnanime,
Qui m'allie à la gloire, & me tire du crime ;
Dont la vertu pour moi calme les factieux,
Ecarte la tempête, & desarme les Dieux.
SICHE'E.
En faveur de mon fils, c'est en vouloir trop croire,
C'est trop vous éblouïr du peu qu'il a de gloire ;
Le Sceptre entre ses mains fera mille jaloux.
ELISE.
S'il n'importe pour moi, qu'importe-t-il pour vous ?
SICHE'E.
J'ai cru qu'un bon Sujet ne vous devoit rien taire,

TRAGEDIE.
ELISE.
C'est trop être sujet, soiez un peu plus pere,
Et laissez sans contrainte échaper au dehors,
De l'amour paternel la joie & les transports.
SICHE'E.
Astrate vous doit trop, & je lui cours aprendre….
ELISE.
Non, envoiez-le moi sans lui rien faire entendre.
Je lui prétens moi-même annoncer son bonheur,
Et connoître l'effet qu'il fera sur son cœur.
Cependant emploiez toute votre prudence,
A chercher l'ennemi dont je crains la vengeance.
De Jupiter Hammon, l'Oracle consulté,
Nous en pourra bien-tôt donner quelque clarté:
J'espere en sa réponse, & je l'attens sans cesse;
Mais elle tarde trop, & le péril me presse.
Mon ennemi peut-être est prêt à me punir,
Tâchons de le connoître, & de le prévenir.
J'ai trop fait pour laisser ma fortune douteuse;
L'injustice imparfaite est la plus périlleuse;
C'est erreur de tenter des crimes superflus,
Et de n'en pas joüir pour un crime de plus.
Je me trouve en un rang, où je dois me défendre
De tout ce qui pourroit me forcer d'en descendre :
Adraste, & ses deux fils pouvoient m'en faire choir,
Et j'ai cru que leur perte étoit de mon devoir.
J'eusse épargné leur sang, s'il m'eut été possible;
Le sang versé toujours de lui-même est horrible :
La vertu résistoit sans doute à leur trépas;
Mais ma perte étoit sûre, en ne les perdant pas;
Et la raison d'Etat veut souvent qu'on préfere
A la Vertu nuisible, un crime necessaire.
Cette même raison exige encor de moi,
La mort du dernier fils de ce malheureux Roi.
Il ne m'est plus permis de m'épargner ce crime;
Mon destin me demande encor cette victime
Le sort de ma maison plus fort que mes souhaits,
M'arrache à l'innocence, & m'enchaine aux forfaits.

Il m'en fait un devoir, & me force à connoître
Qu'on n'est pas toujours juste autant qu'on voudroit
 l'être ;
Qu'il est des Ascendans, dont la fatalité
Nous impose du crime une necessité ;
Et qu'en nous quelquefois, par un pouvoir suprême,
Il entre du destin jusqu'en la vertu même.
Epousez donc mon Sort, comme moi votre Fils,
Et souffrés des forfaits dont il reçoit le p ix.
Cherchez, avecque moi, l'ennemi qui me reste :
Ma chute desormais vous deviendroit funeste.
Songez que sans vous nuire, on ne peut m'attaquer.
SICHE'E.
Je sai trop mon devoir, pour y pouvoir manquer.

Fin du premier Acte.

ACTE II.

SCENE PREMIERE.
ELISE, CORISBE.

ELISE.

Viens savoir avec moi ce que l'Oracle an-
nonce,
Il a parlé, Corisbe, & voici sa Réponse;
Je l'ai voulu secrette, afin de consulter
S'il m'est utile, ou non, de la faire éclater.
Voyons quelle clarté par le Ciel m'est offerte,
Pour trouver l'Ennemi qui conspire ma perte:
Apprenons qui doit craindre, ou qui doit esperer,
Et pour qui les destins se veulent déclarer.
Les soins qu'en ma faveur ils ont déja sçu prendre,
Semblent me donner lieu d'en oser tout attendre.
Elle lit.

ORACLE.
Reine, ne cherche point ailleurs que dans ta Cour,
L'Ennemi que le Ciel pour ta perte a fait naître:
L'heure fatale approche, où tu le dois connoître;
Mais il t'en doit coûter, & l'Empire, & le jour.

CORISBE.
Quel oracle, Madame! & qu'il est effroiable!
Quoi, le sort qui pour vous sembloit si favorable,

Veut déja s'en dédire, & vous abandonner?
Quel revers étonnant?
ELISE.
Faut-il s'en étonner?
Le Sort m'avoit flatée ; il me menace, il change;
Ce n'est que sa coûtume, il ne fait rien d'étrange :
Il avoit trop long-tems soutenu mon parti ;
A ne s'en pas dédire, il se fut démenti.
N'attens point de me voir plaindre de la Fortune,
La plainte a des douceurs pour une Ame commune ;
Mais une Ame élevée en doit bien moins trouver
A se plaindre du sort, qu'à le sçavoir braver.
CORISBE.
Pensez-vous qu'aux grands Cœurs, quand le Ciel les
menace.
Un peu d'effroi, Madame, ait si mauvaise grace?
Quoi, vous voiez les Dieux prêts à vous accabler,
Et vous ne tremblés pas?
ELISE.
Que sert-il de trembler?
S'il est bien vrai qu'au Ciel ma perte soit écrite,
Pour en craindre le coup, crois-tu que je l'évite?
Et par mes foibles soins, qu'il soit encore en moi,
D'alterer des destins l'inviolable Loi?
Non, pour fuir les périls que prédit un Oracle,
L'ébranlement sert moins de secours, que d'obstacle ;
Et l'aveugle Terreur, quand on doit trébucher,
Précipite la chute, au lieu de l'empêcher.
Tel Oracle, parfois, s'est accompli sans peine,
Qui n'a dû son succès qu'à la foiblesse humaine ;
Et qui, s'il n'eût fait peur, eût pû courir hazard
De n'avoir point d'effet, ou d'en avoir plus tard.
Ne s'ébranler de rien, & d'une Ame constante
Rendre, s'il faut perir, sa disgrace éclatante ;
Suivre en paix son destin, & laisser faire aux Dieux,
C'est toujours le plus sûr, & le plus glorieux.
CORISBE.
Ces nobles sentimens, ce courage admirable.

TRAGEDIE.

Meritoient bien un sort qui fut plus favorable ;
Et que les Dieux pour vous, propices plus long-tems,
Se fissent quelque effort, pour être plus constans.
Avez-vous à ce point merité leur colere ?
Quel autre n'eut point fait ce qu'on vous a vu faire ?
Et quels soins violens avez-vous jamais pris,
Que le dernier besoin ne vous ait pas preferis ?
Agenor est le seul, à parler sans rien feindre,
Qui de vous justement puisse encore se plaindre.
Un devoir si puissant vous parle en sa faveur...

ELISE.

Je l'avouerai, Corisbe, il a droit sur mon cœur :
Il doit me plaire seul, par l'ordre de mon Pere ;
Et peut-être il m'eût plu, s'il eût moins dû me plaire.
Les nœuds déja formez par le sang entre nous,
M'auroient pû disposer à des liens p'us doux ;
Et peut-être, vers lui, sans un effort extrême,
Mon cœur se trouvant libre, eut penché de lui-même :
Mais s'agissant d'aimer, un cœur plein de fierté
Est, contre la contrainte, aisément revolté ;
A tout ce qu'on impose, avec peine on incline ;
Tel choix plairoit, qu'on fuit, dés qu'on le détermine;
L'Amour libre de soi, n'obéit jamais bien ;
Mais sur tout, sur le Trône, il ne prend loi de rien,
Bien souvent le devoir lui nuit, loin de l'accroître ;
Et le droit d'être aimé, sert d'obstacle pour l'être.

CORISBE.

Je plains le Prince, il aime.

ELISE.

Au rang où je me voi,
Me répondrois-tu bien de ce qu'il aime en moi ?
Ce n'est pas à mon cœur qu'il veut peut-être atteindre :
Mais le voici qui vient, sans doute, pour se plaindre.

SCENE II.

AGENOR, ELISE, CORISBE.

AGENOR.

SI dans l'état funeste où vos ordres m'ont mis,
L'espoir d'être écouté peut m'être encor permis.
ELISE.
Souffrez que je m'explique avant que vous entendre,
J'écoute tout le monde, & ne puis m'en défendre ;
C'est un bien que les Rois doivent peu refuser,
Mais il est dangereux de n'en pas bien user :
Vous êtes irrité, vous croiez devoir l'être,
Quand le dépit échape, on n'en est plus le maître :
C'est son premier transport qu'on doit plus retenir ;
J'ai du rang où je suis la gloire à soutenir ;
On ne peut rien souffrir au Trône sans foiblesse,
Ses droits sont délicats, peu de chose les blesse.
Voila ce que j'ai cru ne vous pouvoir celer ;
Aprés cela j'écoute, & vous pouvez parler.
AGENOR.
Un transport violent m'agite, & me possede,
Je l'avouë, il m'emporte, & tout mon cœur lui cede,
Mais n'en redoutez rien qui vous blesse en ce jour,
Ce n'est pas le dépit, Madame, c'est l'amour.
Je n'entens que trop bien tout ce que me veut dire
Le délai rigoureux du bonheur où j'aspire ?
Je voi ce qui vous rend mon hymen sans apas,
L'hymen déplaît toujours, quand l'époux ne plaît
  pas :
Mais à quoi que m'expose un si cruel supplice,

TRAGEDIE. 93

Faut-il pas se connoître, & se faire justice ?
Dois-je m'en prendre à vous, puis-je vous en blâmer ?
Si je n'ai pû vous plaire, avez-vous dû m'aimer ?
Et s'il manque à mes feux le secours d'un merite,
Dont la force en secret pour moi vous sollicite ;
Si je n'ai pas sçu l'art de toucher votre cœur,
Si vous n'y sentez rien qui parle en ma faveur,
Rien qui cherche à répondre à mon amour extrême,
La faute en peut-elle être ailleurs que dans moi-mê-
 me ?
Bien que l'ordre d'un Prince ait flaté mon espoir,
Je n'aime pas si mal que de m'en prévaloir,
J'en veux à votre cœur plûtôt qu'à votre Empire ;
Et quoi qu'en ma faveur votre Pere ait pû dire,
Quoi qu'il vous ait prescrit au point de son trépas,
Le don du cœur est libre, & ne se prescrit pas,
Pour peu que de son choix la loi vous semble dure,
Vous pouvez au delai joindre encor la rupture ?
Eussai-je mille droits pour être votre époux,
Mon amour y renonce, & vous rend toute à vous :
Je vous mets en pouvoir de vous choisir un Maître,
Qui n'a point vos desirs, n'est pas digne de l'être ?
Votre cœur seul doit faire un choix si glorieux,
Et le vrai droit du Trône, est de plaire à vos yeux,
Vous pouvez me l'ôter, & ne devez pas craindre
Que j'aime mon bonheur jusqu'à vous y contraindre :
Desormais contre vous, malgré votre rigueur,
La révolte n'est plus au pouvoir de mon cœur,
Pour ne me pas soûmettre, ainsi que bon vous semble,
La Couronne, & vos yeux sont trop fort joints en-
 semble ;
J'ai de subir vos loix un double engagement,
C'est peu d'être sujet, je suis encore Amant,
Quelque dure toujours que soit la servitude,
L'amour m'en a fait faire une douce habitude,
Et l'on doit craindre peu que rien puisse en ce jour
Ebranler le devoir soutenu par l'amour.

Disposez donc enfin du Trône, & de vous-même :
Seulement, s'il se peut, songez que je vous aime,
Et meriterois mieux que d'eternels tourmens,
Si l'Amour tenoit lieu de merite aux Amans.
Je ne vous dis plus rien, Madame, & vais attendre
L'Arrêt que sur mon sort il vous plaira de rendre,
Pour laisser votre choix en pleine liberté,
Je ne vous verrai plus, qu'il ne soit arrêté ;
Et veux vous épargner, jusqu'à la violence
Que peut même en secret vous faire ma presence.

SCENE III.

CORISBE, ELISE.

CORISBE.

ENfin, selon vos vœux, vous pourrés faire un choix;
Le Prince vous dégage, & vous remet ses droits ;
Il ne vous laisse plus aucun scrupule à faire,
Sur l'ordre en sa faveur laissé par votre Pere.
Vous ne devez plus rien......
      ELISE
           Par quelle injuste loi
Ne lui dois-je plus rien quand il fait tout pour moi ?
Corisbe me croit-elle une Ame si farouche.
Qu'une belle action n'ait plus rien qui me touche?
Et que l'excés d'amour d'un Prince si soûmis.
N'ait pas des droits plus forts que ceux qu'il m'a
    remis ?
J'ai peine toutefois, quoique je me figure,
De croire dans le Prince une vertu si pure,
Et de n'y soupçonner d'aucun déguisement
L'excés étudié d'un si beau sentiment.

J'y reconnois plus d'art que l'Amour n'en inspire;
Pour m'aimer comme il dit, il l'a sçu trop bien dire;
Et quand je le croirois, à te parler sans fard,
J'aurois toujours bien peur de le croire trop tard.

CORISBE.

Il est vrai que Sichée a reçû de vous-même,
En faveur de son Fils, l'espoir du Diadême;
Ils sont considerez tous deux dans vos Etats;
Le Pere l'est du Peuple, & le Fils des Soldats :
Vous en avez besoin pour vous pouvoir défendre
De l'Ennemi caché qui cherche à vous surprendre.

ELISE.

Je haï cet Ennemi, d'une invincible horreur;
Mais la haine n'est pas toute seule en mon cœur;
Astrate doit mon choix à plus qu'à cette haine.

CORISBE.

Vous devez à son bras la Grandeur Souveraine;
Et la reconnoissance a pû vous émouvoir?

ELISE

Ce qui m'émeut, Corisbe, a bien plus de pouvoir.

CORISBE.

Mais ce n'est pas l'Amour? je vous dois trop connoître.
Il ne peut...

ELISE.

Et pourquoi ne pourroit-ce pas l'être ?

CORISBE.

Quoi donc ? un cœur si fier, si plein de fermeté,
Par l'effort de l'Amour, peut-être surmonté ?
Il en ressent l'atteinte, il s'y trouve accessible ?

ELISE.

Crois-tu pour être fier, qu'un cœur soit insensible ?
Et quelque fermeté qu'on ait pû mettre au jour,
Qu'auprés d'un grand merite, on échape à l'Amour ?
Apprens que dans une Ame, avec peine renduë,
Rien ne fait mieux aimer, que la fierté vaincuë:
Qu'un cœur est plus touché, plus il a fait d'effort.
Et qu'où l'obstacle est grand, l'Amour en est plus fort.

Au bonheur d'Agenor, voilà ce qui s'oppose ;
Du choix d'Astrate enfin voila la seule cause ;
Voilà ce que j'ai sçu trop bien dissimuler ;
Et si j'attens si tard à te le réveler,
Ne t'en étonne pas, avec un soin extrême
Je m'en suis fait long-tems un secret à moi-même.
Mon cœur d'abord, sans doute, auroit mieux resisté,
S'il n'eût été trahi par sa propre fierté :
C'est elle qui du coup dont tu me vis atteinte,
M'a causé la surprise, en m'en ôtant la crainte.
Oui, loin de me servir, mon orgueil m'abusant,
M'a livrée à l'Amour, en me le déguisant ;
Je négligeai d'abord une langueur secrette ;
Je n'appellai qu'estime, une estime inquiete ;
Et mon cœur trop superbe, & trop credule aussi,
Crût même, en soupirant, qu'on estimoit ainsi.
L'Amour foible toujours, quand il ne fait que naître,
Caché sous cette erreur, a pris le tems de croître,
Et contre mon orgueil, ne s'est pas déclaré,
Qu'il n'ait de sa victoire été bien assuré.

CORISBE.

Cet Amour me surprend, & je croiois, Madame,
Que l'ambition seule avoit touché votre Ame.

ELISE.

Dés que j'ouvris les yeux, Astrate, & la Grandeur,
Tous deux, d'un charme égal, sçurent fraper mon
  cœur :
Mon Ame également s'en trouva penetrée ;
Mais cette égalité ne fut pas de durée ;
Ces deux divers transports prirent un divers cours :
J'eus même ambition, mais l'Amour crut toujours.
Je t'avouerai bien plus, toutes mes injustices,
Tout ce que pour mon rang j'ai fait de sacrifices,
J'ai tout fait pour Astrate ; & pour rien épargner,
Ce Héros m'a paru trop digne de regner.
J'ai tenté, pour donner un Trône à ce que j'aime,
Ce que jamais mon cœur n'eût osé pour moi-même ;
Et les raisons d'Etat qu'on m'a vu mettre au jour,
           N'ont

TRAGEDIE.

N'ont servi que de voile à des crimes d'amour.
CORISBE.
Je m'assure qu'Astrate aussi pour vous soûpire?
ELISE.
Il m'aime ; ce n'est pas qu'il me l'aie osé dire ;
Pour contraindre sa flâme, il n'a rien épargné,
Le silence toujours sur sa bouche a regné ;
Mais un cœur pour parler, n'a-t-il qu'un Interprete?
Ne dit-on rien des yeux quand la bouche est muette?
L'Amant qui craint le plus de rien faire éclater,
N'en dit toujours que trop à qui veut l'ecouter ;
En vain pour se contraindre, on prend un soin extrê-
me ;
Tout parle dans l'amour jusqu'au silence même.
CORISBE.
Quand le respect d'Astrate en s'oubliant un peu,
Vous auroit épargné la peine d'un aveu,
Quand par un beau transport il eut moins sçu se taire?
A dire vrai, Madame, eut-il pû vous déplaire?
ELISE.
Du moins il l'auroit dû c'étoit trop s'oublier,
Et ce n'est pas à lui de parler le premier.
Je sai qu'à notre sexe, il sied bien d'ordinaire,
De laisser aux amans les premiers pas à faire,
De tenir avec soin tout notre amour caché,
D'attendre que l'aveu nous en soit arraché,
De ne parler qu'aprés d'extrêmes violences :
Mais je regne, & le Trône a d'autres bienseances,
Et quand jusqu'à ce rang notre sexe a monté,
Il doit être au-dessus de la timidité.
Astrate est mon Sujet, & la Toute-puissance
L'engage aux mêmes Loix, dont elle me dispense.
Quelque ardeur qui l'emporte, il doit se retenir ;
C'est à moi de descendre, & de le prévenir,
De l'aider à s'ouvrir, de l'y servir de guide,
Jusques-là, c'est à lui d'aimer d'un feu timide,
D'en cacher tout l'éclat, & pour le mettre au jour,
D'attendre qu'il m'ait plû d'enhardir son amour ;

Tom. III.   E

Tu m'y vois résoluë, & c'est trop m'en défendre.
CORISBE.
Et l'amour d'Agenor n'a donc rien à prétendre ?
ELISE.
Je l'oubliois déja, fai m'en ressouvenir ;
Il a trop fait pour moi, pour ne rien obtenir :
Je l'avouë, & promets pour n'être point ingrate,
De...
CORISBE.
Quoi, qui vous retient ?
ELISE.
Ne vois-tu pas Astrate ?

SCENE IV.
ASTRATE, ELISE, CORISBE.

ASTRATE.

D'Un ennemi caché craignez moins les desseins,
J'ose esperer dans peu de le mettre en vos mains ;
Madame, & la fortune à mes desirs propice,
Semble me reserver l'honneur de ce service.
Deux de mes gens pressez d'entrer dans son parti,
Ont feint de s'y résoudre, & m'en ont averti.
Je les viens d'animer & d'instruire à connoître
Ce perfide ennemi qui craint tant de paroître,
Qui cherche avec bassesse à se faire raison,
Et n'aspire à regner que par la trahison.
Ils m'ont tous deux promis d'éclaircir ce Mystere,
Occupé par ses soins, je n'ai pû voir mon pere,
Peut-être a-t-il aussi quelque éclaircissement ;
On m'a dit qu'il me cherche avec empressement ;
Et comme il sait les soins qu'un zele ardent m'inspire,...

TRAGEDIE.
ELISE
Je puis vous dire plus qu'il ne pourroit vous dire ;
Et je croi que pour vous, il vaut mieux aujourd'hui
Devoir tout mon secret à moi même qu'à lui.
Cessons de feindre, Astrate, on veut me faire croire
Qu'oubliant tout devoir, séduit par trop de gloire,
Vous avez jusqu'à moi secrettement osé....
ASTRATE.
Quoi ? prés de vous, Madame, on m'auroit accusé ?
Ah ! s'il en est besoin, je puis trop me défendre....
ELISE.
Il n'est besoin ici que de me bien entendre.
Avant que de répondre, examinez-vous bien ;
Voiez si votre cœur ne s'accuse de rien,
S'il ne se sent pour moi rien d'un peu temeraire,
Rien qui passe l'ardeur d'un sujet ordinaire....
Vous vous troublez, Astrate ; il suffit, répondez ;
C'est à vous à parler, puis que vous m'entendez.
ASTRATE.
Je vois que vous savez ma temeraire flame,
On vous a revelé le secret de mon ame,
Et de mes seuls regards l'indiscrete langueur,
Vous a pû découvrir l'audace de mon cœur.
Ils vous ont dit trop vrai pour oser les dédire ;
Et cette ardeur aveugle a sur moi tant d'empire,
Que deussai-je en périr, je ne sçai pas trop bien
Si je pourrois vouloir que vous n'en sçussiez rien.
J'ai bien jugé toujours, quoi que je pusse faire,
Que je vous aimois trop pour m'en pouvoir bien taire ;
Mais quelque affreux péril qui me dût allarmer,
J'aurois bien du regret d'avoir pu moins aimer.
D'un crime si charmant mon cœur insatiable,
En voudroit, s'il pouvoit, être encor plus coupable ;
Et si je l'ose dire, aime mieux consentir
A tout votre courroux, qu'au moindre repentir.
Lors que par un transport, dont on n'est plus le maître,
On devient téméraire, on ne sauroit trop l'être ;
Et dés qu'on a pû mettre un feu coupable au jour,

C'est l'excés qui peut seul justifier l'amour.
ELISE.
Puis-je exiger du vôtre une marque assez grande?....
ASTRATE.
Si ma mort.....
ELISE.
Ce n'est pas ce que je vous demande;
Il s'agit seulement du choix de mon Epoux,
Et c'est surquoi je veux ne consulter que vous.
ASTRATE.
Helas! ce choix encor pourroit-il être à faire?
Agenor en est sûr?
ELISE.
Oüi, du choix de mon Pere.
ASTRATE.
Et du vôtre, Madame, en pourroit-il douter?
ELISE.
S'il ne penchoit ailleurs, qu'aurois-je à consulter?
ASTRATE.
A moins d'un rang égal à vôtre rang suprême....
ELISE.
Les inégalitez ne sont rien quand on aime,
Et quelques rangs divers où deux cœurs soient placez,
Quand l'amour les unit, il les égale assez.
C'est au choix d'un Sujet qu'un doux penchant m'engage;
Mais un Sujet si grand, par son propre courage,
Si digne d'engager une Reine à l'amour....
J'ose assez, il est tems d'oser à vôtre tour.
Vous-même, là-dessus, jugez qui ce peut être.
ASTRATE.
Me seroit-il permis d'oser me reconnoître?
M'en desavoüeriez-vous? Vous vous taisez, helas!
N'ai-je point trop osé?
ELISE.
Je ne me tairois pas.

TRAGEDIE.
ASTRATE.
Ah! par ces mots charmans tout mon bonheur s'acheve.
Mais peut-être il faudra qu'un Rival me l'enleve ;
Que tout ce tendre amour cede aux droits d'Agenor.
Dieux ! s'il est votre époux ?....

ELISE.
       Il ne l'est pas encor :
Mais quand vous connoîtrez ce qu'il m'a fait connoître,
Peut-être avoüerez-vous, qu'il est digne de l'être.
De l'ordre de mon Pere il ne se prévaut pas ;
Il m'en remet les droits, & c'est mon embarras.

ASTRATE.
Ah ! si vous en croiez le Devoir & la Gloire....

ELISE.
Je vous l'ai déja dit, c'est vous que j'en veux croire ;
J'en fais votre amour Juge.

ASTRATE.
      Ah ! Madame, est-il rien
Si suspect qu'un amour aussi pur que le mien ?
Plutôt que d'exposer ni vous, ni votre gloire,
Il me condamnera, si vous l'en voulez croire ;
Il trahira mes vœux, s'il en est Juge, helas !
Jugez-en mieux vous-même, & ne l'en croiez pas.
S'il est vrai qu'Agenor, sans aucun artifice,
Vous fasse de ses droits un entier sacrifice,
Que son cœur soit pour vous tel qu'il vous a paru ;
Puis-je en parlant pour moi, mériter d'être cru ?
Et si pour vous surprendre, il ne cherche qu'à feindre,
En le desesperant que n'en doit-on point craindre ?
Votre ennemi secret, sur-tout à redouter,
De vos divisions pourroit trop profiter ;
Dans le lâche dessein qu'il a de vous surprendre,
Ce tems seroit pour lui propre à tout entreprendre.
Si vous songez, Madame, à ce pressant danger....

ELISE.
Hé devroit-ce être à vous de m'y faire songer ?

E 3

ASTRATE,
ASTRATE.
Ces raisons sont l'effort d'un amour veritable.
ELISE.
Sied-il bien à l'amour d'être si raisonnable ?
De trouver des raisons pour pouvoir tout ceder ?
Ah ! vous meriteriez de me persuader ;
Pour prix de vos conseils je devrois y souscrire.
ASTRATE.
Le pourrez-vous, Madame ?
ELISE.
Ah !
ASTRATE.
Votre cœur soûpire ?
ELISE.
Malgré toute ma plainte, allez, je vous permets
D'expliquer ce soûpir au gré de vos souhaits.

Fin du second Acte.

ACTE III.

SCENE PREMIERE.
BELUS, ASTRATE.
BELUS.

DE grace à mes avis donnez plus de creance,
Seigneur, de ce Palais sortez en diligence.
On forme un grand dessein, j'en voi tous les aprêts,
Des passages gardez, des murmures secrets :
Enfin tout ce qu'on void, lors qu'avec défiance,
On veut faire arrêter un homme d'importance.
Vous êtes redouté, vous faites des jaloux :
Et vos amis ont lieu de craindre ici pour vous.
Sortez donc, & gardez de vous laisser surprendre.
ASTRATE.
Non, je dois voir la Reine, & ne puis m'en défendre ;
Et sa faveur m'accable en tel point en ce jour....
BELUS.
Vous fiez-vous, Seigneur, aux faveurs de la Cour ?
C'est peut-être un apas que la Reine déploie....
ASTRATE.
Quoi qu'il en soit enfin, il faut que je la voie,
Adieu, rien ne peut plus m'arrêter un moment.

E 4

SCENE II.

CORISBE, ASTRATE.

CORISBE.

SOuffrez que je m'oppose à votre empressement.
ASTRATE.
Ne me détournez point d'aller trouver la Reine.
Un avis trop pressant en ces lieux me ramene ;
Je viens lui reveler des secrets importans.
CORISBE.
M'en croirez-vous, Seigneur ? Prenez mieux votre
   tems.
ASTRATE.
Non, non, Corisbe, non, ce que je veux lui dire ;
Regarde son salut, son repos, son empire ;
Je vais lui découvrir plusieurs des conjurez.
CORISBE.
Encore un coup, Seigneur, croiez-moi, demeurez ;
La Reine a défendu qu'on laisse entrer personne.
ASTRATE.
Nous devons du respect à tout ce qu'elle ordonne ;
Mais ne puis-je esperer quelqu'ordre un peu plus
   doux.
CORISBE.
S'il faut ne celer rien, l'ordre est exprés pour vous.
ASTRATE.
Pour moi ?
CORISBE.
   J'ai bien encor dequoi vous bien surprendre :
Mais peut-être il vaut mieux ne vous en rien ap-
   prendre ;

TRAGEDIE.

On sent toujours trop tôt de si funestes coups,
Et les maux ignorez sont toujours les plus doux.

ASTRATE.

Accablez-moi plûtôt par le coup le plus rude,
Que me laisser languir dans cette incertitude,
Parlez, vous m'exposez par ce doute importun,
A craindre tous les maux pour m'en épargner un.

CORISBE.

Puis que vous le voulez, vous saurez donc qu'à peine
Vous êtes plein d'espoir sorti d'avec la Reine,
Qu'elle a, sans consulter, avec empressement,
Fait venir Agenor dans son appartement;
Et quand même elle a sçû qu'avec impatience,
Vous faisiez demander un moment d'audiance
Elle m'a commandé de vous faire savoir
Qu'elle est avec le Prince, & ne sauroit vous voir.

ASTRATE.

Elle void mon Rival, & me défend sa vuë.

CORISBE.

Il n'est pas tems encor d'avoir l'ame abatuë;
Ce qui reste à vous dire a bien plus de rigueur.

ASTRATE.

Hé bien donc, achevez de me percer le cœur.

CORISBE.

Tout ce que pour le prix d'un effort magnanime,
En faveur d'un amant on peut montrer d'estime;
La Reine, avec un soin qui n'eut jamais d'égal,
La fait voir en faveur de votre heureux Rival.
Elle a si hautement flaté son esperance,
Témoigné pour ses soins tant de reconnoissance,
Que le Prince charmé d'un si doux changement
En a paru d'abord muet d'étonnement.
Que vous dirai-je, enfin? La premiere des Marques
Que l'usage en ces lieux veut qu'on donne aux Monarques,
L'Anneau Roial, déja jusqu'en ses mains remis,
Fait trop voir quel espoir lui peut être permis,
La Reine aiant pour vous paru si favorable,

E 5

Sa rigueur me confond comme elle vous accable.
ASTRATE.
Helas ! de sa bonté la trompeuse douceur,
M'accable encor bien plus que toute sa rigueur.
Du bonheur d'être aimé l'essai trop agreable,
Fait ce que ma disgrace a de plus effroiable.
Sans l'espoir trop charmant qui m'a si peu duré,
A mon malheur du moins j'eusse été préparé ;
Mon sort est plus cruel, plus je l'ai crû propice,
Tout ce qui m'a flâté redouble mon supplice,
Et dans l'horreur du coup dont je suis penetré,
Mon plus grand desespoir est d'avoir esperé.
CORISBE.
Ce desespoir si grand, ces peines si cruelles,
Sont le fruit qu'ont produit vos avis trop fideles :
La Reine vous a crû sur le choix d'un époux,
Et peut être attendoit d'autres conseils de vous.
Vous avez fait sans doute un effort heroïque :
Mais ce n'est pas toujours dequoi l'amour se picque ;
Et par un noble effort, perdre un bonheur charmant,
Est plus une vertu de Heros que d'Amant.
Vous deviez un peu moins parler contre vous-même.
ASTRATE.
Ah, Corisbe ! un amant qui se flate qu'on l'aime,
Qui s'assure qu'on cherche à lui tout accorder,
En parlant contre lui, croit-il persuader ?
Je ne m'attendois pas d'être crû de la Reine,
Ou de l'être du moins avec si peu de peine,
J'esperois sur la foi d'un aveu trop charmant,
Que l'amour dans son cœur parleroit autrement,
J'ai pris soin de montrer qu'une ame bien charmée
Doit tout sacrifier à la personne aimée,
Mais j'ai crû que la Reine auroit un soin pareil.
Et suivroit mon exemple, & non pas mon conseil.
Cependant, à ma perte elle s'est résoluë.
CORISBE.
Seigneur, le Prince sort.

TRAGEDIE.
ASTRATE.
Je fremis à sa vuë.
CORISBE.
Moderez vos transports, & considerez bien....
ASTRATE.
Helas ! suis-je en état de considerer rien ?

SCENE III.

ASTRATE, AGENOR, NERBAL.

ASTRATE.

Venez, venez, Seigneur, joüir de ma disgrace ;
Voir l'affreux châtiment de mon aveugle audace,
Et goûter à longs traits le plaisir sans égal,
Qu'on trouve au desespoir d'un malheureux rival.
Vous n'avez plus, enfin, aucun sujet de craindre ?

AGENOR.

De la Reine, en effet, j'aurois tort de me plaindre :
Ce Gage me permet d'oser le croire ainsi :
Mais vous n'avez pas lieu de vous en plaindre aussi.
Si mon bonheur est grand, votre gloire est extrême ;
Que voulez-vous de plus ? vous aimez, on vous aime,
Est-il rien de plus doux pour un cœur amoureux ?

ASTRATE.

Triomphez, insultez, au sort d'un malheureux ;
Corisbe m'a trop dit où ma flame est réduite.

AGENOR.

De ce qu'a vû Corisbe, aprenez donc la suite,
Aprés m'avoir loüé d'avoir cedé mes droits :
En mettant dans mes mains cet anneau de nos Rois,
La Reine avec adresse a sçu me faire entendre,
Que son cœur à vos feux s'étoit laissé surprendre,

Tâchant de s'excuser sur l'amour dont les loix
Ne souffrent pas toujours qu'un cœur aime à son choix,
Mais qu'elle avoit voulu du moins pour reconnoître
La generosité que j'avois fait paroître;
Et pour rendre pour moi son refus moins honteux,
Que ce fut de ma main que vous fussiez heureux;
Qu'elle ne doutoit point qu'après cette priere,
Ma generosité ne se montrât entiere,
Ne fit un grand effort pour couronner vos feux...

ASTRATE.
Ah? jusques-là, Seigneur, seriez-vous genereux?

AGENOR.
Mon cœur ne peut former une plus noble envie;
A cet illustre effort, la gloire me convie;
La generosité m'y fait voir mille appas;
Mais l'amour plus puissant, ne me le permet pas.

ASTRATE.
C'est donc là, cet Amour, dont le pouvoir extrême
Devoit être assez fort pour se vaincre lui-même?

AGENOR.
S'il est beau de se vaincre, il est doux d'être heureux;
Et c'est crime aux Amans d'être trop genereux.
Les foiblesses, toujours, sont pour eux legitimes.

ASTRATE.
Vous n'aviés pas promis de suivre ces maximes:

AGENOR.
L'Amour a beau promettre, il sait peu se trahir,
Et ceder son bonheur quand il en peut jouir.
Un prix si doux vaut bien une injustice extrême.

ASTRATE.
Et vous aimez, Seigneur? Est-ce là comme on aime?
Est-ce ainsi qu'un grand cœur peut vouloir s'enflamer?

AGENOR.
Que voulez-vous? Chacun a sa façon d'aimer:
Vous aimez en Heros, pour moi je le confesse,
Le Ciel m'a fait un cœur capable de foiblesse;
Mais je n'en rougis point, & jusques à ce jour.

TRAGEDIE.

La foiblesse jamais n'a fait honte à l'amour.
ASTRATE.
Pour excuser la vôtre, elle est trop condamnable.
AGENOR.
La Reine cependant l'a trouvée excusable.
Son dépit, je l'avoue, a d'abord paru grand,
Mon refus l'a surprise, ainsi qu'il vous surprend.
Mais j'ai sçu m'excuser, & mon amour extrême
A d'un crime si beau fait l'excuse lui-même ;
La Reine enfin m'épouse, & pour vous voir jaloux
Le bien qui m'est offert n'en sera pas moins doux.
ASTRATE.
Mettez votre bonheur au dessus de tout autre ;
Puisque je suis aimé, mon sort vaut bien le vôtre,
Et vous devez penser, malgré le nom d'époux,
Que ce n'est pas à moi d'être le plus jaloux.
Oui, quoi que malheureux, puisque la Reine m'aime ;
Puisque vous le savez, & par son aveu même ;
Que malgré votre hymen, l'Amour en ma faveur,
De ce qu'elle vous offre a separé son cœur,
Ce bien qui vous échape, & que mon feu vous vole,
De tout votre bonheur, me vange, & me console ;
Ce bien seul des Amans fait les felicitez,
Et je vous ôte en lui plus que vous ne m'ôtez.
AGENOR.
Laissez-moi les douceurs qui me sont accordées ;
Et jouissez en paix de ces belles idées.
Tandis qu'un nœud sacré propice à mes souhaits,
Va mettre entre mes bras la Reine & ses attraits ;
Que sans m'embarasser d'un scrupule inutile,
Je vais être à vos yeux le possesseur tranquille ;
Et vais enfin au gré de mes transports pressants.
M'assurer d'être heureux sur la foi de mes sens,
Pour vous en consoler, songez qu'au fonds de l'ame
La Reine avec regret s'attache à votre flâme.
Goûtez ce doux triomphe ; imaginez vous bien
Qu'auprés de votre sort, tout mon bonheur n'est rien ;
Et par les faux appas d'une victoire vaine,

Soiez ingenieux à flatter votre peine.
J'y veux bien consentir; un reste d'amitié
M'oblige à voir encor vos maux avec pitié;
Et sûr d'un bien solide, il ne me coûte guere
De vous abandonner un bien imaginaire.
Ainsi chacun de nous se tiendra satisfait,
Vous de vous croire heureux, moi de l'être en effet.
ASTRATE
Que sert de déguiser mon malheur & le vôtre;
Nous ne sommes, Seigneur, heureux ni l'un ni l'autre.
Pour l'être, c'est trop peu de me savoir aimé,
S'il faut vous voir ravir tout ce qui m'a charmé:
Mais sans l'heure d'être aimé, rien aussi n'est capable
De vous donner jamais un bonheur veritable:
Et sans doute, il faudroit qu'un seul pour être heureux,
Obtint ce que le sort sepate entre nous deux.
Il en est un moyen, si vous aimez la gloire.
AGENOR.
Ce discours est obscur, du moins je le veux croire?
Et pour vous faire grace, étant ce que je suis,
N'y vouloir rien comprendre, est tout ce que je puis.
ASTRATE.
Si j'ai de vous, Seigneur, quelque grace à prétendre,
C'est de ne m'en point faire, & de vouloir m'entendre:
De répondre au dessein que vous dissimulés.
AGENOR.
Hé bien, je vous entends, puisque vous le voulés.
Nerbal, faites venir des Gardes de la Reine.
Nerbal rentre.
ASTRATE.
Quoi! me faire arrêter?
AGENOR.
J'y consens avec peine:
Mais je m'y voi forcé dans le rang que je tiens.
Plus pour vos interêts encor que pour les miens.
Votre fureur trop forte a besoin qu'on l'arrête;

TRAGEDIE.

A trop d'emportement je voi qu'elle s'aprête,
Et vous estime assez pour vouloir prévenir
Le regret que j'aurois d'avoir à vous punir.
Quiconque en d'autres mains, voit tout ce qui le charme,
Sent toujours des transports qu'il est bon qu'on desarme ;
J'en prens soin pour vous-même, & croi vous trop devoir,
Pour vous abandonner à votre desespoir.
Je veux vous en deffendre, & j'aurois l'ame ingrate.
Mais on vient par mon ordre.

SCENE IV.

AGENOR, ASTRATE, GERASTE, GARDES.

AGENOR à *Geraste*.

Assurez-vous d'Astrate.

GERASTE.

Seigneur....

AGENOR.

N'hesitez point : Vous savez qui je suis ;
A cette marque enfin, voiez ce que je puis.

GERASTE à *Agenor*.

Quelque droit qu'elle donne à la grandeur suprême,
Mon ordre est de venir m'assurer de vous-même.

AGENOR.

De moi ? la Reine ainsi trahiroit mon espoir.

GERASTE.

Je vous plains, mais, Seigneur vous savez mon devoir,
Il nous faut votre épée.

ASTRATE,
AGENOR.
Il faut bien vous la rendre,
Je ne suis pas en lieu de m'en pouvoir défendre.
GERASTE.
A regret....
AGENOR.
Vos regrets ne font rien à mon sort.
Allons.
GERASTE.
Il m'est enjoint de vous conduire au Fort,
Mais la Reine, Seigneur, auparavant desire,
Que nous vous demandions la Marque de l'Empire.
AGENOR.
Tenez, reportez-lui...
GERASTE.
Nous n'aurons pas besoin,
Puis qu'Astrate est ici de la porter plus loin.
C'est en vos mains, Seigneur, qu'un ordre exprés m'engage,
A remettre du Trône & la Marque & le Gage :
A Astrate.
La Reine à votre espoir permet tout en ce jour.
AGENOR.
Le sort change, je tombe, & voici votre tour,
Allons, épargnez-moi dans le mal qui m'accable,
D'un Rival triomphant la vûë insuportable ;
A Geraste.
Je trouve encor sa joie au fort de mon malheur,
Plus cruelle à souffrir que ma propre douleur.
Il est assez heureux sans joüir de ma peine.
ASTRATE.
Allez, je vais Seigneur, rendre grace à la Reine :
Et quoi que mon Rival, ce n'est pas prés de vous,
Qu'un Triomphe si beau doit m'être le plus doux.

TRAGEDIE.

SCENE V.
SICHE'E, ASTRATE.

SICHE'E.

Où courés-vous, mon fils ?
ASTRATE.
Où mon bonheur m'appelle.
SICHE'E.
J'ai tout sçu de la Reine, & je sors d'avec elle.
ASTRATE.
Si vous savés pour moi jusqu'où va sa bonté
N'arrêtés point, Seigneur, un Amant transporté.
SICHE'E.
J'ai beaucoup à vous dire.
ASTRATE.
Ah ! souffrés que je prenne
Avant tout autre soin, celui de voir la Reine.
Je ne puis moins, Seigneur, & je lui dois assez.
SICHE'E.
Vous pourriés lui devoir moins que vous ne pensés.
ASTRATE.
Le Prince est arrêté : qu'aurois-je encore à craindre ?
La Reine aussi pour moi, peut-elle avoir sçu feindre ?
Et puis-je perdre encor l'espoir que je reprends,
Lors que j'en ai ce gage, & l'Amour pour garents,
SICHE'E.
Non, ce gage à vos vœux permet de tout prétendre,
Le Prince à cet appas s'est trop laissé surprendre,

Et la Reine n'a feint de l'en laisser joüir,
Que pour sonder son ame, & pour mieux l'éblouïr,
Elle cherchoit pour rompre un prétexte à se plaindre;
Enfin si vous voulés, vous n'avés rien à craindre,
Vous serés son Epoux.

    ASTRATE.

       Helas! si je le veux?
Doutés-vous qu'un Amant, Seigneur, veuille être
 heureux?

    SICHE'E.

Je vous estime assez, pour ne vouloir pas croire,
Qu'en votre cœur, l'Amour, l'emporte sur la
 gloire.

    ASTRATE.

Je crois que pour les feux, dont je me sens bruler,
Ma gloire & mon amour, n'ont rien à démêler.
Qu'est-il plus glorieux que l'hymen d'une Reine?

    SICHE'E.

D'une Reine coupable, odieuse, inhumaine,
Qui pour son coup d'essai, s'immola nos vrais Rois!
Et qui n'a de leur rang, que ses crimes pour droits?

    ASTRATE.

Ah! Seigneur, est-ce à moi, de la trouver coupable
Et fut-elle à vos yeux encor plus condamnable,
N'en jugeriés-vous pas plus favorablement,
Si vous l'examiniés avec des yeux d'Amant?
J'aimois déja la Reine, avant son injustice;
Je vis avec horreur, ce sanglant Sacrifice;
J'en fremis en secret; mais quand on est charmé,
Que n'excuse-t'on point dans un objet aimé?
L'éclat de deux beaux yeux adoucit bien un crime:
Aux regards des Amans, tout paroît legitime:
Leur Esprit tient toujours le parti de leur cœur;
Et l'Amour n'est jamais un Juge de rigueur.

    SICHE'E.

Si l'horreur des forfaits n'a rien qui vous arrête,
Apprehendés du moins, l'orage qui s'apprête.
Craignés de vous charger, par un Sceptre odieux,

TRAGEDIE.

De la fureur du Peuple, & du couroux des Dieux.
Sur un Trône usurpé, la Reine trop soufferte,
Touche peut-être enfin au moment de sa perte;
Tout l'Etat à ses Loix n'obeït qu'à regret;
On murmure, on cabale, on conspire en secret;
Le vrai Roi va paroître, & la Reine chancelle
Gardez qu'un nœud fatal vous entraîne avec elle,
Ne vous hâtés point tant de regner à ce prix,
Et de monter au Trône, au point de son débris.

ASTRATE.

Je vous entends, Seigneur, le sang en vous s'allarme
Des perils qu'il croit voir à l'hymen qui me charme,
Et j'ai de quoi calmer l'effroi qu'en ma faveur
Tout l'Amour paternel excite en votre cœur.
La gloire qui m'attend sans peril m'est offerte.
La conspiration est enfin découverte.

SICHE'E.

Découverte !

ASTRATE.

Ouy, Seigneur, & par mes soins de plus
Plusieurs des Conjurez me sont déja connus :
Je vai de ce pas même en instruire la Reine.
Pigmalion en est, Bazore & Nicogene.

SICHE'E.

Ces trois sont nos amis.

ASTRATE.

S'il en est dans la Cour,
Est-il quelque amitié qui resiste à l'Amour ?

SICHE'E.

Je vois qu'il n'est plus temps, qu'avec vous je dé-
   guise,
Et qu'il faut vous montrer le Chef de l'entreprise :
Celui qui du vrai Roi connoît seul tout le sort;
Et qui contre la Reine a fait le plus d'effort.

ASTRATE.

Montrés-le moi, Seigneur, par cette connoissance,
La Reine, & mon bonheur, sont en pleine assurance :

Ce Rebelle puni, nous sommes sans effroi.
SICHÉE.
Connoissés-le, mon fils, vous le voiés en moi.

ASTRATE.
Ce pourroit être vous ?

SICHE'E.
Oui, c'est moi, dont le zele
Pour le sang de nos Rois, toujours ferme & fidelle,
Contre la tyrannie, a jusques à ce jour,
Ligué les plus puissans du Peuple & de la Cour.
C'est moi, qui du vrai Prince, ai seul la connois-
sance ;
Qui des usurpateurs, l'ai sauvé dés l'enfance,
Et qui l'ai reservé pour venger ses Parens,
Pour reprendre leur Sceptre, & punir les Tyrans.
Ce dessein découvert rend ma perte certaine ;
Elle est trop importante au salut de la Reine ;
Vous me perdez, mon fils, si vous parlés.

ASTRATE.
Helas ?
Je perds la Reine aussi, si je ne parle pas.

SICHE'E.
Sa perte avec la mienne entre-t'elle en balance ?
Je sai ce qu'est l'amour, j'en connois la puissance,
Et veux bien pardonner aux transports d'un Amant,
Cette excusable erreur d'un premier mouvement.
Mais je ne doute point qu'aprés cette foiblesse,
Votre cœur tout entier, pour moi ne s'interesse.
Quoi que d'abord l'Amour ait pû vous inspirer,
Contre tous ses efforts, le Sang doit m'assurer ;
Je me fie au pouvoir des droits de la Nature ;
A la vertu d'un fils jusqu'ici toute pure ;
Au premier des devoirs, au plus sacré lien ...

ASTRATE.
Seigneur, contre l'Amour, ne vous fiez à rien.

TRAGEDIE.   117

Que tout vous soit suspect, le Sang, la vertu même;
Craignés tout d'un Amant, qui craint pour ce qu'il
    aime.
Le plus sûr est pour vous de quitter les mutins;
De les abandonner à leurs mauvais destins;
Venez demander grace, & nous l'aurons sans peine;
Venez Seigneur, venez dire tout à la Reine.

SICHE'E.

Moi ! trahir mes sermens, mon Prince & mes
    Amis.
Plutôt, si vous l'osez, trahissez-moi, mon fils.
Pensez-vous que l'appas du rang qu'on vous pre-
    sente,
A cet infame prix, me corrompe, ou me tente ?
Connoissez mieux ma foi, rien ne peut l'émouvoir,
Et je n'ai point de fils, si cher que mon devoir.
J'ai juré de vanger mon Maître legitime ;
De couronner son Sang, de détrôner le crime ;
D'affranchir mon Pays d'un Empire odieux ;
Ou du moins, de perir d'un trépas glorieux.
Dans un si grand dessein je suis inébranlable :
Il faut qu'enfin la Reine, ou trébuche, ou m'acca-
    ble,
Que vous voiez ses jours, où les miens terminez,
Et c'est à vous à voir quel parti vous prenez.

ASTRATE.

Entre la Reine, & vous, je n'en ai point à prendre,
Que celui de vouloir tour à tour vous deffendre,
Vous garder l'un de l'autre, & toujours me ranger
Du parti seulement où sera le danger.
Il me paroît d'abord du côté de la Reine :
Pardonnez si j'y cours.

SICHE'E.
   Quoi, la nature est vaine ?

ASTRATE.

Vous n'avez pas encor besoin de mon secours,

Seigneur, & de la Reine on va trancher les jours.
Avec le même soin, que comme amant fidelle,
Je vais, ou la sauver, ou périr avec elle ;
Je saurai, l'aiant mise à couvert de vos coups,
Vous sauver comme Fils, ou périr avec vous.
Je n'examine point dans cete conjoncture,
Qui doit vaincre, ou ceder l'amour ou la nature :
Sans juger qui des deux doit être plus puissant,
Je regarde au péril, & cours au plus pressant.

Fin du troisiéme Acte.

TRAGEDIE. 119

ACTE IV.

SCENE PREMIERE.

BAZORE, SICHE'E, NICOGENE.

BAZORE.

N'En doutons point, l'amour a fait parler Aſtrate;
Notre entrepriſe eſt ſçuë, il eſt temps qu'elle éclate :
Il faut ſans plus tarder preſſer les derniers coups,
Et ſi nous differons tout eſt perdu pour Nous.
Des Tyrans deſunis la force diviſée,
Semble nous offrir même une victoire aiſée,
Le deſordre eſt entre eux, le Prince eſt arrêté;
Et ſuivant le deſſein entre nous concerté,
Ses Partiſans aigris s'engageront ſans peine.
A pouſſer leur fureur juſqu'à perdre la Reine :
Les Gardes d'Agenor ſont gagnez preſque tous,
Et nos amis tous prêts n'attendent plus que nous.

SICHE'E.

Allez donc les conduire, & marcher à leur Tête.
Le ſoin de voir mon fils pour un moment m'arrête,
Il peut beaucoup ici ſon nom ſeul eſt bien fort ;
Je vais pour l'entraîner faire un dernier effort :

Mais puisque nos Amis sont tout prêts d'entreprendre,
J'aurai soin d'achever, commencez sans m'attendre;
Notre salut dépend de tout précipiter ;
De n'être point surpris.

NICOGENE.

                Nous allons tout tenter,
Vous n'avez seulement qu'à faire enfin paroître
Celui que de l'Etat nous devons rendre Maître ;
Ne nous le cachez plus, puisqu'il est dans ces lieux;
Montrez-nous notre Roi, nous en combattrons mieux.

SICHÉE.

Vous l'aurez pour témoin de votre zele extrême.
J'espere aller dans peu vous joindre avec lui-même ;
L'amener soutenir ses propres interêts....
Mais mon fils sort, allez, je vous suivrai de près.

SCENE II.

ASTRATE, SICHÉE.

ASTRATE.

Rassurez-vous, Seigneur, & cessez de vous plaindre ;
Ni vous, ni vos Amis, vous n'avez rien à craindre.

SICHÉE.

Si vous n'avez rien dit, rien ne doit m'étonner.

ASTRATE.

J'ai tout dit, mais Seigneur, j'ai fait tout pardonner,
La Reine en ma faveur oubliant votre audace,
A vous, aux Conjurez, consent à faire grace;

TRAGEDIE.

Et toute sa rigueur se borne au seul trépas
De l'auteur du désordre & de vos attentats.

SICHÉE.
La Reine acheveroit l'injuste sacrifice....

ASTRATE.
Souffrez-lui, s'il se peut encor cette injustice,
Ce sera la derniere, & l'Etat agité,
En a même besoin pour sa tranquilité.
Dans ces deux ennemis un devoir implacable
Rend à jamais la haine irréconciliable :
Un pere massacré, deux freres égorgez,
Tôt ou tard doivent être, ou suivis, ou vengez :
Le Prince malheureux qui reçoit cette offence,
Doit renoncer au jour plutôt qu'à la vengeance ;
Et la Reine engagée à cette cruauté,
N'en peut, qu'en l'achevant, trouver l'impunité.

SICHÉE.
Et pour prix de ma grace il faut l'vrer mon maître ?

ASTRATE.
Non, Seigneur, seulement, faites-le moi connoître,
Ne craignez rien de moi de honteux, ni de bas.
J'irai seul l'attaquer sans secours que mon bras,
Et n'imiterai point le soin indigne & lâche,
Dont il vous fait armer, quand lui même il se cache,
Laissez-le enfin paroître, & par son propre effort,
Soûtenir contre moi la gloire de son sort.
Il cherche à se venger, j'aime avec violence ;
Il trouble mon amour, je trouble sa vengeance,
Il ne peut se venger, sans commencer par moi,
Je ne puis sans sa perte aimer qu'avec effroi,
Souffrez que nous suivions les transports qui nous
    guident ;
Que ces grands differens entre nous se décident,
Et qu'enfin l'un des deux à l'autre ôtant le jour,
Montre qui peut le plus, la vengeance, ou l'amour.

SICHÉE.
Hé bien ! puis qu'étouffant vos vertus magnanimes,

Tome III.   F

Vous voulez de la Reine épou'er jusqu'aux crimes,
En achever l'horreur, & l'oser soutenir;
Il faut vous dire tout, mais c'est pour vous punir.
ASTRATE.
Cet ennemi, Seigneur, est-il si redoutable ?
SICHE'E.
De quelque fermeté dont vous soiez capable,
Je suis sûr de vous voir pâlir d'étonnement,
Et fremir de terreur à son nom seulement.
ASTRATE
Ces menaces ne font qu'augmenter mon envie,
Nommez-le moi, Seigneur, m'en couta-t-il la vie.
SICHE'E.
Par cet aveu qu'un Pere a commis à ma foi,
Apprenez donc le sort du dernier fils du Roi,
Connoissez l'ennemi dont l'implacable haine
Doit, à son sang versé, tout celui de la Reine.

ASTRATE *lit dans les tablettes que Sichée lui montre.*
Le plus jeune de mes trois fils,
Echape aux cruels ennemis,
Dont sur moi l'injustice éclate;
Et quand il sera tems de découvrir son sort,
Ou pour rompre mes fers, ou pour venger ma mort,
Sichée en est cru Pere, & son nom est Astrate.

ASTRATE *continuë en rejettant les tablettes.*
Ah! d'un coup plus affreux peut-on être percé!
Je serois né du sang que la Reine a versé ?
Quoi, j'aurois à venger par des loix trop séveres,
Sur un si cher Objet mon pere & mes deux freres ?
Et quand nos cœurs charmez se croioient tout permis,
Malgré l'amour, & nous, nous serions ennemis ?
SICHE'E.
Il est trop vrai, Seigneur, vous le devez connoître.
ASTRATE.
Le puis-je croire, helas! quelque vrai qu'il puisse être.

TRAGEDIE.
SICHE'E.
Je puis vous en convaincre, & cet aveu du Roi
Pour en oser douter est trop digne de foi
Quand le pere d'Elise eut la coupable audace
De mettre aux fers le vôtre, & d'usurper sa place,
Un fils que je perdis, dont je celai la mort,
Me donna le moien d'assurer votre sort :
Vous étiez de même âge, & tous deux dans l'enfance,
Et son nom aisément cacha votre naissance.
ASTRATE.
Qu'à jamais ce secret n'est-il caché pour moi
Ah ! cruel, faloit-il, si je suis fils du Roi,
Pour me montrer la main qui fit périr mon pere,
Attendre que l'amour me la rendit si chere ?
Et ne deviez-vous pas, pour le bien de mes jours,
Ou m'avertir plutôt, ou vous taire toujours ?
SICHE'E.
Avant qu'oser, Seigneur, vous apprendre l'offence,
J'ai cru vous en devoir assurer la vengeance,
Et n'ai pas dû prévoir un malheureux amour,
Qui ne s'est déclaré qu'en ce funeste jour.
ASTRATE.
Mais si je sors du sang qu'a répandu la Reine,
Quand par les Siriens sa perte étoit certaine,
Pourquoi dans son parti vous-même m'engager,
Contre des ennemis armez pour me venger ?
SICHE'E.
Des Siriens pour nous, la haine hereditaire
N'aspiroit à rien moins qu'à venger votre Pere ;
Et la mort des Tyrans, & leur punition,
N'étoient qu'un beau prétexte à leur ambition.
Ils n'en vouloient qu'au trône où vous devez préten-
    dre ;
Et si vos soins contre eux ne l'avoient sçu défen-
    dre,
Nous aurions eu besoin d'efforts beaucoup plus grands,
Pour l'ôter de leurs mains, que des mains des Ty-
    rans,

La vengeance d'un pere à vous seul étoit duë,
Je vous l'ai reservée, & l'heure en est venuë,
L'objet vous en fut-il cent fois plus précieux,
Levez le bras, Seigneur, & détournez les yeux ;
Faites votre devoir sans regarder le reste.
ASTRATE.
Qu'il est cruel ! ô Dieux ! ce devoir trop funeste !
Je ne puis, sans fremir, seulement y penser :
Eh ! ne seroit-il rien qui put m'en dispenser !
SICHE'E.
Perdre, & punir la Reine, étant ce que vous êtes,
Sont des loix qu'elle-même à votre bras a faites,
Votre pere, par elle, & vos freres meurtris....
ASTRATE.
Helas ! si je pouvois n'être que votre fils ?
SICHE'E.
Vous êtes fils du Roi, la preuve en est trop claire.
ASTRATE.
N'importe, par pitié, soiez toujours mon pere,
SICHE'E.
Votre sort est trop beau ...
ASTRATE.
Le prix m'en fait horreur,
Et j'aime encor mieux mille fois mon erreur.
Laissez, laissez moi fuir cette fatale gloire,
Laissez-moi, s'il se peut, tâcher de n'en rien croire,
Repousser de mon cœur cette affreuse clarté,
Et garder de mon sort l'heureuse obscurité.
SICHE'E.
Faites-vous un effort pour dégager votre ame,
De ces transports honteux d'une coupable flame :
Seigneur, considerez que l'amour desormais,
Est, entre Eliso, & vous, interdit pour jamais ;
Que cet indigne feu n'a plus droit de paroître,
Et que pour l'étouffer, quelque fort qu'il puisse être,
Dans la peur de tomber de son injuste rang,
La Reine n'a versé que trop de votre sang,
Songez que cet amour qui vous trouble & vous gêne,

Qui vous usurpe un cœur qui n'est dû qu'à la haine,
Cet amour qui vous guide au crime le plus noir,
Corrompt votre vertû, séduit votre devoir ;
Cet amour qui vous rend à vous-même perfide,
Qui vous force à cherir une main parricide,
Doit être ici pour vous le premier des tyrans,
Qu'il faut sacrifier au sang de vos parens.
Rendez vous à la gloire ; allez où vous appelle,
L'impatiente ardeur d'un peuple plein de zele ;
Suivez de votre sort l'irrévocable loi,
Montrez-vous digne fils du veritable Roi ;
Laissez-vous arracher aux flames indiscretes....

ASTRATE.

Ah ! j'apperçoi la Reine !

SICHE'E.

Ah ! songez qui vous êtes !

ASTRATE.

Helas ! qui que je sois, à cet aspect charmant,
Je ne me connois plus, & ne suis plus qu'amant.
Tout mon devoir s'oublie aux yeux de ce que j'aime.

SICHE'E.

J'en vais donc prendre soin pour vous, malgré vous-
    même.

ASTRATE,

SCENE III.

ELISE, ASTRATE, CORISBE.

ELISE.

HE' bien mon ennemi vous est-il découvert ?
Nul espoir contre lui, ne peut-il m'être offert ?
Doit-il m'ôter le Sceptre & la vie.....

ASTRATE.
Ah ! Madame !

ELISE
Je vous trouve interdit ! qui trouble ainsi votre ame ?
Tout votre soin pour moi, n'a-t-il rien obtenu ?

ASTRATE.
Helas ! votre ennemi ne m'est que trop connu.

ELISE.
En l'état où je suis, c'est peu de le connoître :
Peut-être de ces lieux est-il déja le maître.
On vient de m'avertir que le peuple en fureur
Se soûleve, s'atroupe, & s'arme en sa faveur ;
Et qu'un gros de Soldats, joint à la populace,
En soûtient la révolte, & redouble l'audace.
J'ai vû même, à ce bruit la fraieur s'emparer
De ceux en qui j'ai cru devoir plus esperer ;
Tout cherche à me trahir, tout me devient funeste ;
Et si j'ai quelqu'espoir, c'est en vous qu'il me reste,
Mon ennemi sans vous, est seur de m'accabler.

ASTRATE.
Non, n'apprehendez rien, c'est à lui de trembler.
L'état où mon amour, l'a déja sçu réduire,

TRAGEDIE.

Ne lui peut desormais permettre de vous nuire.
ELISE.
Quoi, contre ses efforts, vous pourriez m'assurer ?
ASTRATE.
Je puis même encor plus, je puis vous le livrer.
ELISE.
Me le livrer vous-même ! ô Ciel ! se peut-il faire
Que j'aie un bien si doux par une main si chere !
Et que le plus mortel de tous mes ennemis,
Par un amant aimé, me soit enfin remis ?
Ce temps presse à ma haine, offrez donc sans attendre,
Ce sang fatal qu'il faut achever de répandre :
De cette heureuse mort, hâtons-nous de jouïr.

ASTRATE.
Hé bien Madame, hé bien, il faut vous obéïr,
Et pour tarir ce sang qui vous est si funeste,
En montrer à vos yeux le déplorable reste.
Ce dernier fils d'un Roi par votre ordre égorgé ;
Ce fils par son devoir à vous perdre engagé ;
Cette victime encor à vos jours necessaire ;
Ce malheureux Vangeur d'un miserable pere,
D'une Maison détruite & d'un sceptre envahi ;
Enfin cet ennemi tant craint, & tant haï
Dont nous cherchions la perte avec un soin extrême,
Qui l'eut pu croire ! helas ! Madame, c'est moi-
  même.
ELISE.
Vous ! ô Ciel ! vous ! Astrate !
ASTRATE.
                        En vain, pour me flatter,
J'ai fait ce que j'ai pu, pour tâcher d'en douter.
Sichée, en me montrant ce que je fremis d'être,
S'il en eut crû mon cœur, m'eut laissé méconnoître ;
Mais de ce sort affreux ignoré jusqu'ici,
Il ne m'a malgré moi que trop bien éclairci.
Je voi que ce revers ; comme moi, vous accable ;
Que votre ame à ce coup n'est pas inébranlable.

F 4

ELISE.

Si j'ai cru l'être Astrate, & me l'étois promis,
Je ne vous contois pas parmi mes ennemis.
Je me vantois à tort d'un courage invincible,
D'une ame à la terreur au trouble inaccessible,
L'ingenieux courroux du Ciel plein de rigueur,
N'a que trop bien trouvé le foible de mon cœur.
J'aurois bravé mon sort, s'il ne m'eut point trompée;
Je ne m'en gardois pas par où j'en suis frapée.
De ce piege des Dieux qui se fut defié?
Mon cœur étoit sans doute, assez fortifié
Contre tous les dangers qui menaçoient ma vie;
Il ne l'étoit que trop contre un peuple en furie,
Contre les Dieux vangeurs, les Destins en courroux,
Mais il ne l'étoit pas contre l'amour, & vous.

ASTRATE.

De l'amour & de moi, que peut craindre votre ame?
Contre votre ennemi, vous pouvez tout, Madame;
Vous vouliez le connoître, & je vous l'ai montré;
Vous cherchiez à le perdre, & je vous l'ai livré.
N'épargnés pas mon sang dans ce malheur extréme,
Vous en avés besoin, il me peze à moi-méme;
Il coulera sans peine, & tout vous est permis;
Il est coupable assez de nous faire ennemis.
Trop heureux s'il vous laisse en paix au rang supréme…

ELISE.

Ne me reprochés pas d'aimer le Diadéme.
S'il m'a pu tant coûter d'injustice & de soin,
C'étoit pour vous l'offrir, l'Amour m'en est témoin.
Je n'ai fait cependant rien qui ne vous trahisse;
Le Ciel contre mes vœux tourne mon injustice,
Et tout ce que pour vous j'ai commis de forfaits,
Au lieu de nous unir nous sépare à jamais.

ASTRATE.

Ainsi Madame, ainsi, pour avoir sçu vous plaire,
C'est donc moi qui vous fit sacrifier mon pere,
Répandre tout le sang qui m'avoit animé;

TRAGEDIE.

Et je fus parricide, à force d'être aimé.
ELISE.
Vous vous justifierés, en immolant ma vie;
Et serés innocent quand vous m'aurés punie.
Vous devés vous vanger, & même me haïr:
Votre sort vous l'ordonne....
ASTRATE.
      Eh! lui puis-je obéir?
Vous un objet pour moi, de haine, & de vengeance!
Et vous me condamnés à cette obéïssance?
ELISE.
J'avoüerai ma foiblesse, Astrate, & qu'en effet,
J'ai peine à vous presser d'obéir tout à fait.
Ne suivez qu'à demi ce devoir trop funeste?
Sauvés-m'en la moitié, je suis d'accord du reste;
J'y consens sans regret, vangés-vous, mais helas!
Astrate, s'il se peut, ne me haïssés pas.
ASTRATE.
Ah! j'obéirai trop pour peu que j'obéïsse!
Et comment voulés-vous qu'un Amant vous punisse?
Non, non, le Ciel veut bien voir trahir son couroux,
Puisqu'il prend un Vangeur si foible contre vous:
C'est pour vous épargner, qu'en mes mains il vous livre;
Qu'il m'impose un devoir que je ne saurois suivre;
Et s'il avoit voulu vous perdre absolument,
Il ne s'en fieroit pas au devoir d'un amant.
ELISE.
C'est par vous toutefois qu'il veut que je perisse;
Un Oracle l'assure; il faut qu'il s'accomplisse:
Les Dieux me l'ont trop dit pour en oser douter.
ASTRATE
L'amour est le Dieu seul qu'il en faut consulter;
Et sa voix dans mon cœur s'expliquant sans obstacle,
Vous répond du contraire, & vaut bien votre oracle.
C'est le Dieu qui me touche & me connoît le mieux,
Fiés-vous plus à lui, qu'à tous les autres Dieux.
S'ils menacent par moi, vos jours, & votre empire;
Ils se sont abusés, j'ose les en dédire;
Je prétens vous sauver, en dépit des destins,

SCENE IV.

GERASTE, ELISE, ASTRATE, CORISBE.

GERASTE.

AH! Madame, tout cede au pouvoir des mutins;
Et l'ennemi fatal reservé pour vous nuire,
Au dernier desespoir est prêt à vous réduire.
De sa haine pour vous tout est à redouter;
Sa vengeance a déja commencé d'éclater,
Et contre votre sang, la fureur qui l'anime
A pris dans Agenor sa premiere victime.
Mais ce qui doit surprendre, est qu'on a fait effort
Pour même, en l'immolant, vous charger de sa mort.
Ces mutins, à la force, ajoutant l'artifice,
Vous ont de ce trépas imputé l'injustice.
D'abord avec succés ce faux bruit a couru
Des amis d'Agenor, leur parti s'est accru,
Et l'effort réuni de toute la tempête,
Vient jusqu'en ce Palais fondre sur votre tête.

ELISE à *Astrate*.
Vous voiez que des Dieux l'implacable courroux
Veut que vous vous vangiez Astrate, & malgré vous.

ASTRATE.
Malgré ces Dieux, Madame, allons donc vous défendre,
Et d'eux, ou de mon cœur, voir qui s'est pu méprendre.

ELISE.
Ecoutez votre sang.

ASTRATE.
                Ses cris sont superflus;
J'écoute mon amour, & n'entends rien de plus.

Fin du quatriéme Acte.

ACTE V.

SCENE PREMIERE.

ELISE, CORISBE.

ELISE.

Quel qu'effort que le Ciel à m'accabler emploie,
Il est temps qu'à tes yeux mon Cœur s'ouvre à
    la joie.

CORISBE.

Auriés-vous quelqu'espoir qu'Astrate pût calmer,
Ceux que ses interêts malgré lui font armer,
Et que votre salut si proche du naufrage,
Une seconde fois, fut encor son ouvrage ?

ELISE.

J'ai vû moi-même, Astrate au delà de mes vœux,
Tenter tout ce que peut un Heros amoureux.
Je l'ai vu d'un balcon, courir droit à la porte
Qu'attaquoit des mutins la troupe la plus forte.
Aprés avoir en vain, essaié plusieurs fois,
D'arrêter leur fureur du geste, & de la voix ;
Voiant que le tumulte empêchoit de l'entendre,
Il a changé ces soins en ceux de me deffendre ;
Pour moi, contre lui-même, il s'est cru tout permis,
Et de ses Partisans, s'est fait des ennemis.

CORISBE.
Avec le peu d'amis qui vous restent fidelles,
Que pourra ce Heros contre tant de rebelles ?
ELISE.
Montrer qu'il m'aime encor, malgré tout mon malheur,
Corisbe, & c'est assés pour charmer ma douleur.
Quand on aime, & qu'on trouve, en un destin contraire,
Du côté de l'amour dequoi se satisfaire ;
C'est un bien, qui tient seul lieu de tout autre bien,
Et ce qu'on perd d'ailleurs, ne coute presque rien.
Aprés avoir pu voir l'ennemi que j'offence.
Au lieu de me punir, s'armer pour ma deffence:
Abandonner pour moi le sang de ses parens :
Etouffer dans son cœur leurs manes murmurans :
D'instrumens de ma perte en devenir l'obstacle :
Essaier de tromper & les Dieux & l'oracle :
M'immoler son devoir, & plus amant que fils
Démentir les Destins qui nous sont ennemis ?
Et de la même main pour mon trépas choisie,
Lutter contre le sort, pour me sauver la vie ?
Quel qu'en soit le succés, ce triomphe secret
Me doit suffire au moins pour mourir sans regret.
CORISBE.
Je ne voi pour mourir, rien encor qui vous presse.
ELISE.
Astrate est en péril : veux-tu que je l'y laisse ?
Non, non, hâtons ma perte, & l'allons dispenser
De s'exposer aux coups qu'on me veut adresser.
J'aime encor moins que lui la vie & la Couronne !
Et le danger qu'il court, est le seul qui m'étonne.
Il faut qu'un prompt trépas qui soit tout de ma main
Lui sauve des forfaits qu'il pourroit faire en vain,
Que j'emporte en mourant le crime où je le lie,
Et qu'avec la vertu je le reconcilie.
Aprés ce que pour moi lui fait faire l'amour,
C'est bien le moins pour lui que je doive à mon tour

TRAGEDIE.
CORISBE.
Quoi, vous n'attendrés pas...
ELISE
Que veux-tu que j'attende ?
Que de mes Ennemis tout mon destin dépende ?
La Mort est bien plus belle, avant l'extrêmité,
Et lors qu'elle est un choix, qu'une necessité.
Nous mêmes, prévenons le Ciel & sa Justice ;
Et laissons à douter, devançant mon supplice,
Ce que ma destinée auroit pû devenir,
Si je n'avois aidé les Dieux à me punir.
Allons donc. Mais en vain cette douceur me flate ;
Je voi mes Ennemis, & ne voi point Astrate
Puisqu'il ne paroît point, & qu'il n'a pas vaincu ;
Je doi le croire mort, & j'aurai trop vécu.

SCENE II.

SICHE'E, NICOGENE, BAZORE,
NERBAL, ELISE, CORISBE,
SOLDATS.

SICHE'E.

Voici la Reine, Amis, sa perte est legitime ;
Mais respectons le Trône, en punissant le crime :
Empêchés que le Peuple ose passer plus loin,
Et laissés de nos Rois la vengeance à mon soin.
Nicogene & Nerbal rentrent.
A la Reine.
Quoi que par un devoir, qui m'est inviolable,

Je serve contre vous le sort qui vous accable,
Le respect qu'on vous doit m'est encor trop connu...
ELISE.
Qu'avez-vous fait d'Astrate, & qu'est-il devenu ?
SICHE'E.
Cessez de vous flater qu'il vous puisse défendre ;
Il n'est plus en état d'oser rien entreprendre.
ELISE.
Quoi, ce Heros est mort ? & le Peuple animé...
SICHE'E.
Madame il est vivant, mais il est desarmé.
Sa flâme à notre zéle, en vain s'est opposée ;
Son épée, en éclats, jusqu'en sa main brisée,
L'a laissé sans défence, & mis hors de pouvoir
De plus faire d'effort pour trahir son devoir.
Dans la chute, ou des Dieux la rigueur vous en-
   traîne,
J'ai voulu, de vous voir, vous épargner la peine ;
Vous sauver à tous deux des regrets superflus ;
On le garde.
ELISE.
   Ainsi donc, je ne le verrai plus.
SICHE'E.
Vous plaignez-vous d'un soin....
ELISE.
    De quoi que l'on me prive,
Je ne me plains de rien, pourvû qu'Astrate vive ;
Et si l'on sauve en lui, ce que j'aime le mieux,
Quel que soit mon malheur, je le pardonne aux
   Dieux.
Mais puis-je avant ma mort vous faire une priere ?
SICHE'E.
Il n'est rien que pour vous, & pour faveur derniere.
ELISE.
Vous parler de priere, au point où je me voi,
Est dire encore assez, que ce n'est pas pour moi.
Je sai l'amour d'Astrate, & juge par moi-même,
Qu'il est doux de mourir, quand on perd ce qu'on
   aime,

Et que pour me rejoindre, il ne manquera pas
De vouloir fuir la vie, au bruit de mon trépas:
Aiez soin d'empêcher son desespoir funeste,
C'est de quoi je vous prie, & vous quitte du reste.
Ce n'est que dans ses Jours que je prens interêt,
Et vous pouvés des miens user comme il vous plaît.
SICHE'E.
Je revere le rang où vous avez pris place.... *
Mais je crains tout du Peuple, & ce bruit vous menace.
ELISE.
Qu'on me laisse en repos, je sai ce que je doi,
Et je satisferai les Dieux, le Peuple, & moi ...
Elle entre dans son Cabinet.

SICHE'E à Bazore.
Son amour lui fait peine à renoncer à vivre,
Ami, pour l'observer, prenez soin de la suivre.
J'irai voir, cependant, d'où naît ce bruit confus.

* *Il se fait du bruit derriere le Theatre.*

SCENE III.

ASTRATE, SICHÉE, SOLDATS.

ASTRATE, *s'arrachant des mains des Soldats.*

Ostez-moi donc la vie, ou ne m'arrêtez plus:
Cruels, traiter ainsi, votre Roi, votre Maître.
       SICHÉE *aux Soldats.*
Excusez les transports qui le font méconnoître;
Et pour le ramener de cet égarement.
Laissez-moi, sans témoins, lui parler un moment.
            Les Soldats rentrent.
                A Astrate.
Dans peu, j'avouerai tout : n'en soiez point en peine;
Seigneur, vous regnerez....
       ASTRATE.
              Mais où donc est la Reine?
Ah! si j'osois penser qu'en cette extremité,
Déja contre sa vie on eût rien attenté!...
       SICHÉE.
La Reine vit encor; mais enfin, voici l'heure,
Ou c'est ne l'aimer pas qu'empêcher qu'elle meure;
Tout le Peuple est contre Elle, animé de fureur,
Et retarder sa mort, c'est en croître l'horreur.
Voulez-vous l'exposer au Sort dont la menace
La haine des Soldats, & de la Populace?
Tous sont à l'immoler eux-mêmes résolus;
On les retient à peine, & je n'en répons plus.

ASTRATE.

Je ne connois que trop ce qui nous est funeste.
Répondez-moi de vous, je vous répons du reste:
Pour me rendre ici Maître, annoncez qui je suis.

SICHÉE.

Ne vous en flattez point, c'est ce que je ne puis ;
Il n'est pas encor temps que j'ose vous en croire,
Et vous mettre en pouvoir de trahir votre gloire :
Le peuple au nom de Roi se laissant éblouir,
N'est pas fidelle assez pour vous desobéir.

ASTRATE.

Quand donc reservez-vous à me faire connoître ?

SICHÉE.

Quand j'aurai vû vanger le Sang qui vous fit naître ;

ASTRATE.

Mais savez vous quel prix doit attendre de moi,
Un si barbare soin de votre trop de foi ?
Que si pour me vanger, en dépit de moi-même,
Votre cruel devoir m'arrache ce que j'aime,
Je punirai sur vous, & de ma propre main,
L'excez injurieux de ce zele inhumain ;

SICHÉE.

Je sai que l'on reçoit souvent comme une injure
Le zele trop exact de la foi la plus pure :
Mais rien, en vous servant, ne peut me retenir,
Je ferai mon devoir, dûssiez vous m'en punir.
A vous laisser régner, rien ne me peut contraindre ;
Tant que pour votre honneur j'y verrai lieu de craindre ;
Et j'y consentirai sans peine, & sans effroi,
Quand je ne verrai plus à craindre que pour moi,
J'aime mon Maître assez pour m'exposer sans peine,
Jusqu'à l'oser servir au peril de sa haine ?
Et ma perte assurée est, aprés tous mes soins,
L'injustice de lui que mon cœur craint le moins.
Quand j'aurai fait, Seigneur, tout ce que je dois faire

Achevez ce que veut le Sang de votre Pere;
Assuré votre gloire, & signalé ma foi,
J'aurai cru vivre assez, & pour vous, & pour moi,
Et si ma vie, enfin, suivant mon zele extrême,
A vanger votre Sang, vous sert, malgré vous-même,
Je mourai trop content, si ma mort, à son tour,
Vous sert, selon vos vœux, à vanger votre Amour.
ASTRATE.
Puisque mes soins sont vains; puisque rien n'est capable
De vaincre, ou d'émouvoir, cette Ame impitoiable,
Ce cœur dont je ne puis fléchir la dureté;
Il en faut assouvir toute la cruauté;
Il faut qu'elle ait de moi, plus qu'elle ne demande:
Qu'avec un Sang si cher tout le mien se répande.
Donnez,
SICHE'E *empêchant Astrate de se saisir de son épée.*
Seigneur!
ASTRATE.
Cruel, mon Sang vous fait-il peur?
Si vous ne craignez pas de m'attacher le cœur?
Que ne m'épargnez-vous où je suis plus sensible?
Ce n'est que dans la Reine où la mort m'est horrible;
L'Amour m'enchaîne au sort, qu'elle doit éprouver;
C'est en Elle qu'il faut me perdre, ou me sauver.
SICHE'E.
Mon cœur n'est pas si dur, Seigneur, ni si farouche,
Qu'en cet état pour vous, la pitié ne me touche.
Je plains de votre Amour les nœuds mal assortis:
Mais ne sentez-vous point de qui vous êtes Fils?
Vous seul, à votre Sang, serez-vous insensible!
ASTRATE.
Je sens ce qui je dois autant qu'il m'est possible;
Je sens de mes Parens le meurtre injurieux;
Mais j'aime, & c'est enfin, ce que je sens le mieux.
SICHE'E.
Pour la Reine, Seigneur, vous croiez legitime...

ASTRATE.
Hé bien, si vous voulez, son salut est un crime :
Mais fut-il plus affreux, n'en aiez point d'effroi :
Je vous en justifie, & le prens tout sur moi.
SICHE'E.
Qu'à cet aveuglement ma foi vous abandonne ?
Traiter ainsi mon Roi ?
ASTRATE.
   C'est moi qui vous l'ordonne,
Vouloir me servir mieux, c'est vouloir mon trépas ;
Et c'est m'assassiner, que ne me trahir pas.
Si vous aimez mes Jours, cessez mon cher Sichée,
De poursuivre une vie à la mienne attachée.
Vous n'avez que trop bien signalé votre foi :
Servés-moi comme Amant, plutôt que comme Roi :
Préferés mon Sang propre, au Sang qui m'a fait naître,
Au nom de votre Fils, que j'ai tant aimé d'être ;
Dont le titre rendoit mon Amour innocent :
Par tout, ce qui sur vous peut être plus puissant.
Du trouble où je vous voi, je forme un doux augure :
J'ose esperer....

SCENE IV.

NICOGENE, NERBAL, SICHE'E,
ASTRATE, SOLDATS.

NICOGENE à *Sichée*.

SEigneur, tout le Peuple murmure.
SICHE'E.
Eſt-ce contre la Reine, & veut-il ſon trépas ?
NICOGENE.
Le Peuple ſur ce point, encor ne preſſe pas.
Il reſerve ſa vie, & c'eſt une victime
Qu'il croit devoir garder à ſon Roi legitime :
Mais il veut voir ſon Maître, & ne peut plus ſouffrir
Qu'on tarde davantage à le lui découvrir.

ASTRATE.
Contentez donc le Peuple, & lui faites connoître
Son legitime Roi, ſon veritable Maître ;
Et puiſque je le ſuis, ceſſez de m'arracher
L'avantage d'un Sang qui me coûte ſi cher.

SICHE'E.
Contre un Peuple & mon Roi ma reſiſtance eſt
  vaine ;
Allons tout declarer.

ASTRATE.
Voions d'abord la Reine.
SICHE'E à *Nerbal*.
Qu'on ſache auparavant ſi l'on peut lui parler,
Elle s'eſt retirée.

ASTRATE.
>Ah c'est pour s'immoler !

Sans doute, il n'est plus temps de m'accorder sa vie,
Tandis que je l'obtiens, elle se l'est ravie,
Et votre cœur cruel, ne se fut pas rendu,
S'il n'avoit cru déja tout son Sang répandu,
Peut-être est-ce par vous...

SICHE'E.
>Par moi ?

ASTRATE.
>Tout m'épouvante ;

Pour vous justifier montrez la moi vivante :
Mon cœur n'en croira plus que mes yeux seulement,
La voici. Pardonnés aux fraieurs d'un Amant.

SCENE DERNIERE.

CORISBE, ELISE, BAZORE, NERBAL, ASTRATE, SICHE'E, NIOGENE, SOLDATS.

ASTRATE.

ENfin, Madame, enfin, tout cede à mon envie,
Rien ne menace plus une si belle vie ;
Et malgré les destins contre-nous conjurez,
Mes feux sont triomphans, & vos jours assurez,
Mon amour a fléchi ce Sujet trop fidéle ;
Sçu vaincre son devoir, & seduire son zele ;
Nous n'avons plus sujet d'en apprehender rien ;

ASTRATE,

ELISE.

Mais votre amour croit-il seduire aussi le mien ?
Non, non, Seigneur, l'amour doit quand il est extrême,
Tout seduire, & tout vaincre, excepté l'amour même.

ASTRATE.

Dieux de vous-même encore aurois-je à vous sauver ?

ELISE.

Je vous dois trop ma mort pour ne pas l'achever,
Je ne puis moins, Seigneur, pour vous rendre Justice:
Votre Sang demandoit de vous ce sacrifice ;
Et quand, par des transports mutuels entre nous
Vous l'oubliez, pour moi, j'y doi songer pour vous.

ASTRATE.

Ah ! Corisbe, empêchons que la Reine obstinée,

CORISBE.

Seigneur il n'est plus temps, elle est empoisonnée,

ASTRATE.

Madame !

ELISE.

C'en est fait, votre Sang est vengé ;
Et d'un soin criminel vous êtes dégagé.

ASTRATE.

Qu'on cherche du secours.

ELISE.

L'envie en seroit vaine ;
Le poison que j'ai pris porte une mort certaine.

ASTRATE à Sichée.

Si c'est vous inhumain dont la barbare foi...

ELISE.

Non, vous ne devez rien de mon trépas qu'à moi.
J'ai cru devoir, moi-même, expier mon offence,
Vous offrir de ma main, toute votre vengeance:
Mettre ainsi votre Sang, avec vos feux d'accord;
Et vous plaire sans crime au moins après ma mort.
Aussi bien le malheur ou mon destin me livre

TRAGEDIE.

Ne me laiſſe plus rien pour qui je puiſſe vivre:
Je n'ai plus nul eſpoir des biens qui m'étoient doux ;
J'aimois beaucoup le Trône, & moins encor que vous.
Le jour avec vous ſeul m'auroit pû faire envie ;
Mais ſans Thrône, & ſans vous, que faire de la vie ?

ASTRATE.

Il faloit commencer par vous ſauver le jour.
Et du reſte...

ELISE.

Ah ! gardez de tenter mon amour,
Et quand je perds la vie, épargnez-moi l'outrage,
De m'en faire trop tard une trop douce image ;
Troublez moins une mort qui n'eſt plus à mon choix,
Je meurs,

ASTRATE.

Ah !.....

ELISE.

La douleur vous dérobe la voix.
Ce ſilence en dit plus qu'une plainte éclatante ;
Et la douleur muette eſt la plus éloquente.
Adieu ; j'ai trop de peine à mourir à vos yeux ;
Et ne vous voiant plus, je vous vangerai mieux.
Dans mon cœur expirant, je ſens que votre vûë
R'allume ce qu'éteint le poiſon qui me tuë,
Et que de vos regards le charme eſt aſſez fort
Pour retenir mon Ame, & ſuſpendre ma mort.
Qu'on m'emporte.

ASTRATE.

Ainſi ! Dieux ! ...

ASTRATE,
SICHE'E.
Venez prendre l'Empire.
Regnez.
ASTRATE.
Osez-vous bien... mais que vois-je! Elle expire!..
SICHE'E.
Il tombe, & cette mort semble trancher ses jours.
Ii est notre vrai Roi ; songeons à son secours.

On emporte Astrate.

LA MERE COQUETTE,

OU LES AMANS BROÜILLEZ.

COMEDIE.

PAR

Mr. QUINAULT.

Repreſentée en 1664.

ACTEURS.

LAURETTE, Servante d'Ismene.

CHAMPAGNE, Valet de Chambre d'Acante.

ACANTE, Amant d'Isabelle.

LE MARQUIS, Cousin d'Acante.

CREMANTE, Pere d'Acante.

ISABELLE, Fille d'Ismene.

ISMENE, Mere d'Isabelle.

LE PAGE DU MARQUIS.

La Scene est à Paris, dans une Salle du logis d'Ismene.

LA MERE COQUETTE, OU LES AMANS BROUILLEZ.

COMEDIE.

ACTE I.

SCENE PREMIERE.

LAURETTE, CHAMPAGNE.

LAURETTE.

TU n'es donc pas content ? vraiement, c'est une honte,
Je t'ai baisé deux fois.

CHAMPAGNE.

Quoi ! tu baises par conte !
Aprés un an d'absence, au retour d'un amant,
Tu crois que deux baisers ce soit contentement ?

La Mere Coquette,
LAURETTE.
Hé, mon Dieu ! patience, un de ses jours j'espere
Que de moi sur ce point tu ne te plaindras guére.
Mais parlons de mon Maître, & sans déguisement.
CHAMPAGNE.
N'ai-je pas là-dessus écrit bien amplement ?
LAURETTE.
Oüi, qu'on t'avoit fait faire en vain un grand voiage,
Pour chercher ce bon homme, & l'ôter d'esclavage,
Et que n'en aiant pu trouver nulle clarté,
Tu revenois enfin sans l'avoir racheté :
A ce conte, il est mort ?
CHAMPAGNE.
     Cela ne veut rien dire,
Et ta maîtresse encor n'a que faire de rire.
LAURETTE.
Comment rire ?
CHAMPAGNE.
    Oh, que non.
LAURETTE.
    Qu'est-ce donc que tu crois ?
CHAMPAGNE.
Mais toi, tu me crois donc un sot comme autrefois ?
Je ne l'étois pas tant que tu l'aurois pu croire,
Quand je te dis adieu.... Si j'ai bonne memoire,
Ce fut en cette salle, en ce lieu justement,
Comme je te faisois mon petit compliment,
T'assurois de mon mieux d'une ardeur sans seconde,
Eh, je m'en aequitai, je croi...
LAURETTE.
   Le mieux du monde.
CHAMPAGNE.
Ta maîtresse survint, qui nous fit séparer,
Avec elle en sa chambre elle te fit entrer,
Et chagrin de nous voir séparez de la sorte,
Je voulus par dépit écouter à la porte.
J'ai l'oreille un peu fine, elle avoit le cœur gros,
Elle le débonda d'abord par des sanglots ;

Puis d'un ton assez aigre, elle te fit entendre
Quels maux de mon voiage elle devoit attendre,
Que j'allois lui chercher un époux irrité,
D'avoir langui long-tems dans la captivité,
Qu'elle alloit à son tour entrer dans l'esclavage ;
Enfin qu'après sept ans d'espoir d'un doux veuvage,
Un vieux mari chagrin viendroit troubler le cours
De ses plus doux plaisirs, & de ses plus beaux jours.
J'en aurois bien oüi davantage sans peine,
Mais on vint à sortir de la chambre prochaine,
J'eus peur d'être surpris, & je vois à regret
Que tu n'as pas voulu m'avoüer ce secret.
LAURETTE.
C'est ta faute.
CHAMPAGNE.
Ma faute ?
LAURETTE.
Oui, je te le proteste.
CHAMPAGNE.
Si tu m'aimois assez….
LAURETTE.
Va, je t'aime de reste.
CHAMPAGNE.
Quel secret entre amans doit-on jamais avoir ?
LAURETTE.
Tu ne saurois rien taire, & tu veux tout savoir,
Crois-tu que quand je garde avec toi le silence,
Je ne me fasse pas beaucoup de violence ?
Je suis fille, je t'aime, & me tais à regret,
Ce m'est un grand fardeau que le moindre secret ;
Mais j'ai trop éprouvé ton caquet invincible,
Et ne m'y puis fier, sans être incorrigible.
CHAMPAGNE.
Va, va, j'ai vu le monde, & je suis bien changé ;
Si j'eus quelque défaut, je m'en suis corrigé,
Je sai comme il faut vivre, & vivre avec adresse,
Je reviens du païs des sept Sages de Grece ;
Et pour te faire voir que je me tais fort bien,

Je sai un grand secret dont tu ne sauras rien.

LAURETTE.

Qui ? moi ?

CHAMPAGNE.

Toi-même.

LAURETTE.

Encor, quel secret pourroit-ce être ?

CHAMPAGNE.

Un secret qui me pert, s'il est sçu de mon maître.
Son vieux pere, sur-tout, facheux au dernier point,
Est homme là-dessus à ne pardonner point.

LAURETTE.

Je ne puis donc prétendre à savoir ce mystere ?

CHAMPAGNE.

N'étoit que tu croirois que je ne me puis taire,
Vois-tu, je t'aime assez pour ne te rien celer ;
Mais tu m'accuserois encor de trop parler.

LAURETTE.

Point, cela n'est pour moi d'aucune consequence.

CHAMPAGNE.

Je veux savoir garder desormais le silence,
Et si je te dis tout, peut-être tu croiras....

LAURETTE.

Point du tout, je croirai tout ce que tu voudras.

CHAMPAGNE

Tu sais quelle amitié de tout tems fit paroître,
L'époux de ta maîtresse au pere de mon maître ;
Qu'ils étoient grands amis, n'étant encor qu'enfans,
Et qu'il y peut avoir déja prés de huit ans,
Que ton maître embarqué sur mer pour ses affaires
Fut pris, & chez les Turcs vendu par des Corsaires.
Tu sçai que ta maîtresse en eut peu de douleur,
Et trés-patiemment supporta ce malheur ;
Que loin de rechercher, craignant sa délivrance,
Elle le tint pour mort, & prit le deüil d'avance.
Tu sais fort bien aussi que la vieille amitié,
Fit qu'enfin mon vieux maître en eut quelque pitié,

COMEDIE. 151

Et me chargea de faire en Turquie un voiage,
Pour chercher & tirer son ami d'esclavage.
Je fus, comme tu sçais, m'embarquer pour cela,
Tu sais enfin..... Comment ! quels gestes fais-tu là ?
LAURETTE.
C'est que le sang me bout, franchement à t'entendre:
Si je sai tout cela, que sert de me l'aprendre ?
CHAMPAGNE.
Je t'ai voulu conter le tout de point en point.
LAURETTE.
Conte-moi simplement ce que je ne sai point.
CHAMPAGNE *lui faisant signe de se taire.*
Donc..... au moins.
LAURETTE.
Oui, dy, donc.
CHAMPAGNE.
Veux-tu que je te die ?
Je n'ai, ma foi, jamais été jusqu'en Turquie.
LAURETTE.
Comment ?
CHAMPAGNE.
Un vent fâcheux à Malte nous jetta,
Où d'un certain vin Grec le charme m'arrêta;
Ta maîtresse aussi-bie.....
LAURETTE.
Laisse-là ma maîtresse,
Si l'on t'interrogeoit....
CHAMPAGNE.
Me crois-tu sans adresse ?
Un Vaisseau Turc fut pris, un Esclave Chrétien,
François, & pas trop sôt pour un Parisien,
Trouvé sur ce Vaisseau, fut mis hors d'esclavage;
Il étoit vieux, cassé, j'eus pitié de son âge,
Je l'ai par charité jusqu'à Paris conduit,
Et du païs des Turcs il m'a fort bien instruit :
Veux-tu voir si je sai....

G 4

LAURETTE.
Moi ! puis-je m'y connoître ?
CHAMPAGNE.
N'importe.
LAURETTE.
Quelqu'un vient, c'est Acante, ton maître.

SCENE II.

ACANTE, LAURETTE, CHAMPAGNE.

LAURETTE.

Vous nous trouvez causans Monsieur Champagne & moi.
ACANTE.
Vous vous aimez tous deux à ce que je connoi.
CHAMPAGNE.
Hé ! pourquoi non, Monsieur ?
LAURETTE.
Avec même tendresse.
ACANTE.
Que vous êtes heureux ! Mais voit-on ta maîtresse ?
LAURETTE.
On ne peut voir Madame encor de quelque tems,
Elle est à sa toilette.
ACANTE.
Il suffit, & j'entens.
CHAMPAGNE.
C'est-à-dire, entre nous, que Madame se farde.

COMEDIE.

LAURETTE.

Ne retiendras-tu point ta langue babillarde ?

CHAMPAGNE.

Hé ! ce n'est qu'entre nous.

ACANTE.

Que dites-vous tout bas ?

LAURETTE.

Que la mere en ces lieux n'attire point vos pas ;
Que la fille plûtôt....

ACANTE.

Quoi ! l'ingrate Isabelle ?
Je l'aimois, je l'avouë, & d'une ardeur fidelle,
Dés mes plus jeunes ans je m'en sentis charmé,
Et je puis dire, helas ! qu'alors j'étois aimé ;
J'en avois chaque jour quelque douce assurance,
Tant qu'elle fut dans l'âge où regne l'innocence.
Elle vit avec joie, & même avec transport,
Nos deux Peres amis, de notre hymen d'accord ;
Et j'attendois des nœuds qu'en nous on voioit croître,
Une éternelle amour, s'il en peut jamais être.
J'avois cru que son cœur pourroit se dégager,
Du penchant naturel qu'a son Sexe à changer ;
Mais l'ingrate, au mépris d'un feu tel que le nôtre,
Est changeante, sans foi, fille enfin comme une autre.

LAURETTE.

C'est traiter un peu mal notre sexe à mes yeux ;
Les hommes, par ma foi ne valent guere mieux,
Et tel qui nous impute une inconstance extrême,
Souvent cherche querelle, & veut changer lui-même,
Quand les traîtres sont las, Messieurs font les jaloux.

ACANTE.

Crois-tu....

LAURETTE.

Ce que j'en dis, Monsieur, n'est pas pour vous.

G j

Isabelle, sans doute, agit d'une maniere,
Qui fait voir qu'avec vous elle rompt la premiere ;
Et malgré ses mépris, malgré tous ses rebuts,
Je ne jurerois pas que vous ne l'aimiez plus.

ACANTE.

Moi ! que j'aime une ingrate ! une inconstante Fille !....
Mais est-elle en sa chambre ?

LAURETTE.

Oui, Monsieur, qui s'habille ;
Un homme y vient d'entrer.

ACANTE.

Qui ?

LAURETTE.

Qui vous craint fort peu.
Beau, jeune.

ACANTE.

Et c'est ?

LAURETTE.

Déja vous voilà tout en feu,
Il n'a que soixante ans, c'est Monsieur votre pere.

ACANTE.

Mon Pere ? eh ! que fait-il ?

LAURETTE.

Eh ! que pourroit-il faire ?
Courbé sur son bâton, le bon petit vieillard
Tousse, crache, se mouche, & fait le goguenard,
De contes du vieux tems étourdit Isabelle,
C'est tout ce que je croi qu'il peut faire auprés
d'elle.

ACANTE.

Crois-tu qu'elle aime ailleurs ?

CHAMPAGNE.

Là, dy.

LAURETTE.

Je le croi bien,
Mais pour dire qui c'est, Monsieur, je n'en sai rien,

COMEDIE.

CHAMPAGNE.

Seroit-ce point….

ACANTE.

Qui donc ?

CHAMPAGNE.

Attendez, que j'y pense.
Le Marquis ?

ACANTE.

Mon Cousin ? j'y voi peu d'apparence.

LAURETTE.

Il est vrai, ce Cousin, respect la parenté,
Est un jeune étourdi bouffi de vanité,
Qui cache dans le faste, & sous l'énorme enflure
D'une grosse perruque, & d'une garniture,
Le plus badin Marquis qui vit jamais le jour,
Et pour tout dire enfin, un sot suivant la Cour.

CHAMPAGNE.

N'importe, il est Marquis, c'est ainsi qu'on le nomme,
Et ce titre par fois rajuste bien un homme.

ACANTE.

Ah ! si c'étoit pour lui…. Non, je ne le croi pas,
Isabelle n'a point des sentimens si bas,
Quelque juste dépit qui contre elle m'aigrisse,
Je ne lui saurois faire encor cette injustice ;
Mais si je connoissois mon rival trop heureux….

LAURETTE.

Ah ! vous êtes, Monsieur, encor bien amoureux !

ACANTE.

Non, je ne veux plus l'être aprés un tel outrage.

LAURETTE.

Quand on l'est malgré soi, l'on l'est bien davantage ;
On ne m'y trompe pas, je m'y connoi trop bien.

ACANTE.

Helas ! que l'orgueilleuse au moins n'en sache rien ;
Si l'ingrate qu'elle est, connoissoit ma tendresse,
Elle triompheroit encor de ma foiblesse.

LAURETTE.

Vraiement, sans lui rien dire, elle en triomphe assez,

G 6

Et vous raille en secret plus que vous ne penſez,
Elle ne croit que trop que vous l'aimez encore.
ACANTE.
L'ingrate me mépriſe, & croit que je l'adore ;
Dis-lui qu'elle s'abuſe ; oüi, mais dis-lui ſi bien....
LAURETTE.
Ma foi, j'aurai beau dire, elle n'en croira rien,
Elle tient votre cœur trop ſûr ſous ſon empire.
ACANTE.
Je l'empêcherai bien de m'en oſer dédire,
Ce cœur, ce lâche cœur......

SCENE III.

LE MARQUIS, ACANTE, CHAMPAGNE, LAURETTE.

LE MARQUIS.

Ah ! Couſin, te voilà ;
Bon jour. Que je t'embraſſe ; encor cette fois-là.
ACANTE.
Ah ! vous me meurtriſſez ! Laurette ſe retire ?
LAURETTE.
Monſieur Champagne encor a deux mots à me dire.
LE MARQUIS.
Comment, Monſieur Champagne ! Il eſt donc revenu?
Il ſent ſon honnête homme, & je l'ai méconnu,
Lors qu'il étoit Laquais, il n'étoit pas ſi ſage.
CHAMPAGNE.
Ni vous non plus, Monſieur, lors que vous étiez
 Page.

COMEDIE.
LE MARQUIS.
Nous étions grands Fripons.
CHAMPAGNE.
Vous l'étiez plus que moi.
LE MARQUIS.
Je te veux servir.
CHAMPAGNE.
Ouf, vous m'étranglez, ma foi.
LE MARQUIS.
Eh, Laurette !
LAURETTE.
Ah, Monsieur ! avec moi, je vous prie,
Tréve de compliment, & de ceremonie.

Laurette & Champagne se retirent.
ACANTE.
Estimez-vous beaucoup l'air dont vous affectez
D'estropier les Gens par vos civilitez,
Ces complimens de main, ces rudes embrassades,
Ces saluts qui font peur, ces bons jours à gourmades.
Ne reviendrez-vous point de toutes ces façons ?
LE MARQUIS.
Ho, ho, voudrois-tu bien me donner des leçons,
A moi, Cousin ? à moi ?
ACANTE.
C'est un avis sincere,
Et ce que je vous suis, me défend de me taire :
On peut plus sagement exprimer l'amitié.
LE MARQUIS.
Eh ! mon pauvre Cousin, que tu me fais pitié !
Tu veux donc faire prendre un air modeste & sage
Aux Gens de ma volée, aux Marquis de mon âge ?
Va, tu sais peu le Monde, & la Cour, si tu crois
Qu'on puisse être Marquis, jeune, & sage à la fois ?
Il faut être à la mode, ou l'on est ridicule ;
On n'est point regardé, si l'on ne gesticule ;
Si dans les jeux de main, ne cedant à pas un,
On ne se fait un peu distinguer du commun.

La sagesse est niaise, & n'est plus en usage,
Et la Galanterie est dans le badinage.
C'est ce qu'on nomme adresse, esprit, vivacité,
Et le veritable air des Gens de qualité.
ACANTE.
On peut voir toutesfois, pour peu que l'on raisonne...
LE MARQUIS.
Où l'usage prévaut, nulle raison n'est bonne.
ACANTE.
Mais.....
LE MARQUIS.
   Ne t'érige point de grace, en raisonneur;
Morbleu, c'est un défaut à te perdre d'honneur,
Tâche à t'en corriger, & changeons de matiere.
Je viens chercher ici ton Pere à ta priere;
Je veux en ta faveur lui parler comme il faut.
ACANTE.
Il est dans cette Chambre, & sortira bientôt;
Sur tout......
LE MARQUIS.
Tu me dis hier tout ce qu'il lui faut dire,
Laisse-moi seulement.
ACANTE.
    Quoi! que je me retire,
Sans m'informer de lui du moins de sa santé?
LE MARQUIS.
Hé! ne te pique point de tant d'honnêteté;
Dans un Fils tel que toi, croi-moi, l'on n'aime guere,
Ces soins si curieux de la santé d'un Pere.
Le Bon-Homme pour toi ne mourra que trop tard.
ACANTE.
Vous croiez....
LE MARQUIS.
   Avec moi, Cousin, finesse à part;
Nous savons ce que c'est que la perte d'un Pere,
Jamais de ce malheur, Fils ne se desespere;
Et l'on trouve toujours aux douceurs d'heritier,
Des consolations qu'on ne peut rejetter.

Quelqu'honnête grimace enfin qu'on puisse faire.
Tout Pere qui vit trop, court danger de déplaire,
Ton chagrin pour le tien n'a que trop éclaté.

ACANTE.

Si j'ai quelque chagrin, c'est de sa dureté,
De lui voir chaque jour retrancher ma dépense,
Et d'un air dont pour lui je rougis quand j'y pense ;
Mais ce n'est pas encor sa plus grande rigueur :
De plus, ce coup sur tout m'a percé jusqu'au cœur ;
Lui-même qui pour moi fit le choix d'Isabelle,
A cessé d'aprouver mon Hymen avec elle,
M'a dit qu'il s'avisoit de m'engager ailleurs,
Et jettoit l'œil pour moi sur des Partis meilleurs.
J'eus beau de mon amour lui marquer la tendresse,
Il la nomma folie, avéuglement, foiblesse,
Et paia mes raisons, sans en être adouci.
D'un *Je suis votre Pere, & je le veux ainsi.*

LE MARQUIS.

Laissons l'amour à part, parlons pour ta dépense ;
Mais sors, j'entens tousser, & le bon homme avance.

SCENE IV.

CREMANTE, LE MARQUIS.

CREMANTE *en touffant.*

C'Est vous, mon cher Neveu ! qui vous croyoit si
prés ?

LE MARQUIS.

Achevez de tousser, vous parlerez aprés,
Vous allez étouffer, ce n'est point raillerie ;

Quelques coups sur le dos...
CREMANTE.
Doucement, je vous prie,
La moindre émotion me fait toufler d'abord.
LE MARQUIS.
Et qui peut si matin vous émouvoir si fort ?
CREMANTE.
Je vai vous tout conter sans feinte & sans grimace,
Pour vous...
LE MARQUIS.
Sans compliment.
CREMANTE.
Couvrons-nous donc, de grace.
LE MARQUIS.
Mettez.
CREMANTE.
Eh !
LE MARQUIS.
Laiffés-moi.
CREMANTE.
Quoi ! ne vous couvrir pas ?
LE MARQUIS.
Non.
CREMANTE.
Quoi ! vous...
LE MARQUIS.
Morbleu, non.
CREMANTE.
Vous laisser chapeau bas ?
Moi ! souffrir d'un Marquis ce respect !
LE MARQUIS.
Non, je jure,
C'est moins respect pour vous, que soin pour ma coeffure ?
Celui de se couvrir n'est bon qu'aux vieilles gens.
CREMANTE.
Eh ! l'on n'est pas si vieux encore à soixante ans.

COMEDIE.

LE MARQUIS.
Non da, vous êtes sain.

CREMANTE.
Oui, je le suis, sans doute,
Hors quelques petits maux, comme atteinte de Goutte,
Catheres, Rhumatisme.

LE MARQUIS.
Ah ! tout cela n'est rien.

CREMANTE.
Enfin, à cela prés, je me porte assez bien,
Tout vieux que je parois, l'âge encore me laisse
Des restes de chaleur, des reguains de jeunesse ;
Mon poil blanc couvre encore un sang subtil & chaud,
Tel qu'au temps...

LE MARQUIS.
Vous prenez le recit d'un peu haut.

CREMANTE.
Je ne vous dis donc point enfin qu'en secret j'aime,
Que je suis depuis peu Rival de mon Fils même.

LE MARQUIS.
Vous m'avés dit cela vingt fois sans celle-ci.

CREMANTE.
Vraiment je n'entens pas vous en rien dire aussi.
Enfin donc par un feu dont tout mon sang s'allume,
Eveillé ce matin plutôt que de coutume,
J'ai familierement usé de mon credit,
Et surpris Isabelle au sortir de son lit.
Je n'ai senti jamais mon ame plus émuë,
Sa beauté negligée en sembloit être accruë;
Son desordre charmoit, un long & doux sommeil
Avoit rendu son teint plus frais & plus vermeil,
Rallumé ses regards, & jetté sur sa bouche
Du plus vif incarnat une nouvelle couche;
Sans art, sans ornemens, sans attraits empruntez,
Elle étoit belle enfin de ses propres beautez,
Sous le nom de bon Homme, & d'ami de son Pere,

Je l'ai vûë habiller fans façon, fans myftere,
J'ai fait pour l'amufer des contes de mon mieux,
Mais Dieu fait cependant comme j'ouvrois les yeux,
En fe chauffant j'ai vû... Rien n'eft mieux fait au
   monde ;
J'ai vû certain morceau de jambe blanche ronde...
Mais n'allés pas l'aimer au moins fur mon recit.
LE MARQUIS.
Les Gens de Cour ont bien autre chofe en l'efprit,
 L'amour leur eft honteux, à moins d'un grand tro-
   phée,
Pourfuivez donc.
CREMANTE.
   Enfuite elle s'eft donc coiffée;
J'ai goûté le plaifir de voir fes cheveux blons
Tomber à flots épais jufques fur fes talons,
Et même fi bien pris mon temps & mes mefures,
Que j'en ai finement ramaffé des peigneures.
S'étant coiffée enfin, comme avec mille appas,
Pour prendre un corps de robe elle avançoit les bras,
Par bonheur tout à coup une épingle arrachée
Qui tenoit fur fon fein fa chemife attachée,
M'a laiffé voir à nud l'objet le plus charmant...
Ouf, je fuis ému d'y penfer feulement,
LE MARQUIS.
Votre toux reviendra, changeons donc de langage,
Auffi bien mon Coufin à vous parler m'engage,
Il voudroit quelque argent.
CREMANTE.
    Là-deffus je fuis fourd ;
La jeuneffe a befoin qu'on la tienne de court,
Vos confeils toutesfois font ceux que je veux fui-
   vre.
LE MARQUIS.
Non, non, ne changez point votre façon de vivre,
Tenez lui les rigueurs des Peres d'aujourd'hui,
Dites-lui bien pourtant que j'ai parlé pour lui ;
Mais que c'eft pour fon bien.

COMÉDIE.

CREMANTE.
Allés, laissés-moi faire,
Je sai faire valoir l'autorité de Pere.
LE MARQUIS.
Vous me prêterés bien, que je croi, cent Loüis,
J'en reçus hier deux cens qui sont évanouis,
Mais vous saurés comment, & m'en louerés sans doute ;
Quand il s'agit d'honneur, il faut que rien ne coûte ;
Et je puis sur ce point dire sans vanité,
Qu'aucun argent jamais n'a si bien profité.
CREMANTE.
Oui, l'honneur vaut beaucoup.
LE MARQUIS.
Admirés l'industrie ;
L'honneur vient de bravoure & de galanterie,
Et j'ai sçu trouver l'art d'être ensemble estimé,
Et galant de fortune, & brave confirmé.
Moiennant cent Louis que j'ai donnez d'avance,
Un Marquis des plus gueux, mais brave à toute outrance,
M'a feint une querelle, & d'abord prenant feu,
M'a donné sur la joue un coup plus fort que jeu.
CREMANTE.
Un soufflet ?
LE MARQUIS.
Point du tout.
CREMANTE.
Mais un coup sur la joue.
LE MARQUIS.
Ce n'est qu'un coup de poing, & lui-même l'avoue ?
J'ai fait rage aussi-tôt, j'ai ferraillé, paré,
Et me suis fait tenir pour être separé.
Voila qui m'établit pour brave sans conteste.
Je n'ai pas mis plus mal mes cent Louis de reste,
Avec une Comtesse en credit à la Cour.
J'ai seul passé le soir, & joué jusqu'au jour.
J'ai perdu mon argent, mais la perte est legere,

Et ce qu'elle me vaut me la doit rendre chere.

CREMANTE.
Quoi ! la Dame en faveurs vous auroit raquité ?

LE MARQUIS.
Non, je la croi fort sage à dire verité.
Mais comme je sortois sans suite que mon Page,
(Car c'est une Maison de notre voisinage)
J'ai trouvé deux Marquis, & des plus médisans,
Qui pour chasser ensemble alloient sans doute aux champs ;
Tous deux m'ont reconnu dés qu'ils m'ont vû paroître,
J'ai feint, me détournant, de ne les pas connoître,
Et d'un grand manteau gris me suis couvert le nez,
Comme font en tels cas les Galants fortunez.
Jugez en quelle honneur me mettra cette histoire,
Et pour fort peu d'argent combien j'aurai de gloire.

CREMANTE.
Mais l'Honneur, ce me semble, au fonds n'est point cela.

LE MARQUIS.
Bon, c'est du vieil Honneur dont vous nous parlez là.

CREMANTE.
Jadis...

LE MARQUIS.
Sans perdre temps en des raisons frivoles,
De grace, allons chez vous, pour prendre cent pistoles,

CREMANTE.
Quoi que l'argent soit rare, allons j'en suis content,
Mais j'espere en revanche un service important.

LE MARQUIS.
Mon credit à la Cour vous est-il necessaire ?

CREMANTE.
Non, l'Amour maintenant est mon unique affaire ;
Mon Fils aime Isabelle, & c'est tout mon espoir
De les brouiller ensemble, & de m'en prévaloir.

COMEDIE.
LE MARQUIS.
Fussent-ils plus unis, que rien ne vous étonne,
Je sai l'art de brouiller les Gens mieux que personne;
C'est-là mon vrai talent, & mon soin le plus doux.
CREMANTE.
Il faudroit donc....
LE MARQUIS.
Allons resoudre tout chez vous.

Fin du premier Acte.

ACTE II.

SCENE PREMIERE.

ISMENE, ISABELLE, LAURETTE.

ISABELLE *sortant de sa Chambre, & trouvant Ismene qui sort de la sienne.*

J'Allois à votre Chambre.
ISMENE.
Et qu'y veniez vous faire ?
ISABELLE.
Vous rendre ce que doit une Fille à sa Mere,
M'informer, s'il vous plaît, que je suive vos pas
Au Temple ce matin.
ISMENE.
Non, il ne me plaît pas.
ISABELLE.
Chaque jour rend pour moi votre humeur plus severe ;
Ne saurai-je jamais d'où naît votre colere ?
J'essaierois, Madame...
ISMENE.
Ah ! c'est trop discourir,
Allez, retirez-vous, je ne vous puis souffrir.

SCENE II.
ISMENE, LAURETTE.

LAURETTE.

MAdame, en verité cette rigueur m'étonne ;
Quoi ! vous pour tout le monde & si douce, & si
   bonne.
Pour votre Fille seule être rude à ce point ?

ISMENE.
J'en ai trop de raisons

LAURETTE.
             Je ne les conçoi point ;
J'ignore d'où vous vient tant de haine pour elle,
C'est une Fille aimable...

ISMENE.
             Elle n'est que trop belle,
Je sai trop sur les cœurs quel empire elle prend.

LAURETTE.
Est-ce là tout l'outrage...

ISMENE.
           En est-il un plus grand ?
De quel œil puis-je voir, moi qui par mon adresse,
Crois pouvoir, si j'osois me piquer de jeunesse,
Une Fille adorée, & qui malgré mes soins,
M'oblige d'avouer que j'ai trente ans au moins ?
Et comme à mal juger on n'a que trop de pente,
De trente ans avouez, n'en croit-on pas quarante ?

LAURETTE.
Il est vrai que le monde est plein de médisans ;
Mais on peut être belle encore à quarante ans.

ISMENE.
On le peut, mais enfin c'est l'âge de retraite,
La beauté perd ses droits, fut-elle encor parfaite;
Et la galanterie au moment qu'on vieillit,
Ne peut se retrancher qu'à la beauté d'esprit.
LAURETTE.
Vous êtes trop bien faite, & c'est une chimere.
ISMENE.
Une Fille à seize ans défait bien une Mere;
J'ai beau par mille soins tâcher de rétablir
Ce que de mes appas l'âge peut affoiblir,
Et d'arrêter par art la beauté naturelle
Qui vient de la jeunesse, & qui passe avec elle:
Ma Fille détruit tout dés qu'elle est prés de moi,
Je me sens enlaidir si-tôt que je la voi,
Et la jeunesse en elle, & la simple nature,
Font plus que tout mon art, mes soins & ma pa-
  rure:
Fut-il jamais sujet d'un plus juste courroux?
LAURETTE.
Elle a tort en effet, je l'avouë avec vous:
Mais on sait à ce mal le remede ordinaire,
Faites-la d'un Convent au moins Pensionnaire;
Quoi! vous hochez la tête? Est-ce que vous dou-
  tez
Qu'Isabelle ose rien contre vos volontez?
ISMENE.
Non, je puis m'assurer de son obeïssance,
Elle suit mes desirs toujours sans resistance,
Je la trouve soumise à tout ce que je veux,
Et c'est ce que j'y trouve encor de plus fâcheux,
Puis qu'elle m'ôte ainsi tout pretexte de plainte,
Pour couvrir le dépit dont je me sens atteinte.
Pour l'éloigner de moi, je n'ai qu'à le vouloir;
Mais, Laurette, quels maux n'en dois-je pas prévoir?
C'est dans l'état de Veuve où je dois me réduire
Un pretexte aux plaisirs, qu'une Fille à conduire;
Je puis sous la couleur d'un soin si specieux,

Préten-

COMEDIE.

Prétendre sans scrupule à paroître en tous lieux,
A jouir des douceurs du Cours, des promenades,
A voir les jeux publics, bals, balets, mascarades.
Et n'aiant plus de fille à mener avec moi,
Je doi vivre autrement, & c'est-là mon effroi.
Le grand monde me plaît, je hai la solitude,
Il n'est point à mon gré de suplice plus rude,
Et j'aime encor mieux voir ma fille à regret,
Qu'éviter à ce prix le tort qu'elle me fait.

LAURETTE.
Elle ne vous fait pas tant de tort qu'il vous semble,
On vous prend pour deux Sœurs quand on vous voit
 ensemble.

ISMENE.
Sans mentir ?

LAURETTE.
 Je vous parle avec sincerité.

ISMENE *se regardant dans son miroir de poche.*
Comment suis-je aujourd'hui ? mais dy la verité.

LAURETTE.
Vous ne fûtes jamais plus jeune, ni plus belle,
Sur tout votre beauté paroît fort naturelle.

ISMENE.
Est-il bien vrai, Laurette ?

LAURETTE.
   Il n'est rien plus certain.

ISMENE.
Tu peux prendre pour toi cette juppe demain ;
Je viens d'appercevoir que la tienne se passe.

LAURETTE
Vous savez, sans mentir, donner de bonne grace ;
Votre fille, après tout, ne vous vaudra jamais.

ISMENE.
La jeunesse, Laurette, a de puissans attraits.

LAURETTE.
Elle est jeune, il est vrai, mais à faute de l'être,
On peut s'en consoler quand on la sait paroître ;
Votre fille n'a point vos secrets pour charmer.

Tome III.

ISMENE
Acante cependant l'aime, & ne peut m'aimer ;
N'y tout ce que j'ai d'art, ni toute ton adresse,
N'ont pû déraciner sa premiere tendresse :
Je ne puis à ma Fille arracher cet Amant.

LAURETTE.
Les premieres amours tiennent terriblement ;
Nous pouvons toutefois avoir quelque esperance,
Mes ruses ont entre eux rompu l'intelligence,
Et tous les faux rapports que j'ai faits jusqu'ici,
Nous ont, graces au Ciel, assez bien réussi.
Ils ne se parlent plus.

ISMENE.
   C'est beaucoup ; mais, Laurette,
Ce n'est pas, tu le sais, tout ce que je souhaite ;
Avant de mes appas le declin déclaré,
Il seroit bon que j'eusse un Epoux assuré,
Un Parti qui me plût, & qui me fût sortable,
Et je trouve à mon goût Acante fort aimable.

LAURETTE.
Vous avez le goût bon, on ne le peut nier,
Et ce second Epoux vaudroit bien le premier ;
Mais c'est un grand dessein.

ISMENE.
   N'épargne soin ni peine ;
Si tu peux réussir, ta fortune est certaine,
Tu n'en dois point douter.

LAURETTE.
   J'y ferai mon effort,
Mais je trouve un obstacle à surmonter d'abord :
Touchant votre veuvage un scrupule peut naître ;
Vous êtes fort bien veuve, & l'on ne peut mieux l'être ;
Votre Mari, sans doute, est défunt, autant vaut,
Vous avez attendu plus de temps qu'il n'en faut :
Aprés huit ans passez, sans qu'un Mari se treuve,
Une Femme au besoin est même plus que veuve ;
Il n'est rien de plus sûr, votre Avocat l'a dit :
Mais il est bon d'ôter tout soupçon de l'esprit,

Toute peur d'un retour & d'un remu-ménage,
Si vous voulez qu'on pense à vous pour mariage.
ISMENE.
Laurette, à dire vrai, c'est mon plus grand souci.
LAURETTE.
Champagne m'a promis d'être bien-tôt ici ;
Il faut voir si l'on peut gagner son témoignage,
Et celui d'un vieillard qui sort de l'esclavage.
ISMENE.
Il faudroit que ce fut sans me commettre, au moins.
LAURETTE.
C'est comme je l'entens, fiez-vous à mes soins,
Afin de vous laisser garder la bienséance,
Je ferai du dessein seule toute l'avance,
Mais l'argent pour corrompre est un puissant moien.
ISMENE.
Dispose, agis, promets, je n'épargnerai rien,
On vient, je remets tout enfin à ta conduite.
LAURETTE.
Laissez-nous un peu seuls, vous reviendrez ensuite.

SCENE III.

CHAMPAGNE, LAURETTE.

CHAMPAGNE.

D'Où vient que ta maîtresse évite de me voir ?
Va-t-elle dire encor deux mots à son miroir ?
De ses ingrediens grossir un peu la doze ?
LAURETTE.
Elle avoit oublié de serrer quelque chose,

Elle va l'enfermer, & doit sortir bien-tôt.
CHAMPAGNE.
Son visage de jour est donc fait comme il faut ?
Et sa beauté d'emprunt....
LAURETTE.
Brisons-là, je te prie,
Elle hait là-dessus à mort la raillerie,
Elle est étrangement délicate en cela,
Et ne croit nul outrage égal à celui-là.
Je veux t'entretenir d'affaires d'importance.
L'homme que tu m'as dit avoir conduit en France,
Quel homme est-ce ?
CHAMPAGNE.
Un Vieillard assez chagrin.
LAURETTE.
Au fonds,
Est-ce un homme d'esprit ?
CHAMPAGNE.
D'esprit, je t'en répons,
Mais touchant sa famille, il s'obstine à se taire....
LAURETTE
Cela n'importe rien pour ce que j'en veux faire,
Ma maîtresse a sans doute, à parler tout de bon,
De se remarier grande demangeaison ;
Mais quoi qu'elle prétende être veuve à bon titre,
Elle a quelque scrupule encor sur ce chapitre,
Et pour l'en délivrer, on l'obligeroit fort,
Si quelqu'un témoignoit que son mari fut mort ;
Crois-tu que ton Vieillard pût rendre cet office ?
Nous ferions bien valoir le prix d'un tel service.
CHAMPAGNE.
Oui, je le tiens, s'il veut, fort propre à cet emploi ;
C'est sans doute.
LAURETTE.
Et sur tout étant instruit par toi.
CHAMPAGNE.
A gagner ce témoin aisément je m'engage.

COMÉDIE.
LAURETTE.
Si tu voulois y joindre aussi ton témoignage,
Ce seroit encor mieux.
CHAMPAGNE.
Moi ! faire un faux rapport ?
LAURETTE.
Quoi, pour mentir un peu, te troubles-tu si fort ?
Et serois-tu bien homme à si foible cervelle,
Que de t'embarasser pour une bagatelle ?
Croi-moi, le plus grand vice est celui d'être gueux,
Et ce n'est pas à nous d'être si scrupuleux ;
Un soin si délicat n'est pas à notre usage,
La fourbe qui nous sert est notre vrai partage,
Elle est pour nous sans honte, & jusqu'ici jamais
La probité ne fut la vertu des Valets ;
Les gens d'esprit sur tout ont leur profit en tête.
CHAMPAGNE.
Le scrupule n'est pas aussi ce qui m'arrête,
Hier, lors que j'arrivai, quand j'y songe, d'abord,
Je dis que j'ignorois si ton maître étoit mort.
Comment dire autrement, sans que l'on me soupçonne ?
LAURETTE.
Pour un homme d'esprit peu de chose t'étonne.
Tu diras que d'abord ne doutant point du choix
Que ton maître avoit fait d'Isabelle autrefois,
Tu cachois cette mort, pour détourner la mere
De donner à sa fille un importun beau-pere ;
Mais ton maître pour elle étant sans interest,
Que tu dis franchement la chose comme elle est.
CHAMPAGNE.
Cela m'est comme à toi venu dans la pensée ;
Mais d'un souci j'ai l'ame embarassée :
Si ton maître à la fin revenoit du Levant ?
LAURETTE.
Mon Dieu ! point, il est mort.
CHAMPAGNE.
Mais s'il étoit vivant ?

La Mere Coquette,
LAURETTE.
Il n'a garde, croi-moi.
CHAMPAGNE.
Je songe où je m'engage.
LAURETTE.
Ma maîtresse revient, songe à ton personnage.
CHAMPAGNE.
J'y voi trop de péril, & tu m'obligeras
De ne me point mêler dans tout cet embarras.
LAURETTE.
Es-tu si simple encor ? Que rien ne t'inquiete.

SCENE IV.

ISMENE, LAURETTE. CHAMPAGNE.

LAURETTE *feignant de pleurer.*

Quelle nouvelle ! ah ! ah !
ISMENE.
Dequoi pleure Laurette ?
LAURETTE.
Je pleure, mais helas ! quand vous saurez dequoi,
Vous pleurerez, Madame, encor bien plus que moi.
ISMENE.
N'importe, expliquez-vous.
LAURETTE.
Ah ! ma bonne maîtresse,
C'est... Je ne puis parler, tant la douleur me presse ;
Monsieur Champagne... Hé là, faites-lui ce récit,
Dites-lui tout.

COMEDIE.

CHAMPAGNE.
Quoi ! tout ?
LAURETTE.
Ce que vous m'avez dit.
CHAMPAGNE.
Moi ! je n'ai rien à dire.
LAURETTE.
A quoi bon ce myſtere ?
C'eſt par diſcretion qu'il s'obſtine à ſe taire,
Il eſt vrai que d'abord un ſi cruel malheur
Doit cauſer à Madame une extrême douleur ;
Mais puis que tôt ou tard il faut qu'elle l'apprenne,
Le plutôt vaut le mieux pour la tirer de peine :
A la laiſſer languir, quel plaiſir prenez-vous ?
Que ſert de lui cacher qu'elle n'a plus d'époux ?
ISMENE *ſe laiſſant choir ſur un ſiege.*
Je n'aurois plus d'époux ! ſeroit-il bien poſſible ?
LAURETTE.
Ce coup aſſurément pour Madame eſt ſenſible,
La pauvre femme ! helas ! ſans doute, elle perd bien.
CHAMPAGNE.
Ne vous fâchez pas tant, Madame, il n'en eſt rien.
ISMENE.
Ah ! ne me flatez pas.
LAURETTE.
Voiez quel eſt ſon zele !
Il voudroit vous cacher cette triſte nouvelle.
Vous devez à ſes ſoins beaucoup certainement,
Et vous m'aviez parlé d'un certain diamant....
ISMENE.
La douleur m'en avoit fait perdre la memoire,
Je ferai plus pour vous, & vous le pouvez croire ;
Prenez toujours ceci.
LAURETTE.
Là, prenez, ſans façon.
Son époux eſt-il mort ?
CHAMPAGNE *prenant le diamant.*
Hé.

H 4

LAURETTE.

      Parlez tout de bon,
Madame le souhaite, & n'a pas l'ame ingrate,
Mais elle ne veut pas sur tout que l'on la flate ;
De son mari sans feinte, apprenez-lui le sort.

CHAMPAGNE.
Puis que vous le voulez, Madame, il est donc mort.

ISMENE.
Ciel !

LAURETTE.
   Comme la douleur l'accable & la possede,
Un peu de solitude est son meilleur remede ;
Laissons-la revenir, & va prendre le soin
D'instruire le Vieillard dont nous avons besoin.

CHAMPAGNE.
Le diamant est bon, au moins.

LAURETTE.
      Bon, tu te railles,
C'est du pauvre défunt un present d'épousailles.

CHAMPAGNE.
Quel défunt ?

LAURETTE.
   Hé, mon maître ; & tu doutes à tort....

CHAMPAGNE.
Enfin s'il n'est pas bon, le défunt n'est pas mort.

LAURETTE.
Je t'assure de tout, va tu n'as rien à craindre.

SCENE V.

ISMENE, LAURETTE.

LAURETTE.

Madame, il est sorti, cessez de vous contraindre,
Rendez graces au Ciel, tout va bien, tout nous
rit.

ISMENE.
Me voilà donc enfin veuve sans contredit ?

LAURETTE.
On n'en peut plus douter, à moins d'être incre-
dule.

ISMENE.
Acante pourroit donc m'épouser sans scrupule ?

LAURETTE.
C'est sans difficulté : si c'est peu d'un témoin,
Nous en aurons encore un second au besoin ;
Les dons faits à propos produisent des miracles.

ISMENE.
Nous oublions peut être un des plus grands obstacles.

LAURETTE.
Quel ?

ISMENE.
Le pere d'Acante.

LAURETTE.
Hé qu'apprehendons nous ?
Le bon-Homme vous aime, & tout lui plaît de vous.

ISMENE.
Peut-être il m'aime trop, c'est ce que j'apprehende

J'ai peur qu'à m'épouser lui-même il ne prétende.

LAURETTE.

Ce dessein nous pourroit sans doute embarasser ;
Mais pourroit-il bien être en état d'y penser,
A son âge ?

ISMENE.

Il n'importe, & je crains qu'il n'y pense.

LAURETTE.

Qui ? lui vous épouser ? ce seroit conscience ;
Vieil, usé comme il est, & déja demi-mort,
Pourroit-il bien vouloir vous faire un si grand tort ?
Aprés d'un vieil mari la longue & triste épreuve,
Puis qu'en tres-bonne forme enfin vous voilà veuve,
C'est bien le moins vraiement que vous puissiez pour vous,
Que d'oser faire aussi le choix d'un jeune époux,
Et de connoître un peu par votre experience,
Du jeune & du vieillard quelle est la difference,

ISMENE.

Ce n'est point pour cela, Laurette.

LAURETTE.

Mon Dieu, non :
Mais voici le bon homme, il faut changer de ton.

SCENE VI.

CREMANTE, ISMENE, LAURETTE.

LAURETTE.

Venez m'aider, Monsieur, à consoler Madame.
CREMANTE.
Qu'a-t-elle ?
ISMENE.
Oh !
LAURETTE.
La douleur la perce jusqu'à l'ame.
CREMANTE.
Quel accident l'expose au trouble où la voilà ?
LAURETTE.
La mort de son mari.
CREMANTE.
Quoi ! ce n'est que cela ?
Il n'est pas mort, peut-être
ISMENE.
Il est trop veritable.
LAURETTE.
Champagne qui l'assure, est homme irréprochable.
CREMANTE.
Sa mort m'ôte un ami, vous ôtant un époux,
Et j'y crois perdre au moins, Madame, autant que vous,
Le regret que j'en ai ne cede en rien au vôtre,
Mais nous l'avions compté pour mort & l'un & l'autre ;

II 6

On ne rend pas la vie aux gens pour les pleurer ;
Puis la perte est pour vous aisée à réparer ;
Et pour vous consoler d'une telle disgrace,
Quelqu'autre du défunt peut occuper la place :
Vous n'aurez rien perdu, prenant un autre époux ;
J'en sai un.

ISMENE.
Hé, Monsieur ! dequoi me parlez-vous ?

CREMANTE.
Je veux que dans l'effort de vos premieres larmes,
Pour vous le mariage ait d'abord peu de charmes,
Je veux qu'il vous soit même odieux en effet ;
Mais enfin si l'époux étoit bien votre fait,
Si vous pouviez en lui trouver dequoi vous plaire.

ISMENE.
Cela ne se peut pas

CREMANTE.
Mon Dieu ! tout se peut faire :
Si vous saviez l'époux que je veux vous offrir.

ISMENE.
Ah !

LAURETTE.
Au seul nom d'époux son mal semble s'aigrir.

CREMANTE.
Il est vrai, j'aurois tort d'en plus ouvrir la bouche,
Le desir de lui plaire est le seul qui me touche ;
Et j'ai cru que mon Fils, jeune adroit, plein d'appas,
Pour un second époux ne lui déplairoit pas.

LAURETTE.
Si ce n'est que cela, vous pourriez bien lui dire...

CREMANTE.
Je m'en garderai bien, non, non, je me retire ;
Je la laisse en repos, ce sera le meilleur.

ISMENE.
Laissez-vous vos Amis ainsi dans la douleur ?

CREMANTE.
Je voi que tout le soin où l'amitié m'engage,
Loin de vous consoler, vous trouble davantage.

COMEDIE.
ISMENE.
Helas ! qui pourroit mieux me consoler que vous ?
Vous étiez tant ami de mon défunt Epoux ;
Tout votre soin ne peut m'être que salutaire.
Et rien venant de vous, ne me sauroit déplaire.
CREMANTE.
Ce que j'ai dit pourtant vous a déplu d'abord.
ISMENE.
Sait-on ce que l'on fait dans un premier transport ?
D'abord, il est certain, c'étoit bien mon envie,
De n'entendre parler d'autre Epoux de ma vie ;
J'en rejettois l'espoir, quoi-qu'il me fut permis ;
Mais que ne peuvent point les conseils des Amis ?
CREMANTE.
Je voulois vous parler de mon Fils, mais, Madame,
Ne faites rien pour moi qui contraigne votre ame ;
Prenez plutost du temps pour examiner bien...
ISMENE.
Ah ! Monsieur, aprés vous je n'examine rien.
CREMANTE.
Il est jeune, bien fait, voiez s'il peut vous plaire.
ISMENE.
Vous savez mieux que moi ce qui m'est necessaire ;
Acante vaut beaucoup ; mais quel qu'en soit le prix,
Si rien me plaît en lui, c'est qu'il est votre Fils.
CREMANTE.
Vous nous honorez trop
ISMENE.
     Au moins c'est une affaire,
Que vous trouverez bon, Monsieur, que je differe :
Ce n'est pas qu'en effet ce soin importe fort,
Feu mon Mari déja depuis long-temps est mort ;
J'en ai porté le deuil, & j'ai toute licence,
Mais j'aime extremement l'exacte bienseance ;
Et pour secher mes pleurs, pour en finir le cours,
Je vous demande encor au moins huit ou dix jours

CREMANTE.
Ce n'est qu'avec le temps qu'un grand ennui se passe;
Il est vrai, mais j'espere à mon tour une grace.
ISMENE.
Ce que je vous dois être, unit nos interêts.
CREMANTE.
Votre Fille pourroit les unir de plus prés.
ISMENE.
Ma Fille, dites-vous?
CREMANTE.
     Pour elle je soupire.
ISMENE.
Vous, Monsieur?
CREMANTE.
   Pourquoi non? qu'y trouvez-vous à dire?
ISMENE.
Hé rien; mais vous pourriés peut-être choisir mieux,
Elle est si jeune encor.
CREMANTE.
     Me trouvez-vous si vieux?
ISMENE.
Point du tout; mais j'ai peur, quelque soin que je
 prenne,
Que ma Fille en ce choix m'obeïsse avec peine.
CREMANTE.
A ne vous rien celer, j'ai peur, s'il est ainsi,
Qu'à m'obeïr mon Fils n'ait de la peine aussi.
ISMENE.
Sur ma Fille, après tout, j'ai pourtant trop d'empire,
Pour craindre absolument qu'elle m'ose dédire;
Elle me fut toujours soumise au dernier point.
CREMANTE.
Mon Fils, je pense, aussi ne me dédira point;
Je ne crains qu'un retour de cette intelligence
Que l'Amour mit entr'eux dés leur plus tendre en-
 fance,
Et je doute qu'on puisse aisément parvenir
A diviser deux cœurs qui sont nez pour s'unir.

COMÉDIE.
ISMENE.
Ainsi que vous, Monsieur, c'est ce qui m'inquiete ;
Mais j'ai grande esperance aux ruses de Laurette,
LAURETTE.
Je sai l'art de fourber assez bien, Dieu merci ;
Mais dans le Cabinet vous seriez mieux qu'ici.
CREMANTE.
Elle a raison, aucun n'y viendra nous distraire ;
Allons-y consulter ce que nous devons faire,
Et voir par quels moyens nous pourrons sans retour
Separer deux Amans en dépit de l'Amour.

Fin du second Acte.

ACTE III.

SCENE PREMIERE.

ISABELLE, LAURETTE.

LAURETTE.

HE' bien ! que voulez-vous ? Si vous perdez un Pere,
Ce n'est pas d'aujourd'hui, vous n'y sauriez que faire ;
Des regrets des vivans les morts ne sont pas mieux :
Parlons donc d'autre chose, & ressuiez vos yeux.

ISABELLE.
Tu dis donc que l'Ingrat qui m'avoit tant sçu plaire,
Acante, ce volage à qui je fus si chere,
T'a parlé ce matin ?

LAURETTE.
Fort long-temps.

ISABELLE.
Entre nous,
Que pense-t-il de moi ?

LAURETTE.
Lui ! pense-t-il à vous ?

ISABELLE.
Mais quel si long discours encor t'a-t-il pû faire ?
Dequoi t'a-t-il parlé ?

COMEDIE.

LAURETTE.
Rien que de votre Mere ;
Il m'a fait voir pour elle un grand empreſſement.
ISABELLE.
Et n'a rien dit de moi ?
LAURETTE.
Pas un mot ſeulement ;
De votre Mere ſeule il m'a parlé ſans ceſſe ;
J'ai tourné le diſcours ſur vous avec adreſſe,
Dit vingt fois votre nom.
ISABELLE.
Et qu'a-t-il répondu ?
LAURETTE.
Il n'a pas fait ſemblant d'avoir rien entendu.
ISABELLE.
Mais dans ma Mere enfin que peut-il voir d'aima-
ble ?
LAURETTE.
Beaucoup d'argent contant, un bien conſiderable,
C'eſt un charme bien doux aux yeux de bien des gens ;
Vous ne ſerez en âge encor de tres long-temps ;
Votre Pere étant mort, tout eſt en ſa puiſſance ;
Comme je vous l'ai dit, elle en a l'aſſurance,
Et de l'humeur qu'elle eſt, vous devez peu douter
Qu'un jeune Epoux s'offrant n'ait dequoi la tenter.
ISABELLE.
Le ſoin qu'elle a de plaire, & de cacher ſon âge,
M'a bien fait prévoir d'elle un ſecond mariage ;
Mais voir mon Amant même en devenir l'Epoux !
Voir mon Beaupere en lui !
LAURETTE.
Que fait cela pour vous ?
Si vous ne l'aimez plus, quel ſoin vous inquiete ?
ISABELLE.
Si je ne l'aime plus ! Que n'eſt-il vrai, Laurette ?
LAURETTE.
Comment ! auriez-vous bien aſſez de lâcheté
Pour ne nous venger pas de ſa legereté ?

Quoi ! vous constante encor pour un Homme qui
    change ?
Auroit-on vû jamais foiblesse plus étrange ?
Un Homme changeroit ; & vous, pleine d'appas,
Fiere, vous Fille enfin, vous ne changeriez pas ?
Laisser sur notre Sexe avoir cet avantage ?
ISABELLE.
Notre Sexe à son gré n'est pas toujours volage ;
Et comme par pudeur une Fille d'abord
N'aime ordinairement qu'aprés beaucoup d'effort,
Quand l'amour une fois lui fait prendre une chaîne,
Elle n'en sort aussi qu'avec beaucoup de peine.
Sur tout, les premiers feux sont toujours les plus
    doux,
Ceux d'Acante & les miens sont nez presque avec
    nous ;
Nos Peres qui s'aimoient, sembloient dés la naissance,
Avoir fait pour s'aimer nos cœurs d'intelligence :
Tout enfant que j'étois, sans nul discernement,
Je songeois à lui plaire avec empressement.
Cent petits soins aussi m'exprimoient sa tendresse,
Nous nous voyions souvent, & nous cherchions sans
    cesse ;
Sans lui j'étois chagrine, ainsi que lui sans moi ;
Par fois nous soupirions sans savoir bien pourquoi,
Et nos cœurs ignorans quel mal ce pouvoit être,
Sçurent sentir l'amour, plutôt que le connoître.
LAURETTE.
C'est cela qui le rend encor avec raison.
Plus coupable envers vous aprés sa trahison ;
C'est ce qui doit pour lui redoubler votre haine.
ISABELLE.
Sans doute ; & si je voi sa trahison certaine...
LAURETTE.
Quoi ! vous flateriez-vous assez pour en douter ?
ISABELLE.
Ah ! s'il se peut encor, laisse-moi m'en flater.

COMEDIE.
LAURETTE.
Vous pourriez-vous flater d'une erreur si honteuse ?
Son infidelité pour vous n'est plus douteuse :
Tout ce qu'on vous a dit vous en doit assurer.
ISABELLE.
On m'en a dit assez pour me desesperer ;
Cependant en secret un pouvoir que j'admire,
Me fait presqu'oublier tout ce qu'on m'a pû dire,
Je ne sai quoi toujours me parle en sa faveur.
LAURETTE.
Mon Dieu ! jusqu'où l'Amour seduit un jeune cœur,
Je m'étois bien de vous promis plus de courage.
ISABELLE.
Tu te peux tout promettre encor, s'il est volage ;
Mais mon cœur par lui-même en veut être éclair-
    ci.
LAURETTE.
Quoi ! le voir ?
ISABELLE.
      Je t'ai crue, & l'ai fui jusqu'ici ;
Redevable à tes soins dés ma tendre jeunesse,
J'ai suivi tes conseils, j'ai contraint ma tendresse,
J'ai tâché de te croire autant que je l'ai pû ;
Souffre au moins une fois que mon cœur en soit
    cru ;
Qu'il puisse s'éclaircir ainsi qu'il le souhaite,
Qu'un aveu de l'Ingrat... Mais tu rougis, Laurette ?
LAURETTE.
Je rougis de vous voir foible encor à ce point.
ISABELLE.
Je ne la fuis que trop, je ne m'en défens point :
Mais pardonne aux abois d'une premiere flame,
Ces restes de foiblesse où tombe encor mon ame.
LAURETTE.
Ce seroit vous trahir, que de les excuser.
ISABELLE.
J'ai cru qu'à ce dessein tu pourrois t'opposer ;
Et si de m'y servir la priere te gêne,

Je me suis préparée à t'en sauver la peine :
Un billet de ma main par quelque autre porté...
LAURETTE.
Je veux prendre ce soin encor par charité ;
Ne confiez hors moi ce billet à personne.
ISABELLE.
Es-tu si bonne encor ?
LAURETTE.
Eh ! oui, je suis trop bonne,
Vous me persuadez toujours ce qui vous plaît,
Et si vous le savez, c'est sans nul interêt.
ISABELLE.
Va, tu n'y perdras rien.
LAURETTE.
Est-ce là cette Lettre ?
ISABELLE.
L'adresse encore y manque
LAURETTE.
Ah ! gardez bien d'en mettre,
Votre Ingrat peut montrer ce billet aujourd'hui,
Vous pourriez au besoin nier qu'il fût pour lui :
Nous ne saurions chercher dans le siecle où nous
    sommes,
Trop de précautions contre les traîtres hommes ;
Ils sont si vains !
ISABELLE.
J'ai cru qu'ils ne l'étoient pas tous.
LAURETTE.
Ah ! croiez-moi, j'en sai là-dessus plus que vous ;
Vous n'avez pas encor assez d'experience,
Rentrez, laissez-moi faire.
ISABELLE.
Au moins fai diligence.
LAURETTE.
Oui, j'aurai bientôt fait, n'aiez aucun souci.
ISABELLE.
Ne rens qu'à lui.

COMEDIE.
LAURETTE.
J'entens.
ISABELLE.
Champagne vient ici.
Qu'il ne t'arrête pas.
LAURETTE.
Vous m'arrêtez vous-même.
ISABELLE.
Sur tout...
LAURETTE.
Encor? rentrez. Qu'on est sot quand on aime?

SCENE II.

CHAMPAGNE, LAURETTE.

CHAMPAGNE.

JE sors d'avec notre Homme, & d'un long entretien.
LAURETTE.
Hé bien?
CHAMPAGNE.
D'abord le traître a fait l'Homme de bien,
M'a prêché la vertu, l'honneur à toute outrance,
Et contre ta Maîtresse a pesté d'importance:
Mais enfin mes raisons ont si bien réussi,
Que mille écus offerts l'ont un peu radouci.
LAURETTE.
Mille écus?
CHAMPAGNE
Il veut même avoir l'argent d'avance,
Et de mentir à moins, il feroit conscience.

LAURETTE.

Le scrupule est fort bon ; mais il faut aujourd'hui,
Quoi qu'il coûte pourtant, nous assurer de lui :
Tu n'as qu'à l'amener, je prendrai soin du reste.
Di-moi, que fait ton Maître ?

CHAMPAGNE.

Il se tourmente, il peste.

LAURETTE.

Il peste ! & contre qui !

CHAMPAGNE.

Contre un amour maudit,
Qui lui fera, je croi, bientôt tourner l'esprit :
Il ne peut, quoi qu'il fasse, oublier Isabelle ;
Il a beau s'efforcer d'être inconstant comme elle ;
Plus il y tâche, & moins il en a le pouvoir.

LAURETTE.

Hé ! n'a-t'il point de honte ?

CHAMPAGNE.

Il est au desespoir ;
Il aime avec regret, sa honte en est extrême,
Il s'en blâme, il s'en dit cent pouilles à lui-même,
Se battroit volontiers de rage qu'il en a ;
Mais il ne laisse pas d'aimer pour tout cela :
Il est ensorcelé.

LAURETTE.

Les Amans sont bien lâches !

CHAMPAGNE.

Qu'as-tu là ?

LAURETTE.

Moi, qu'aurois-je ?

CHAMPAGNE.

Un billet que tu caches.

LAURETTE.

Mon Dieu ! que tu vois clair !

CHAMPAGNE.

Je suis dépaïsé ;
Vois-tu ? j'ai de bons yeux, & suis un peu rusé,
J'ai vû comme j'entrois, retirer Isabelle,

COMEDIE.

Et je gagerois bien que ce billet est d'elle,
Qu'au Rival de mon Maître..

LAURETTE.
Oh !

CHAMPAGNE.
Gageons, si tu veux.

LAURETTE.
Ah ! que les gens si fins sont quelquefois fâcheux !

CHAMPAGNE.
Ce Poulet va sans doute au Marquis ?

LAURETTE.
Tu devines.

CHAMPAGNE.
Nous démêlons un peu les ruses les plus fines ;
Les voiages font bien les gens.

LAURETTE.
Sans contredit.

CHAMPAGNE.
Mais sur tout le vin Grec ouvre bien un esprit ;
Dés que j'en eus tâté, je le sçus bien connoître ;
Aussi je m'en donnois...

LAURETTE.
Voici ton jeune Maître.

CHAMPAGNE.
Qu'ai-je dit ? son amour le ramene en ces lieux,

LAURETTE.
Le trouble de son cœur paroît jusqu'en ses yeux.

SCENE III.

ACANTE, CHAMPAGNE, LAURETTE.

LAURETTE.

Sçavez-vous les ennuis où Madame est plongée Monsieur ?

ACANTE.
On m'a tout dit.
LAURETTE.
Elle est bien affligée.
ACANTE.
Mais ne la voit-on pas ?
LAURETTE.
Vous êtes des amis,
Et je croi que pour vous, Monsieur, tout est permis,
Vous la consolerez.
ACANTE.
Sa Fille est avec elle ?
LAURETTE
Non, non, ne craignez point d'y trouver Isabelle ;
De son défunt Mari c'est un vivant portrait,
Qui renouvelle trop la perte qu'elle fait :
Madame en la voiant, d'ennuis est trop outrée,
Seule en son Cabinet elle s'est retirée.
ACANTE.
Puis qu'elle est seule, il faut la laisser...
LAURETTE.
Nullement.
ACANTE.

COMEDIE.
ACANTE.
Je l'incommoderois, Laurette, assurément.
LAURETTE.
Hé, Monsieur ! croiez-moi, parlez-nous sans finesse,
Vous cherchez Isabelle, & non pas ma maîtresse ;
Avoüez sans façon ce qu'aisément je voi.
ACANTE.
Ah ! si je l'avoüois, que dirois-tu de moi ?
LAURETTE.
Moi ! qu'aurois-je à vous dire ? Il ne m'importe guere ;
Chacun peut en ce monde aimer à sa maniere,
Et je n'ai pas dessein par mes raisonnemens
De vouloir réformer les erreurs des amans.
ACANTE.
Sont-ce là les conseils que Laurette me donne ?
LAURETTE.
Je ne me mêle plus de conseiller personne ;
Les plus sages conseils, les meilleures leçons,
A gens bien amoureux, Monsieur, sont des chansons.
CHAMPAGNE.
Si vous saviez quel est votre Rival indigne.
ACANTE.
Qui seroit-ce ? dy donc ?
CHAMPAGNE.
Laurette me fait signe.
LAURETTE.
Il parle sans sçavoir.
CHAMPAGNE.
Je sçai tout, & fort bien,
Mais elle ne veut pas que je vous dise rien.
ACANTE.
Souffre au moins qu'il acheve.
LAURETTE.
Hé, Monsieur ! il se raille.
ACANTE.
Tu lui fais signe encor.

Tome III.   I

LAURETTE.
Qui moi ? c'est que je baaille.
CHAMPAGNE.
Pourquoi ne veux-tu pas me laisser découvrir
Ce qui pourroit aider Monsieur à se guerir ?
N'aura-t-il pas sujet de haïr Isabelle,
S'il sçait que le Marquis tient sa place auprés d'elle ?
ACANTE.
C'est mon Cousin, dis-tu ?
LAURETTE.
Que sçait-il ce qu'il dit ?
Il s'est mis malgré moi cette erreur dans l'esprit ;
Croiez sur mon honneur....
CHAMPAGNE.
Penses-tu qu'on te croie ?
Et certain billet doux qu'au Marquis elle envoie,
Que tu portes toi-même, est-ce erreur que cela ?
LAURETTE.
J'aurois pour le Marquis un billet ?
CHAMPAGNE, *tirant le billet du sein de Laurette.*
Le voilà.
ACANTE, *arrachant le billet des mains de Champagne.*
Donne.
LAURETTE.
Hé ! que voulez-vous.
CHAMPAGNE *à Laurette.*
Il ne veut que le lire,
Laisse faire Monsieur.
LAURETTE.
Comment....
CHAMPAGNE.
Laissez-la dire.
ACANTE.
Laurette à mon Rival porte donc ce poulet ?
LAURETTE.
Tu me trahis ainsi ?

COMEDIE.

CHAMPAGNE.
Le grand tort qu'on te fait !
LAURETTE.
Ne croiez pas, Monsieur, que jamais je permette....
CHAMPAGNE.
Hé pour l'amour de moi, si tu m'aimes, Laurette....
Elle consent, Monsieur, puis qu'elle ne dit rien.
LAURETTE.
Je ne suis que trop sotte, & tu le sçais trop bien.
CHAMPAGNE.
Oui, tu m'aimes beaucoup, je n'en suis point en doute :
Aussi de mon côté.... mais il va lire écoute.

ACANTE *lit.*
Je voudrois vous parler, & nous voir seuls tous deux ;
Je ne conçoi pas bien pourquoi je le desire ;
Je ne sçai ce qui je vous veux,
Mais n'auriez-vous rien à me dire ?

ACANTE *continuë.*
Hé ! c'est pour le Marquis ?
CHAMPAGNE.
Hé bien, qu'en dites-vous, Monsieur ?
ACANTE.
Pour le Marquis ?
CHAMPAGNE.
Le stile est assez doux.
Vous ne nous dites rien.
LAURETTE.
Hé que veux-tu qu'il die,
Il est tout interdit de cette perfidie.
ACANTE.
L'ingrate ! ah ! si jamais cette fille sans foi,
Pouvoit écrire ainsi, devoit-ce être qu'à moi ?
Encor si mon Rival avoit quelque mérite !
Mais que pour le Marquis Isabelle me quitte,
Que son esprit volage ébloui d'un faux jour,
S'égare jusqu'au choix d'un si honteux amour....

LAURETTE.
D'ordinaire en amour, Monsieur, l'esprit s'égare,
Et le goût d'une Fille est quelquefois bizarre :
Souvent le vrai merite, avec tous ses appas,
Lui plaît moins que l'éclat, le faste, & le fracas ;
Un Marquisat enfin est un charme admirable.

ACANTE.
Mais tout son Marquisat n'est qu'une vaine fable,
Un faux titre.

LAURETTE.
   Il n'importe, ou vrai Marquis, ou non,
S'il épouse Isabelle, elle aura ce grand nom,
Un grand train, & sur tout, comme c'est la coutu-
 me,
Un Page à lui porter la queuë en grand volume.

ACANTE.
Ah! si je ne me vange, & si j'épargne rien...

LAURETTE.
Tâchez d'aimer ailleurs, c'en est le vrai moien.

ACANTE.
C'est bien aussi, Laurette, à quoi je me prépare,
Et je veux faire choix d'une beauté si rare...

LAURETTE.
Ce n'est pas là de vous ce que l'on craint le plus,
Et si j'osois vous dire un secret là-dessus...

ACANTE.
Espere tout de moi, prend pitié de mon trouble.

CHAMPAGNE.
Monsieur est liberal, mais il n'a pas le double ;
Peut-être quelque jour que son Pere mourra.

LAURETTE.
Peut-être que son Pere aussi l'enterrera ;
Je ne fai pas grand fonds sur la foi d'un peut-être,
Mais pour l'amour de toi je veux servir ton Maître.
Je connois Isabelle, & jusqu'au fonds du cœur ;
La crainte d'un Beaupere est sa mortelle peur.
Et le plus grand dépit que vous lui pourriez faire,
Seroit de témoigner d'en vouloir à sa Mere ;

Si rien peut la piquer, ce doit être cela.
ACANTE.
Mais pourrois-je esperer qu'elle revint par là ?
LAURETTE.
Peut-être. Le dépit fait quelquefois miracle ;
Du moins à son amour vous pourriés mettre obstacle,
Et comme son Beaupere, il dépendroit de vous
D'empêcher le Marquis de se voir son époux.
ACANTE.
Il n'est, pour l'empêcher, effort que je ne tente,
Et je vai de ce pas...
LAURETTE.
Où ?
ACANTE.
Voir cette inconstante,
Lui dire que sa Mere a pour moi tant d'appas...
LAURETTE.
Ah ! si vous m'en croyiés, vous ne la verriés pas.
ACANTE.
Pourquoi.
LAURETTE.
Pour vous encor j'apprehende sa vuë.
ACANTE.
Ne crains rien de mon ame, elle est trop résolue,
Tout mon amour est mort, je t'en répondrai bien.
LAURETTE.
En fait d'amour, Monsieur, ne répondons de rien.
ACANTE.
Aprés sa trahison, quelque soin que j'emploie,
Tu peux douter... Non, non, il faut que je la voie,
Ne fût-ce seulement que pour te faire voir
Que l'Ingrate sur moi n'a plus aucun pouvoir.
LAURETTE.
Mais l'incivilité, Monsieur, seroit extrême,
De vouloir l'outrager jusqu'en sa chambre mê
Aussi-bien vous pourriés le vouloir vainemen
Elle n'y sera pas pour vous assurément.

ACANTE.
La perfide !
LAURETTE.
Attendez, j'espere agir de sorte,
Que sans aucun soupçon je ferai qu'elle sorte.
ACANTE.
Va donc.
LAURETTE.
Et son billet, ne le rendez-vous pas ?
ACANTE.
Oui, je te le rendrai dés que tu reviendras ;
Je le veux lire encor.
CHAMPAGNE.
Va.
LAURETTE.
Tu vois à ma honte,
Ce que je fais pour toi.
CHAMPAGNE.
Laurette r'entre.
Va, je t'en tiendrai conte,
Sans vanité, Monsieur, nous avons réussi,
Vous voilà par mes soins assez bien éclairci.
ACANTE.
Ah ! que trop bien, c'est-là ce qui me desespere;
LAURETTE *revenant.*
Je viens vous avertir que voici votre Pere,
ACANTE.
Mon Pere !
LAURETTE.
Il vient ici je croi dix fois par jour,
Il vous a défendu l'entretien d'Isabelle,
Et vous feroit beau bruit, vous trouvant avec elle.
Sans doute en lui parlant, il vous eut rencontré.
ACANTE.
Mais s'il pouvoit passer par le petit degré ...
LAURETTE.
Ne faites point, Monsieur, là-dessus votre conte,
C'est par cet escalier que d'ordinaire il monte,

Il le trouve commode, & l'autre lui déplaît.
ACANTE.
Au moins, dis à l'ingrate.... O Ciel ! elle paroît.
LAURETTE.
Songez à votre Pere, il monte.
ACANTE.
Qu'elle est belle !
LAURETTE.
C'est dommage, il est vrai, qu'elle soit infidelle :
Mais qu'attendez-vous tant ? Qu'on vous vienne gronder ?
ACANTE.
Sortons.
LAURETTE.
Et le billet, voulez-vous le garder ?
ACANTE.
Le voilà ce billet.
LAURETTE.
Cachez bien vos foiblesses,
On vous observe, au moins.
ACANTE, *déchirant le billet.*
Tien.
LAURETTE.
Fort bien, en vingt pieces,

SCENE IV.

ISABELLE, LAURETTE.

ISABELLE.

L'Ingrat déchire ainsi mon billet à mes yeux !
LAURETTE.
Vous voiez.
ISABELLE.
Est-il rien de plus injurieux !
Qu'ainsi de ma foiblesse il triomphe à ma vuë !
LAURETTE.
Que vous avois-je dit ?
ISABELLE.
Ah pourquoi m'as-tu crû ?
Pourquoi lui rendois-tu ce billet trop honteux ?
LAURETTE.
Pourquoi ? vous le vouliez.
ISABELLE.
Sçai-je ce que je veux ?
Toi, qui voiois la honte où s'exposoit ma flame,
Que ne trahissois-tu le foible de mon ame ?
Faloit-il, pour en croire un lâche emportement,
Abandonner mon cœur à son aveuglement ?
Et ne devois-tu pas, avec un zele extrême,
Prendre soin de ma gloire en dépit de moi-même ?
LAURETTE.
Le remede est facile, après tout.
ISABELLE.
Hé ! comment ?

LAURETTE.
D'un billet sans adresse on se sauve aisément :
Dites pour réparer & ma faute, & la vôtre,
Que vous aviez écrit ce billet à quelqu'autre.
ISABELLE.
Mais à qui donc ?
LAURETTE.
A qui ? n'importe.
ISABELLE.
A ton avis ?
Dis.
LAURETTE.
Au premier venu, par exemple, au Marquis.
ISABELLE.
A tes soins desormais, mon ame s'abandonne :
Mais quelqu'un vient ici, je ne puis voir personne.

SCENE V.

CREMANTE, LAURETTE.

CREMANTE, *courant après Isabelle.*

EH ! notre bel enfant !
LAURETTE, *arrêtant Cremante.*
Ah ! Monsieur, laissez-la,
La pauvre fille est mal.
CREMANTE.
Quel mal est-ce qu'elle a ?
LAURETTE.
Le plus grand mal de cœur qu'elle ait eu de sa vie :
Entre nous, tout répond, Monsieur, à notre envie.

La Mere Coquette,

CREMANTE.

As-tu des deux amans augmenté le soupçon.

LAURETTE.

Je viens de leur joüer un tour de ma façon :
Mais pour les broüiller mieux, je veux encor plus faire,
Le Marquis pour cela nous seroit necessaire.

CREMANTE.

Je n'ai qu'à le mander, mais viendrons-nous à bout....

LAURETTE.

Allons trouver Madame, & je vous dirai tout.

Fin du troisiéme Acte.

ACTE IV.

SCENE PREMIERE.

CHAMPAGNE, LAURETTE.

CHAMPAGNE.

Jusques-là du Marquis Isabelle est éprise ?
Je ne l'aurois pas crû ; j'avoüerai ma surprise ;
Tu dis que dans sa chambre, & sans témoins ce soir,
Ce Galant a reçu rendez-vous pour la voir ?

LAURETTE.

Au moins n'en dis rien.

CHAMPAGNE.

Moi ! tu me sçai mal connoître:
Je meurs, si jamais j'en dy rien qu'à mon maître.

LAURETTE.

C'est lui qui le dernier en doit être éclairci :
Je suis bien simp'e encor de tout dire ainsi.

CHAMPAGNE.

Hé ! ne te fâche pas.

LAURETTE.

Ton babil est terrible,
Ne di donc rien.

CHAMPAGNE.
Bien, va, j'y ferai mon possible.

LAURETTE.
A propos, dis-moi donc quand viendra ton vieillard.

CHAMPAGNE.
Il viendra, sans manquer, dans une heure au plus
    tard :
Mais voici le Marquis, adieu, je me retire.

SCENE II.
LE MARQUIS, LAURETTE.

LAURETTE.
Vous riez ?
LE MARQUIS.
Là-dedans on vient de me tout dire ;
Je ris de ton adresse, & du tour du billet.

LAURETTE.
Chacun n'en a pas ry.

LE MARQUIS.
Morbleu, que c'est bien fait !
Sur-tout, pour mon Cousin ma joie en est extrême.

LAURETTE.
Isabelle est encor si foible, qu'elle l'aime ;
Mais j'ai tout de nouveau si bien sçu l'ébloüir,
Que cet excés d'amour ne sert qu'à la trahir,
Au lieu qu'à son déçû j'ai cru vous introduire ;
Elle y consent.

COMEDIE.
LE MARQUIS.
Comment ?
LAURETTE.
Je vas vous en instruire :
J'ai voulu la revoir pour sonder son courroux ;
J'ai feint que vous aviez querelle Acaste & vous,
Que vous deviez vous battre, & dés ce soir peut-
   être,
Que ce combat pourroit la venger de son traître,
Qu'elle en devoit attendre, ou sa fuite, ou sa mort,
Je l'ai vuë à ces mots interdite d'abord ;
Son ame où la tendresse est soudain revenuë,
De son nouveau dépit ne s'est plus souvenuë,
Et quoi que la vengeance ait pû lui conseiller,
L'amour, qui sembloit mort, n'a fait que s'éveiller.
La voiant à ce point de ce combat émuë,
J'ai voulu profiter du trouble où je l'ai vuë,
J'ai ménagé sa peur.
LE MARQUIS.
Fort bien, mais aprés tout,
A quoi bon ce combat ?
LAURETTE.
Ecoutez jusqu'au bout.
J'ai dit qu'un sûr moien d'accorder la querelle,
Ce seroit d'essaier de vous mener chez elle,
Afin qu'elle vous pût amuser quelque temps
Pour me donner loisir d'avertir vos parens,
Dans le paneau d'abord elle a donné sans peine ;
Ainsi de son aveu chez elle je vous méne ;
De savoir nos desseins ne faites pas semblant.
LE MARQUIS.
Non, non, tu m'introduis à titre de Galant ;
C'est un pur rendez-vous qu'Isabelle me donne,
Et j'aurois bien regret d'en détromper personne.
LAURETTE
C'est à votre Cousin sur tout qu'il faut songer.
LE MARQUIS.
Que j'aurai de plaisir à le faire enrager !

La Mere Coquette,
LAURETTE.
Mais....
LE MARQUIS.
Mon Pere est long-temps.
LAURETTE.
Pour l'aigrir davantage.
LE MARQUIS.
Mon Page....
LAURETTE.
Hé ! je sai bien que vous avez un Page.
LE MARQUIS.
Le voici ; ce fripon s'arrête à chaque pas.

SCENE III.

LE PAGE, LE MARQUIS, LAURETTE.

LE MARQUIS, *prenant un manteau gris des mains de son Page.*

Donnez, Page ?
LE PAGE.
Monsieur.
LE MARQUIS.
Ma Caleche est là-bas ?
LE PAGE.
Oui, Monsieur.
LE MARQUIS.
Ecoutez, La nuit étant venuë,
Qu'on la tienne à l'écart vers le bout de la ruë ;

COMEDIE.

Et de dire où je suis qu'on sache se garder.
Page ?

LE PAGE.
Monsieur.

LE MARQUIS.
En cas qu'on me vint demander,
Qu'on dise, & que sur tout mon Suisse s'en souvienne,
Qu'on ne croit pas ce soir que chez moi je revienne,
Que j'ai dit que j'irois coucher peut-être ailleurs ;
Et si l'on demande où, dites chez es Baigneurs.
Page ? & cela d'un ton….. Vous m'entendez bien,
  Page ?
Non, il suffit, allez.

LAURETTE.
Quel est cet équipage ?
Pourquoi s'enveloper de ce grand manteau gris ?

LE MARQUIS.
Ah ! si de ce manteau tu sçavois tout le prix….

LAURETTE.
Quel prix ?

LE MARQUIS.
C'est, quoi que simple & d'étoffe commune,
Un manteau de mystere & de bonne fortune ;
Manteau, pour un Galant utile en cent façons ;
Manteau, propre sur tout à donner des soupçons,
Et c'est assez qu'Acante en cet état me voie,
Pour lui persuader tout ce qu'on veut qu'il croie ;
Mais par quelque artifice, il seroit donc besoin
De l'attirer ici.

LAURETTE.
Champagne en prendra soin,
C'est un Valet zelé, mais à tromper facile.
Et duppe d'autant plus, qu'il se tient fort habile,
Et qui croit m'attraper lors même qu'il me sert,
Bien mieux que s'il étoit avec moi de concert :
Son foible est de l'humeur dont je l'ai sçu connoî-
  tre,
De se faire de feste en faveur de son maître ;

Il cherche à lui conter toujours quelque secret,
Et le trahit souvent par un zele indiscret ;
Il prétend qu'il n'est rien que je ne lui confie,
Et j'ai pris soin qu'il sçût ce que je veux qu'il die ;
J'ai feint de craindre fort que son maître en sçut rien,
Exprés.... Voiez Monsieur si je le connois bien.
LE MARQUIS.
Entrons, l'occasion ne peut être meilleure.

Ils entrent dans la Chambre d'Isabelle.

SCENE IV.

ACANTE, CHAMPAGNE.

CHAMPAGNE.

C'est lui, nous arrivons, Monsieur, à la bonne heure,
ACANTE.
Ah ! c'est trop, je veux....
CHAMPAGNE.
Monsieur, que voulez-vous ?
ACANTE.
Je ne veux croire ici que mes transports jaloux.
CHAMPAGNE.
Mais, Monsieur.
ACANTE.
Laisse-moi si tu crains ma colere.
Ils ont fermé la porte.
CHAMPAGNE.
Ils ont peut-être affaire ?
Les mysteres d'amour doivent être cachez.
ACANTE.
Heurtons ; on n'ouvre pas ?

COMEDIE.
CHAMPAGNE.
C'est qu'ils sont empêchez.
Voiez par le trou. Bon.
ACANTE *aprés avoir regardé par le trou de la serrure.*
Qu'elle ait si peu de honte !
CHAMPAGNE.
Vous n'avez donc rien vû qui vous plaise à ce conte.
ACANTE.
Qui l'eût pensé ?
CHAMPAGNE.
Quoi donc ? qui peut tant vous troubler ?
ACANTE.
L'ingrate ! ô Ciel ! j'ai vû.... Je ne saurois parler.
CHAMPAGNE.
Vous avez donc, Monsieur, vû chose bien terrible ?
ACANTE.
Je l'ai vûë elle-même, ah ! qui l'eût crû possible ?
Enfermer le Galant d'un air tout interdit.
CHAMPAGNE.
Où ?
ACANTE.
Dans son cabinet, à côté de son lit.
CHAMPAGNE.
Voiez-vous la rusée avec son innocence !
Diable !
ACANTE.
Il faut redoubler.
CHAMPAGNE.
Un peu de patience,
On vient.

SCENE V.

LAURETTE, ACANTE, CHAMPAGNE.

LAURETTE.

Qui heurte ici ?
CHAMPAGNE.
Ne vois-tu pas qui c'est ?
ACANTE.
Oui, c'est moi.
LAURETTE.
Vous, Monsieur, excusez, s'il vous plaît,
J'ai charge, si c'est vous, de refermer la porte.
ACANTE.
Isabelle ose ainsi... Mais à tort je m'emporte,
Non, non, elle a raison de me traiter ainsi ;
Je l'incommoderois, le Galant aussi.
LAURETTE.
Quel Galant ?
ACANTE.
Le Galant qu'elle enferme chez elle.

LAURETTE.
Voici de notre ami quelque piece nouvelle.

CHAMPAGNE.
Je n'ai pû m'en tenir, j'ai tout dit ; Que veux-tu ?
J'aurois trahi Monsieur, s'il n'en avoit rien sçu.

LAURETTE.
Qu'auroit-il pû savoir de ton babil extrême ?

COMÉDIE.

CHAMPAGNE.

Eh...?

Quoi ?

LAURETTE.

ACANTE.

Le rendez-vous que j'ai sçu de toi-même.

LAURETTE.

Quel rendez-vous ? comment ? qu'oses-tu supposer ?

ACANTE.

Et tu prétens qu'ainsi je me laisse abuser ?
Tu veux chercher en vain une méchante ruse.

LAURETTE.

En bonne foi, Monsieur, c'est lui qui vous abuse.

CHAMPAGNE.

Tu me démentirois ?

LAURETTE.

Que ne parles-tu mieux
D'une fille d'honneur ?

CHAMPAGNE.

Démens aussi mes yeux.

LAURETTE.

Qu'auriez-vous vû, Monsieur ?

ACANTE.

J'ai trop vû par sa gloire,
J'ai vû.... Non, sans le voir, je ne l'aurois pû croire ;
J'ai vû le digne objet dont son cœur est épris,
Se couler doucement chez elle en manteau gris.
Je n'ai point vû Laurette en prendre la conduite ?
Le faire entrer sans bruit ? fermer la porte en suite ?
Avoir soin du Galant, & de sa sûreté ?
Enfin par la serrure, aprés avoir heurté,
Je n'ai point vû l'Ingrate avec un trouble extrê-
     me,
A côté de son lit l'enfermer elle-même ?
Ose, ose le nier.

CHAMPAGNE.

Que dis-tu de cela ?
Explique-nous un peu quelle affaire il a là.

Avec ton bel esprit tu ne sçai que répondre.
LAURETTE.
C'est.... J'ai.... Je....
CHAMPAGNE.
Tu ne fais, ma foi, que te confondre,
Croi moi, fai mieux, avouë.
ACANTE.
En cette occasion,
Faut-il quelque autre aveu que sa confusion ?
Son silence en dit plus qu'on n'en veut sçavoir
  d'elle,
Il faut que j'aille aussi confondre l'infidelle,
Que j'éclate....
LAURETTE.
Hé, Monsieur ! ne soiez pas si prompt ;
Quelle gloire aurez vous de lui faire un affront ?
De faire un tort mortel à l'honneur d'une fille ?
Si sage jusqu'ici, de si bonne famille ?
De plus, qui vous fut chere ? Enfin, songez-y bien,
Vous êtes honnête homme, & vous n'en ferez
  rien ;
Un mépris genereux, s'il vous étoit possible,
Seroit pour vous plus beau, pour elle plus sensible.
ACANTE.
La voici.

SCENE VI.

ISABELLE, ACANTE, LAURETTE, CHAMPAGNE.

LAURETTE à Isabelle.

C'Eſt Monſieur qui m'arrête en ces lieux.
ACANTE à Champagne.
Elle eſt toute interdite.
ISABELLE à Laurette.
Il paroît furieux.
LAURETTE à Isabelle.
Tandis que j'aurai ſoin d'amuſer ſa colere,
Vous ferez bien d'aller avertir votre mere.
ACANTE à Isabelle.
Quoi ! ſans rien dire ainſi, paſſer en m'évitant ?
LAURETTE.
Elle a hâte, Monſieur, & Madame l'attend.
ISABELLE.
Il vous importe peu qu'ainſi je me retire ;
Nous n'avons que je croi, Monſieur, rien à nous dire :
Vous ne me cherchez pas.
ACANTE.
Je ſerois mal reçu ;
Je cherche mon Couſin, ne l'auriez-vous point vu ?
LAURETTE.
Non, Monſieur, ſouffrez-vous qu'ainſi l'on vous amuſe ?
ACANTE.
Et quoi ! vous paroiſſez & ſurpriſe & confuſe ?
D'où naît cette rougeur.

ISABELLE.
C'est d'un juste courroux,
ACANTE.
Enfin donc mon Cousin n'est pas venu chez vous ?
ISABELLE.
Il y pouvoit venir, s'il vous eut plû permettre,
Que jusqu'entre ses mains on eut porté ma Lettre ;
Mais l'aiant déchirée, il n'en a rien appris.
ACANTE.
C'étoit pour mon Cousin ?
ISABELLE.
Vous en semblez surpris ;
Laurette n'a pas dû vous en faire un mystere.
LAURETTE.
Mon Dieu ! vous vous ferez crier par votre mere ;
D'un éclaircissement vous vous passerez bien.
ISABELLE.
C'est un soin en effet qui n'est plus bon à rien.
ACANTE, *arrêtant Isabelle.*
Auprés de votre mere, au moins sans trop d'audace,
Pourrois-je encor de vous esperer une grace ?
Votre mere étant veuve avec tant de beautez,
On va venir briguer son choix de tous côtez ;
Votre suffrage y peut être considerable,
Et j'ose vous prier qu'il me soit favorable.
Nul ne peut mieux que vous parler en ma faveur ;
Vous avez fait l'essai vous-même de mon cœur,
Vous savez comme il aime, il fut sous votre empire,
Vous savez ...
ISABELLE.
Oui, Monsieur, je sai ce qu'il faut dire.

COMEDIE.

SCENE VII.
ACANTE, LAURETTE, CHAMPAGNE.

CHAMPAGNE.

Elle est au desespoir, Laurette l'a bien dit,
Vous ne lui pouviez pas faire un plus grand dépit;
Elle sort toute outrée, & l'atteinte est cruelle.

ACANTÉ.
Cependant le Marquis est enfermé chez elle ?
LAURETTE.
Je prendrai soin, Monsieur, si-tôt qu'il sera nuit,
De le faire sortir sans scandale & sans bruit;
Fût-il déja bien loin; si l'on m'en avoit crue,
Isabelle en secret n'eût point souffert sa vuë,
N'eût jamais accordé ce rendez-vous maudit:
Enfin pour l'empêcher, Dieu sait ce que j'ai dit;
Mais elle m'a parlé d'une façon si tendre,
Que ma sotte bonté ne s'en est pu défendre:
Je suis trop complaisante, & je m'en veux du mal.

ACANTE.
Mais je veux voir sortir moi-même ce Rival.

LAURETTE.
Tout comme il vous plaira, j'y consens, mais de grace,
Que la chose entre vous avec douceur se passe;
Jugez ce qu'on croiroit, si vous faisiez éclat,
Le monde est si méchant, l'honneur si délicat;
De ce qui s'est passé, la moindre connoissance

Peut faire étrangement parler la médisance ;
Les méchans bruits, sur-tout, ont cela de mauvais,
Que les taches qu'ils font, ne s'effacent jamais,
Et si vous épousiez quelque jour Isabelle....

ACANTE.
Moi, l'épouser après ce que j'ai connu d'elle !
Après la trahison dont je suis éclairci !
Après l'indigne amour dont son cœur s'est noirci !
Je cherche à m'en venger, c'est tout ce que j'espere.

LAURETTE.
Si je puis vous servir pour épouser sa mere,
Je vous offre mes soins, & sans déguisement....

ACANTE.
Mais ne pourrois-je pas m'en venger autrement ?

LAURETTE.
Non, Monsieur, que je sache : Il est vrai, ma maîtresse
Tente moins que sa fille, & n'a pas sa jeunesse,
Son éclat, sa beauté : mais au lieu de cela,
Si vous saviez, Monsieur, les beaux Loüis qu'elle a,
Les écus d'or mignons, & le nombre innombrable
De grands sacs d'écus blancs.

CHAMPAGNE.
     Peste ! qu'elle est aimable !
Epousez-la, Monsieur, s'il se peut dés ce soir.

ACANTE.
Qu'Isabelle ait ainsi pû trahir mon espoir ?

CHAMPAGNE.
Moquez-vous d'Isabelle, & de son inconstance.

ACANTE.
Oüi.... Mais sa mere sort.

SCENE

SCENE VIII.

ISMENE, ACANTE, LAURETTE, CHAMPAGNE.

ISMENE.

CRaignez-vous ma presence ?
ACANTE.
La peur d'être importun me faisoit détourner.

ISMENE.
Vous ne sauriez, Monsieur, jamais importuner ;
Des soins de mes Amis je me tiens obligée ;
Mais on fuit volontiers une veuve affligée ;
Car puis qu'il plaît au Ciel, trop contraire à mes vœux,
Mon veuvage à present n'a plus rien de douteux,
LAURETTE.
Monsieur sait tout, Madame, & cherit la famille,
Il a fait compliment pour vous à votre Fille :
Vous l'a-t-elle pas dit ;
ISMENE.
Quel esprit déloial !
Ma Fille, de Monsieur, ne m'a dit que du mal,
Je n'ai jamais tant vû de colere & de haine,
Et ne l'ai même enfin fait taire qu'avec peine.
ACANTE.
Elle me fait plaisir : injuste comme elle est,
Sa colere m'oblige, & sa haine me plaît,
Je me tiens honoré du mépris qu'elle exprime.
Et j'aurois à rougir, si j'avois son estime.

ISMENE.

J'ai regret de vous voir tous deux si des-unis,
Je vous aimai toujours autant & plus qu'un Fils;
Le Ciel m'en est témoin, & que votre alliance
A fait jusques ici ma plus chere esperance.

LAURETTE.

Si ces nœuds sont rompus, il en est de plus doux
Qui pourroient renouer l'alliance entre vous:
Monsieur peut rencontrer dans la même famille
Dequoi se consoler des mépris de la Fille;
Et Madame voiant Monsieur mal satisfait,
Peut réparer le tort que sa Fille lui fait:
Vous êtes en état tous deux de mariage.

ISMENE.

Laurette, en verité, vous n'êtes guere sage.

LAURETTE.

Sage, ou non; croiez-moi tous deux à cela prés;
Pour Monsieur, j'en répons, je sai ses vœux secrets.
Il souhaite ardemment une union si belle.
C'est vous qu'il veut aimer, c'est vous...

ACANTE.

Ah! l'infidelle!

ISMENE.

Monsieur songe à ma Fille, & n'y renonce pas.

ACANTE.

Moi, Madame, y songer! j'aurois le cœur si bas!
De cette lâcheté vous me croiriez capable?

LAURETTE.

Non, c'est lui faire tort, cela n'est pas croiable;
Quoi que lui fasse dire un transport de courroux,
Monsieur assurément ne veut songer qu'à vous.

ACANTE.

Madame, il est certain, jamais, je le confesse.
L'Amour n'a fait aimer avec tant de tendresse,
N'a jamais inspiré dans le cœur d'un Amant
Rien qui fût comparable à mon empressement,
Rien d'égal à l'ardeur pure, vive, fidelle,
Dont mon ame charmée adoroit Isabelle.

Vous voiez cependant comme j'en suis traité.

ISMENE.

La Jeunesse, Monsieur, n'est que legereté ;
Au sortir de l'enfance une ame est peu capable
De la solidité d'un amour raisonnable,
Un cœur n'est pas encor assez fait à seize ans,
Et le grand art d'aimer veut un peu plus de temps ;
C'est après les erreurs où la Jeunesse engage,
Lors qu'on est de retour des vains amusemens
Qui détournent l'esprit des vrais attachemens ;
C'est alors qu'on peut faire un choix en assurance,
Et c'est-là proprement l'âge de la constance ;
Un esprit jusques là n'est pas bien arrêté,
Et les cœurs pour aimer ont leur maturité.

ACANTE.

Mais, Madame, après tout, qui l'eût cru d'Isabelle ?
Isabelle inconstante ! Isabelle infidelle !
Isabelle perfide, & sans se soucier...

ISMENE.

Quoi ! toujours Isabelle !

ACANTE.

Ah ! c'est pour l'oublier,
Et je veux, s'il se peut, dans mon dépit extrême,
Arracher de mon cœur jusques à son nom même ;
Je veux n'y laisser rien de ce qui me fut doux :
Grace au Ciel, c'en est fait.

LAURETTE.

C'est fort bien fait à vous.

ACANTE.

J'en fai Juge, Madame, & veux bien qu'elle die
S'il est rien de si noir que cette perfidie :
Après tant de sermens, & si tendrement faits,
De nous aimer toujours, de ne changer jamais,
Isabelle aujourd'hui cette même Isabelle...
Madame, obligés-moi, ne me parlez plus d'elle.

K 2

ISMENE.

C'est vous qui m'en parlez.

ACANTE.

Ce sont tous ces endroits,
Où l'Ingrate a promis de m'aimer tant de fois ;
Ces lieux témoins des nœuds dans son cœur se dé-
    gage,
De qui l'objet encor m'en rappelle l'image ;
Et pour marquer l'ardeur que j'ai d'y renoncer,
Je ne veux plus rien voir qui m'y fasse penser.
Tout me parle ici d'elle, il vaut mieux que je sorte.

LAURETTE, *arrêtant Acante qui veut passer par la Chambre d'Ismene.*

Par où donc allez-vous ?

ACANTE.

Je ne sai, mais n'importe,
Par le petit degré l'on descend aussi-bien.

ISMENE.

Ma Fille est là-dedans.

ACANTE.

Ah ! je m'en ressouviens,
Il n'est pas en effet à propos que j'y passe ;
Sans vous je l'oubliois, & vous m'avez fait grace.

COMÉDIE.

SCENE IX.

ISMENE, LAURETTE.

ISMENE.

Fai sortir le Marquis.
LAURETTE.
Vous du même moment,
Tâchez de profiter d'un premier mouvement,
Pour le Pere d'Acante engagez Isabelle.
ISMENE.
J'y vas, je l'ai laissé dans ma Chambre avec elle:
Mais tu m'avois parlé d'un Vieillard...
LAURETTE.
Je l'attens.
Et vous verrez bientôt tous vos desirs contens.
ISMENE.
Helas !
LAURETTE.
Comment helas ! pour vous rendre contente.
Que vous faut-il de plus, que d'épouser Acante ?
ISMENE.
Qu'il m'aimât, que ma Fille eût pour lui moins d'at-
    traits:
Tu vois...
LAURETTE.
Prenez-vous garde à cela de si prés ?
Epousez-le toujours
ISMENE.
Quoi ! qu'un cœur m'appartienne?
Qu'il faille que ma Fille à ma honte retienne !
Crois-tu qu'il soit au monde un plus grand desespoir ?

LAURETTE.
Rien n'est encore fait, & c'est à vous à voir :
Si vous voulez tout rompre, un mot pourra suffire,
Vous n'avez...
ISMENE.
Ce n'est pas ce que je te veux dire.
Acante, tel qu'il est, n'est pas à negliger ;
Et quand ce ne seroit qu'afin de me venger,
Que pour punir ma Fille, épousant ce qu'elle aime,
Cet Hymen m'est toujours d'une importance extrême,
LAURETTE.
Tâchons donc d'achever, tout commence assez bien,
ISMENE.
Agi de ton côté, je vas agir du mien.

Fin du quatrième Acte.

ACTE V

SCENE PREMIERE.

LE MARQUIS, CHAMPAGNE, LAURETTE.

LAURETTE, *voyant Champagne au guet qui se retire dès qu'il apperçoit le Marquis.*

L'Avez-vous vu Monsieur ?
LE MARQUIS.
Quoi ! qu'as-tu vu paroître ?
LAURETTE.
L'ami Champagne au guet pour avertir son Maî-
 tre ;
Il veut vous voir sortir, souvenez-vous donc bien,
S'il vient à vous parler...
LE MARQUIS.
Va, je n'oublirai rien :
Jamais Homme à la Cour, sans trop m'en faire ac-
 croire,
N'a sçu si bien que moi tourner tout à sa gloire,
De rien faire mystere, & de peu fort grand cas,
Et triompher enfin des faveurs qu'il n'a pas.
Si je parle au Cousin, croi qu'il n'est peine égale

Aux Couleuvres, morbleu, que je veux qu'il avale:
C'est ma felicité de faire des jaloux;
Je tiens que dans la vie il n'est rien de si doux;
Le triomphe, à mon gré, vaut mieux que la victoire,
Et l'on n'a de bonheur qu'autant qu'on en fait croire,
Le Cousin passera mal le temps avec moi.
LAURETTE.
J'entens quelqu'un, adieu.

━━━━━━━━━━━━━━━━━━━━━━━━━━

SCENE II.

ACANTE, CHAMPAGNE, LE MARQUIS.

ACANTE, *empêchant Champagne de s'avancer.*

Laisse-nous, je le voi,

Au Marquis, en lui ôtant son manteau.

Non, non, ne croiez pas m'échaper de la sorte.
LE MARQUIS.
C'est moi, Cousin, permets de grace que je sorte,
Pour n'être point connu, j'ai certains interêts...
ACANTE.
Ecoutez quatre mots, vous sortirez aprés.
LE MARQUIS.
Je voi bien que tu veux me parler de ton Pere,
Mon soin est inutile, il est toujours severe,
J'ai prié de mon mieux en vain en ta faveur,
Je ne sai ce qui peut endurcir tant son cœur.
Je n'ai pu l'émouvoir, il n'est rien qui le touche.
ACANTE.
Mais le cœur d'Isabelle est-il aussi farouche?

COMEDIE.

LE MARQUIS.
Comment ?

ACANTE.
Vous l'ignorez ?

LE MARQUIS.
Qu'entens-tu donc par là ?

ACANTE.
Vos nouvelles amours.

LE MARQUIS.
Cousin, laissons cela :
Là-dessus en ami tout ce que je puis faire
De mieux pour ton repos, croi-moi, c'est de me taire.

ACANTE.
Ne me déguisez rien, j'ai tout appris d'ailleurs.

LE MARQUIS.
N'importe, je craindrois d'irriter tes douleurs,
Je voi trop quel chagrin en secret te dévore ;
Adieu, dispense-moi de t'affliger encore.

ACANTE.
Non, je puis sans chagrin savoir votre bonheur,
Isabelle à present ne me tient plus au cœur ;
Je voi son changement avec indifference,
Et vous m'en pouvez faire confidence ;
Je me sens bien guéri, ne craignez rien pour moi.

LE MARQUIS.
Tout de bon ?

ACANTE.
Tout de bon.

LE MARQUIS.
Tu fais fort bien, ma foi :
Méprifer le mépris, rendre haine pour haine,
Est le parti qu'il faut qu'un honnête homme prenne :
Isabelle, aprés tout, n'a rien fait d'étonnant,
Tu lui plûs autrefois, je lui plais maintenant.
Durant quatre ou cinq ans son cœur fut ta conquête,
Du sexe dont elle est, le terme est bien honnête,

Tu ne dois pas t'en plaindre, & je la quite à moins.
ACANTE
Avez-vous pour lui plaire, emploié bien des soins ?
LE MARQUIS.
Moi ! des soins pour lui plaire ! un tel soupçon m'of-
fense,
Mes soins sont pour des choix de plus grande impor-
tance ;
A moins d'être Duchesse, on ne peut m'engager,
Et le cœur que tu perds me vient sans y songer.
ACANTE.
Vous voiez toutefois en secret Isabelle ?
LE MARQUIS.
Elle m'en a prié, je n'ai pû moins pour elle ;
On doit être civil, si l'on n'est pas amant ;
Peut-on en galant homme en user autrement ?
ACANTE
Mais enfin dans l'ardeur dont elle est possedée,
Quelle marque d'amour vous a-t-elle accordée ?
Comment en use-t-elle avec vous en secret ?
LE MARQUIS.
Tu peux croire….
ACANTE.
Hem.
LE MARQUIS.
Cousin, il faut être diseret ;
Tu t'émûs, parle-moi franchement, je te prie,
Tout ce que j'en ai fait n'est que galanterie.
Je suis trop ton ami pour te rien refuser,
Et si le cœur t'en dit, tu la peux épouser.
ACANTE.
C'est pour moi trop d'honneur, & je cede la place :
Mais pourrois-je de vous attendre une autre grace ?
LE MARQUIS.
Parle, je suis à toi ; mais, morbleu, tout de bon.
ACANTE.
Faloit-il pour cela m'arracher ce bouton ?

COMEDIE.

LE MARQUIS.
C'eſt pour mieux t'exprimer, Couſin, de quel cou-
    rage.

ACANTE.
Au moins, je ne puis pas reculer davantage.

LE MARQUIS.
Là, reprens du terrain.

ACANTE.
                Pourroit-on ſeul vous voir
En quelque endroit, demain...

LE MARQUIS.
        Si tu veux dés ce ſoir.
Pourquoi?

ACANTE.
Vous n'avez là qu'un couteau, que je penſe?

LE MARQUIS.
Non.

ACANTE.
    Prenez une épée & bonne, & de défenſe.

LE MARQUIS.
As-tu quelque querelle?

ACANTE.
            Oui, qu'il faudra vuider.

LE MARQUIS.
Mais eſt-ce un different qu'on ne puiſſe accorder?

ACANTE.
Non, il n'eſt point d'accord pour de pareils outrages.

LE MARQUIS.
Apprens-moi donc, au moins, contre qui tu m'engages.

ACANTE.
Vous n'avez pas compris à quoi je me reſous.
Je veux me battre ſeul.

LE MARQUIS.
        Fort bien.

ACANTE.
            Mais contre vous.

LE MARQUIS.
Pour moi, je ne me bats qu'en rencontre imprévuë,

ACANTE.

Hé bien, soit, descendons à l'instant dans la ruë.

LE MARQUIS.

Mais quel tort t'ai-je fait ? examinons en quoi:
Si ta Maîtresse m'aime, est-ce ma faute à moi ?
Un Homme recherché peut-il de bonne grace...

ACANTE.

Quoi qu'il en soit, il faut que je me satisface ;
Nous nous battrons là-bas, si vous avez du cœur.

LE MARQUIS.

Quoi qu'il en soit, Cousin, je suis ton serviteur,
Je n'ai point prétendu te faire aucune injure,
Et ne me battrai point contre toi, je te jure.

ACANTE.

L'honneur vous touche ainsi ?

LE MARQUIS.

Pour être décrié.
Mon honneur dans le monde est sur un trop bon
    pied,
Et j'ai fait assez voir de marques de courage,
Pour n'avoir pas besoin d'en donner davantage.

ACANTE.

Si vous ne me suivez...

LE MARQUIS.

Cousin, en verité,
Tu pourrois voir enfin rabattre ta fierté.

ACANTE.

Venez, ou je vous tiens pour le dernier des Hommes.

LE MARQUIS.

Ah ! si nous n'étions pas Cousins comme nous sommes !

ACANTE.

Ah ! si vous étiez brave !

LE MARQUIS.

Encor un coup Cousin,
Quand on me presse trop, je m'échauffe à la fin ;
Si tu me fais mettre une fois en furie,

J'irai, vois-tu, j'irai...
ACANTE.
Venez donc, je vous prie.
LE MARQUIS.
Hé bien donc, puis qu'ainsi tu me pousses à bout,
J'irai trouver ton Pere, & je lui dirai tout;
Il est ici.
ACANTE *mettant l'épée à la main.*
Je cede enfin à ma colere.
LE MARQUIS.
Hé, Cousin.
ACANTE.
Défend toi, quelqu'un sort, c'est mon Pere.

SCENE III.

CREMANTE, LE MARQUIS ACANTE.

LE MARQUIS, *tirant l'épée.*

Maintenant...
CREMANTE.
Qu'est-ce ici? Quel desordre nouveau!
Une Brette à la main contre un petit Couteau!
Lâche! attaquer Monsieur avec cet avantage!
LE MARQUIS.
On ne prend garde à rien, quand on a du courage.
ACANTE.
Vous témoignez, sans doute, un courage fort grand.
CREMANTE.
Taisez-vous. Mais, Monsieur, quel est ce different?

LE MARQUIS.

Pour Isabelle encor, il s'émeut, il s'emporte.

CREMANTE.

Pour Isabelle! Il suit mes ordres de la sorte.

LE MARQUIS.

S'il n'avoit point été mon Cousin, votre Fils,

CREMANTE.

Vîte, qu'on fasse excuse à Monsieur le Marquis.

ACANTE.

Moi! je ferois, Monsieur, excuse à qui m'offense?

CREMANTE.

N'importe, je le veux.

LE MARQUIS.

           Non, non, je l'en dispense;
Et de peur contre lui de me mettre en courroux,
Je vai me retirer, & le laisse avec vous.

SCENE IV.

CREMANTE, ACANTE.

CREMANTE.

Quoi ! le joli Garçon ! avoir l'impertinence
De choquer un Parent de cette consequence,
Et pour comble d'audace & de crime aujourd'hui,
Oser pour Isabelle être mal avec lui ?
Une Fille à vos vœux desormais interdite ?
Pour qui le moindre soin de votre part m'irrite ?
Que je vous ai cent fois ordonné d'oublier ?
Une Fille, en un mot, qui se va marier ?

ACANTE.

Se marier, Monsieur !

CREMANTE.

C'est une affaire faite ;
La Fille en est d'accord ; la Mere le souhaite.

ACANTE.

Et ce sera bientôt ?

CREMANTE.

Ce sera, que je croi,
Dans huit jours au plus tard.

ACANTE.

Mais à qui donc ?

CREMANTE.

A moi ?

ACANTE.

A vous ?

CREMANTE.
Oui.

ACANTE.
Vous ?

CREMANTE.
Moi-même.

ACANTE.
Epouſer Iſabelle,
Vous qui condamniez tant mon Hymen avec elle ?
Qui blâmiez ce Parti lors qu'il m'étoit ſi doux ?

CREMANTE.
Je l'ai trouvé pour moi plus propre que pour vous,

ACANTE.
Vous oublirez ainſi la parole donnée ?

CREMANTE.
Iſabelle, il eſt vrai, vous étoit deſtinée :
Jadis ſon Pere & moi, comme amis dés long-tems,
Nous nous étions promis d'unir nos deux enfans :
S'il étoit revenu vous auriez eu ſa Fille.
Mais ſa mort change enfin l'état de ſa Famille,
Et pour pluſieurs raiſons, je trouve qu'en effet,
Tout bien conſideré, ce n'eſt pas votre fait.
Sa Veuve l'eſt bien mieux, vous aimez la dépenſe,
Iſabelle pour dot n'a qu'un peu d'eſperance,
Sa Mere maintenant jouit de tout le bien,
Et n'entend pas encor ſe dépouiller de rien ;
Elle ne lui promet qu'une legere ſomme,
Il faut qu'un mariage établiſſe un jeune Homme,
Qu'il trouve en s'engageant du bien pour vivre heu-
    reux,
Ou pour toute ſa vie il eſt ſûr d'être gueux.
L'Amour perd la jeuneſſe, & pour une jeune Ame
Rien n'eſt ſi dangereux qu'une trop belle Femme ;
C'eſt ce qui rend ſouvent le cœur effeminé.

Pour moi qui suis d'un âge au repos destiné,
Je ne suis pas en droit d'être si difficile,
Et je puis préférer l'agreable à l'utile,
Aprés tant de travaux, tant de soins importans,
Où j'ai sacrifié les plus beaux de mes ans,
Il est bien juste enfin que suivant mon envie,
Je tâche de sortir doucement de la vie,
Et qu'avant que d'entrer au cercueil où je cours,
J'essaie à bien user du reste de mes jours.
Je voi que ces raisons ne vous contentent guere ;
Mais enfin je suis libre, & de plus votre Pere,
Je n'ai pas, Dieu merci, besoin de votre aveu,
Et que je l'aie, ou non, cela m'importe peu.

ACANTE.

Si vous connoissiez bien ce que c'est qu'Isabelle,
Son peu de foi.....

CREMANTE.

   Gardez d'oser parler mal d'elle,
Elle est presque ma Femme, & déja m'appartient,
Et si vous l'offensez... Mais la voici qui vient.

SCENE V.

ISABELLE, CREMANTE, ACANTE.

CREMANTE.

Vous quittez donc déja Madame votre Mere?
ISABELLE.
Un Vieillard l'entretient d'une secrette affaire;
Champagne la conduit par le petit degré,
Et l'on m'a fait sortir si tôt qu'il est entré.
CREMANTE.
Vous me trouvez outré d'une juste colere.
ISABELLE.
Contre qui donc, Monsieur?
CREMANTE.
    Contre un Fils temeraire.
ISABELLE.
Quel sujet contre lui vous peut mettre en courroux?
CREMANTE.
Quel sujet? L'Insolent veut médire de vous,
Il voudroit empêcher notre heureux mariage:
Mais mon cœur à ce choix trop fortement s'engage.
ISABELLE.
Se peut-il que Monsieur, engagé comme il est,
Prenne en ce qui me touche encor quelque interêt?

CREMANTE.
C'est malice, ou dépit; mais vous m'êtes si chere.

ACANTE.
Si j'y prens interêt, ce n'est que pour mon Pere.

COMEDIE.
CREMANTE.
Dequoi vous mêlez-vous, vous qui parlez si haut ?
Pensez-vous mieux que moi savoir ce qu'il me faut ?
Allez, ma belle Enfant, malgré lui je desire...
ISABELLE.
Mais, Monsieur, mais encor, qu'est-ce qu'il pouroit dire ?
CREMANTE.
Je n'en veux rien savoir, & déja comme époux,
J'ai tant d'affection, tant d'estime pour vous...
ISABELLE.
Je mets au pis, Monsieur, toute sa médisance ;
S'il me peut accuser, c'est de trop d'innocence,
D'avoir un cœur trop tendre, & qu'il sçut trop toucher ;
C'est tout ce que je croi qu'il me peut reprocher.
ACANTE.
Ah ! si je n'avois point autre reproche à faire !
CREMANTE.
Où je parle, où je suis, mêlez-vous de vous taire ;
Autrement...
ACANTE.
Je me tais ; mais si j'osois parler,
Si vous saviez, Monsieur...
CREMANTE.
Quoi ! toujours nous troubler ?
Vous pouvez là-dehors jazer tout à votre aise.
ACANTE.
Je ne dirai plus rien, Monsieur, qui vous déplaise.
CREMANTE.
Je lui défens de dire un seul mot contre vous,
L'Ingrat merite assez déja votre courroux :
Vous le haïriez trop.
ISABELLE.
Non, non, laissez-le dire,
Ma haine encor n'est pas au point que je desire ;
Laissez-le de nouveau m'outrager, me trahir,

Laissez-le enfin, Monsieur, m'aider à le haïr.
ACANTE.
Je n'ai que trop de lieu de vous pouvoir confondre.
CREMANTE.
Plaît-il ?
ACANTE.
Je ne dis rien, je ne sai que répondre.
CREMANTE.
On ne vous parle pas ; pour la derniere fois,
Taisez-vous, ou sortez, je vous laisse le choix.
ISABELLE.
Il se taira, Monsieur.

CREMANTE.
J'entens qu'il considere
Sa Belle-mere en vous.

ACANTE.
Elle, ma Belle-mere !
CREMANTE.
Vous voiez à ce nom comme il est irrité.

ISABELLE.
Je ne l'aurois pas eu, s'il l'avoit souhaité ;
Il sait bien à quel point il avoit sçu me plaire.

CREMANTE.
Ne vous amusez pas à vous mettre en colere,
Il n'en vaut pas la peine.

ISABELLE.
Oui, l'Ingrat aujourd'hui
Ne vaut pas en effet qu'on pense encor à lui.
CREMANTE.
C'est un impertinent.

ISABELLE.
Cependant je confesse,
Qu'il fut l'unique objet de toute ma tendresse,
Qu'il avoit tous mes vœux pour être mon Epoux.

CREMANTE.

Ah! quel meurtre bon Dieu, ç'auroit été pour vous !
Si pour votre malheur il vous eût épousée,
Il vous eût peu cherie, il vous eût méprisée ;
Vous n'auriez avec lui jamais pu rencontrer
Cent douceurs qu'avec moi vous devez esperer.
Je vous ferai benir le choix qui nous engage,
Ah ! si vous m'aviez vu dans la fleur de mon âge,
Je valois en ce tems cent fois mieux que mon Fils,
Et le vaut bien encor, malgré mes cheveux gris.
Je suis vieux, mais exempt des maux de la vieillesse,
Je me sens rajeunir par l'amour qui me presse,
Par des yeux si puissans, par des charmes si doux.
Hum.

ISABELLE.

Je vous plains d'avoir cette méchante toux.

CREMANTE, *en toussant.*

Point, point, c'est une toux dont la cause m'est douce,
C'est de transport, enfin c'est d'amour que je tousse.
J'ai tant d'émotion...

SCENE VI.

CREMANTE, CHAMPAGNE, ISABELLE, ACANTE.

CHAMPAGNE, *tirant Cremante par le bras.*

Monsieur ?
  CREMANTE.
      Haie !
      Excusez.

Est-ce à l'endroit ?...
  CREMANTE.
  Lourdaut, si vous ne vous taisez...
  CHAMPAGNE.
On auroit là-dedans quelque chose à vous dire.
  CREMANTE.
J'y vas. Allez devant. Et vous ?
  ACANTE.
     Je me retire ;
N'en doutez point, Monsieur.
  ISABELLE.
     Monsieur peut croire aussi,
Que je n'ai pas dessein de demeurer ici.
  CREMANTE.
Bon soir.

SCENE VII.

ACANTE, ISABELLE.

ACANTE, *revenant sur ses pas.*

L'Ingrate encor ne s'est pas retirée.
ISABELLE.
Vous n'êtes pas sorti ?
ACANTE.
Vous n'êtes pas rentrée ?
Qui vous peut retenir ?
ISABELLE.
Qui vous fait demeurer ?
ACANTE.
Moi ! rien, je vas sortir.
ISABELLE.
Je vas aussi rentrer.
ACANTE.
Quoi ! vous me fuiez donc avec un soin extrême ?
ISABELLE.
Moi ! point, c'est vous, Monsieur, qui me fuiez vous-même.
ACANTE.
C'est vous faire plaisir, au moins, je l'ai pensé.
ISABELLE.
Vous savez qu'autrefois... Mais laissons-le passé.
ACANTE.
Vous allez donc enfin être ma Belle-mere ?
ISABELLE.
Vous allez donc aussi devenir mon Beau-pere ?

ACANTE.
Si j'ai changé, du moins, mon cœur quoi qu'inconstant,
Ne s'est guere éloigné de vous en vous quittant,
N'a passé qu'à la Mere, échapé de la Fille,
Et n'a pas même osé sortir de la Famille.

ISABELLE.
Vous voiez bien qu'aussi, prenant un autre Epoux,
Je tâche, en changeant même, à m'approcher de vous:
Il est vrai qu'on y peut voir cette difference,
Que vous changez par choix, moi par obeïssance.

ACANTE.
Mais vous obeïrez sans un effort bien grand.

ISABELLE
Cela vous est, je pense, assez indifferent.

ACANTE.
Il me dévroit bien l'être, après l'injuste flâme
Qu'un indigne Rival a surpris dans votre ame.
Le Marquis...

ISABELLE.
Vous pourriez croire mon cœur si bas,
Si lâche...

ACANTE.
Eh, quel moien de ne le croire pas ?

ISABELLE.
Il ne faloit avoir pour moi qu'un peu d'estime.
Suivez, Monsieur, suivez l'ardeur qui vous anime,
Rompez l'attachement dont nous fûmes charmez,
Brisez les plus beaux nœuds que l'amour ait formez;
Puis qu'il vous plaît enfin, trahissez sans scrupule
Ces sermens si trompeurs, où je fus si credule,
Portez ailleurs des vœux qui m'ont été si doux,
Mais épargnez au moins un cœur qui fut à vous;
Un cœur qui trop content de sa premiere chaîne,
La voit rompre à regret, & n'en sort qu'avec peine;
Un cœur trop foible encor, pour qui l'ose trahir,

Et

COMÉDIE.

Et qui n'étoit pas fait enfin pour vous haïr.
ACANTE.
Vous voulez m'abuser, en parlant de la sorte :
Hé bien, Ingrate, hé bien, abusez-moi, n'importe ;
Trompez-moi, s'il se peut, l'abus m'en sera doux,
Mon cœur même est tout prêt de s'entendre avec
    vous ;
Mais faites que ce cœur dont je ne suis plus maître,
Soit si bien abusé, qu'il ne pense pas l'être.
J'ai peine à croire encor tout ce que j'ai pu voir.
ISABELLE.
Mais quoi donc ?
ACANTE.
    Le Marquis caché chez vous ce soir,
Enfermé par vous-même.
ISABELLE.
        On m'avoit fait entendre
Que vous aviez querelle.
ACANTE.
      Ah ! c'est mal vous défendre.
Mais le Billet rompu pour le Marquis si doux...
ISABELLE.
Vous ne savez que trop qu'il n'étoit que pour vous.
ACANTE.
Pour moi ? N'avez-vous pas avoué le contraire ?
ISABELLE.
Doit-on croire un aveu que le dépit fait faire ?
Croiez plutôt Laurette.
ACANTE.
        Helas ! si je la crois
Vous aimez le Marquis, vous me manquez de foi.
ISABELLE.
Laurette auroit bien pu me trahir de la sorte ?

Tome III.   L

SCENE DERNIERE.

ISABELLE, LAURETTE, ACANTE.

LAURETTE.

Que me donnerez-vous pour l'avis que j'apporte?
ISABELLE.
Perfide, te voila!
ACANTE.
Fourbe!
ISABELLE.
Esprit dangereux!
LAURETTE.
Est-ce ainsi qu'on reçoit qui vient vous rendre heureux?
ISABELLE.
Toi qui nous a trahis!
LAURETTE.
Je n'en fai plus myftere,
J'ai fait pour vous brouiller tout ce que j'ai pu faire,
Mis le Marquis en jeu pour y mieux réuffir;
Mais qui vous a brouillez, veut bien vous éclaircir.
ACANTE.
Tu ne meurs pas de honte!
LAURETTE.
Hé pourquoi je vous prie,
Est-ce une honte à moi qu'un peu de fourberie?
N'est-ce pas mon devoir?
ISABELLE.
Ton devoir!

LAURETTE.

En effet,
Que pouvez-vous blâmer en tout ce que j'ai fait ?
Je n'ai qu'executé l'ordre de votre Mere ;
Votre Amant, par malheur, avoit trop sçû lui plaire,
Sans doute elle avoit tort de vous l'oter ravir ;
Mais c'étoit ma Maîtresse, & j'ai dû la servir.

ISABELLE.

Tu n'as point eu pitié du trouble où tu nous jettes ?

LAURETTE.

Allez, le mal n'est pas si grand que vous le faites,
L'amour n'est que plus doux aprés ces démêlez,
Et l'on s'en aime mieux, de s'être un peu brouillez.

ACANTE.

Tu nous as cependant engagez l'un & l'autre.

LAURETTE.

Je viens faire cesser & sa peine, & la vôtre ;
Mais il faut composer pour un avis si doux,
J'entens qu'il me remette en grace auprés de vous.

ISABELLE.

Ou ; di.

LAURETTE.

J'entens qu'aussi Monsieur soit sans colere
Par notre ami Champagne.

ACANTE.

Oui, quoi qu'il ait pu faire,
Si tu veux l'épouser, je lui ferai du bien,
Hâte notre bonheur, nous aurons soin du tien ;
Instrui-nous du succés qui nous rend l'esperance.

LAURETTE.

Le Vieillard que Champagne avoit conduit en France,
Que ma Maîtresse avoit fait pratiquer par nous,
Pour venir assurer la mort de son Epoux,
Pour ses pechez, sans doute, & pour sa honte extrême,
Au lieu d'un faux témoin, est son Epoux lui-même.

ISABELLE.

Mon Pere !

LAURETTE.

Oui, c'est mon Maître, il est fort irrité
De l'oubli de Madame en sa captivité :
De se faire connoître il a sçu se defendre,
Exprés pour la confondre & pour la mieux surprendre;
Votre bonheur est sûr par cet heureux retour.

ACANTE.

Nous devons craindre encor mon Pere, & son amour.

LAURETTE.

Un amour de Vieillard aisément se surmonte,
Mon Maître là-dessus l'a tant comblé de honte,
L'a si bien chapitré, qu'au point qu'il est confus,
Quand il voudroit vous nuire, il ne l'oseroit plus ;
Il faut qu'il tienne enfin sa parole donnée,
Et mon Maître au plutôt veut voir votre Hymenée.

ACANTE.

Se peut-il...

LAURETTE.

En transports ne perdez point de temps.
Venez trouver celui qui vous rendra contens,
Il brule de vous voir, & lui-même m'envoie...

ISABELLE.

Allons.

ACANTE.

Allons enfin voir combler notre joie.

Fin du cinquiéme & dernier Acte.

BELLEROPHON,

TRAGEDIE.

PAR

Mr. QUINAULT

Representée en 1665.

ACTEURS.

PROETUS *Roi d'Argos.*

LYCAS *Confident de Prœtus.*

BELLEROPHON *Prince d'Ephyre refugié auprés de Prœtus.*

STENOBE'E *Fille aînée d'Iobas Roi de Lycie.*

MEGARE *Confidente de Stenobée.*

PHILONOE' *Sœur de Stenobée.*

LADICE *Confidente de Philonoé.*

TIMANTE *Capitaine des Gardes du Roi de Lycie.*

GARDES.

La Scene est à Patare, Capitale de Lycie.

BELLEROPHON,
TRAGEDIE.

ACTE I.
SCENE I.
PROETUS, LYCAS.

PROETUS.

Lycas, il est certain pour me favoriser
La Fortune propice a semblé s'épuiser.
C'étoit peu de jouir des droits hereditaires
De l'Empire d'Argos que m'ont laissé mes Peres ;
L'Hymen de tous mes jours éclairant le plus beau,
Va m'assurer les droits d'un Empire nouveau.
J'épouse Stenobée, une aimable Princesse
Qui joindra sous mes loix la Lycie & la Grece,
L'Heritiere d'un Roi puissant & glorieux,
L'objet des vœux jaloux des plus ambitieux ;
Mais pour mettre le comble à mon bonheur extrê-
 me,
Pour tout dire en un mot, j'épouse ce que j'aime ;
Et pour me rendre heureux dans sa possession,
L'Amour est de concert avec l'Ambition.

LYCAS.

Si de votre destin la gloire est peu commune,

Vous la tenez de vous plus que de la Fortune.
Combien de Rois jaloux ont voulu vous l'ôter?
Quels efforts pour les vaincre a-t'il falu tenter?
Le Ciel même irrité plutôt que favorable,
A fait naître en ces lieux un Monstre épouventable,
Un prodige au dessus de tout l'effort humain,
Dont l'avide fureur porte un trépas certain:
Qui tantôt dans nos bois, tantôt sur le rivage,
Détruit tout, remplit tout d'horreur & de carnage,
Et par l'effroi public a fait jusqu'à ce jour
Retarder le bonheur qui flatte votre amour.

PROETUS.

La colere du Ciel par nos vœux adoucie
Commence à dissiper l'effroi de la Lycie;
Et si l'on croit des Dieux les Oracles sacrez
Nous en serons bientôt pleinement délivrez.
Le peuple rassuré par cet espoir propice,
Content de notre Hymen, presse qu'on l'accom-
      plisse,
Et ma Princesse enfin favorable à mes vœux,
M'en laisse avec le Roi choisir le jour heureux.
Mais, s'il faut dire tout, quelqu'heureux qu'on me
      voie,
Mon seul bonheur n'est pas ma plus parfaite joie,
L'ambition, l'amour n'en font que la moitié;
Et j'en dois en effet le comble à l'amitié.
Un precieux Ami dans son sort m'interesse.
Et pour Bellerophon tu connois ma tendresse.
Chassé de sa Patrie, errant, & sans appui,
Il trouva plus chez moi qu'il ne perdit chez lui.
La douceur dont me flatte un nouveau Diadême,
N'est que pour en jouir dans un autre moi-même,
Et je ne puis au Trône être heureux qu'à demi,
A moins que d'y pouvoir élever mon Ami.
La Couronne d'Argos à mes vœux peut suffire;
C'est pour lui qu'en ces lieux je cherche un autre
      Empire.

Iobas accablé du faix de ses vieux ans,
S'il peut regner encor, ne peut regner long-temps;
A deux Filles ici sa famille est bornée,
Et j'ose me promettre en épousant l'aînée,
De voir notre amitié pour comble de douceurs
Se serrer de nouveau par l'Hymen des deux Sœurs.
De cet espoir charmant en secret je me flatte,
Mais il n'est pas encore à propos qu'il éclatte;
Cette jeune Princesse a des Rois pour amans,
Dont il faut ménager les mécontentemens.
L'aveu de Stenobée est sur tout necessaire;
C'est elle qui gouverne & l'Etat, & son Pere;
L'Hymen a commencé déja de nous unir,
Et bientôt mon Amour pourra tout obtenir.
Alors pour mon Ami j'espere avec adresse...
Mais il vient.

SCENE II.

BELLEROPHON, PROETUS.

BELLEROPHON.

Trrouvez bon, Seigneur, que l'on nous laisse.

Lycas se retire.

PROETUS.

D'où naissent ces soupirs, & ces regards troublez?

BELLEROPHON.

Seigneur...

PROETUS.

Bellerophon, expliquez-vous, parlez.

BELLEROPHON,

Apprenez-moi quel trouble ainsi vous peut surprendre.

BELLEROPHON.
Helas ! Seigneur, comment pourrai-je vous l'apprendre,
Et malgré l'amitié qui m'attache en ce lieu,
Comment pourai-je enfin, Seigneur, vous dire adieu.

PROETUS.
Adieu ! que dites-vous ?

BELLEROPHON.
     J'en fremis, j'en soupire,
J'en ai le cœur percé, mais il faut vous le dire :
Il le faut en dépit de mes plus doux souhaits,
Il vous faut même enfin dire adieu pour jamais.

PROETUS.
Ainsi, cruel Ami, dans un temps d'allegresse
Vous voulez donc troubler ma joie, & ma tendresse ?
Et ravir aux douceurs dont je m'étois flatté
Le témoin le plus cher de ma felicité ?
Quoi ? si prés d'un bonheur qui doit faire le vôtre,
Où vous devez avoir plus de part qu'aucun autre ?
D'un bonheur qui pour moi n'a rien qui soit si doux,
Que l'espoir de pouvoir l'étendre jusqu'à vous ?
De vous faire épouser une Princesse aimable...

BELLEROPHON.
Ah ! cessez de flatter un ami miserable :
Philonoé merite & peut choisir un Roi.
Et son choix est un bien qui n'est pas fait pour moi.

PROETUS.
Mais quel dessein étrange à partir vous engage ?
Quel soin...

BELLEROPHON.
    Dispensez-moi d'en dire davantage ;
Je vous quitte, il le faut, & pour comble d'ennuis,
Vous dire adieu, Seigneur, est tout ce que je puis.

TRAGEDIE.
PROETUS.
Eſt-ce là tout le prix d'une amitié ſi rare ?
Bellerophon ainſi d'avec moi ſe ſepare ?
Il a quelque ſecret qu'il refuſe à ma foi ?
Il me quitte, il me fuit, ſans me dire pourquoi ?
BELLEROPHON.
N'en prenés point, Seigneur, de ſoupçon qui m'of-
fence;
C'eſt votre interêt ſeul qui m'engage au ſilence;
Accablé des chagrins qui me font éloigner,
Je vous les cache exprés pour vous les épargner.
Jouiſſés d'un bonheur, & tranquile & durable,
N'entrés point, s'il ſe peut, dans tout ce qui m'ac-
cable,
Goûtés en paix les biens qui vont combler vos
vœux,
Et ne vous chargés point des maux d'un malheureux.
PROETUS.
En pouvés-vous avoir ſans que je les partage ?
Entre de vrais amis toute reſerve outrage,
Et la tendre amitié doit rendre plus jaloux,
Du partage des maux, que des biens les plus doux.
Ne m'dérobés point la part que j'y doi prendre.
Pouvés-vous contre moi ſi long-temps vous défen-
dre ?
BELLEROPHON.
Encore un coup, Seigneur, gardés de trop ſavoir,
Et ne vous ſervés pas de tout votre pouvoir.
Je n'ai que trop de peine avec vous à me taire,
C'eſt un fardeau pour moi qu'un ſecret à vous faire,
Et mon cœur trop à vous pour vous être fermé,
N'eſt à ſuivre vos vœux que trop accoutumé.
PROETUS.
Dites donc tout.
BELLEROPHON.
Hé bien...
PROETUS.
Votre ame encore heſite ?

L 6

BELLEROPHON,
BELLEROPHON.
La Reine votre épouse approche, & je vous quitte.
PROETUS.
Quoi? vous me quitterez sans m'avoir éclairci?

SCENE III.
STENOBE'E, PROETUS, MEGARE.

STENOBE'E.

Quoi? pour Bellerophon vous me quittés ainsi?
PROETUS.
Madame...
STENOBE'E.

  Allez, Seigneur, suivés-le sans contrainte;
Je ne vous prétens pas retenir par ma plainte.
Je sai ce que je suis, & ce que je vous doi:
Des sermens solemnels vous engagent ma foi:
A votre Ambassadeur pour vous je l'ai donnée,
Rien ne peut plus enfin rompre notre hymenée,
Et déja comme époux vous pouvés librement
Vous dispenser pour moi des devoirs d'un Amant.

PROETUS.

Connoissez mieux mon cœur, & l'ardeur qui le
  presse,
Si j'aime mon Ami, j'adore ma Princesse;
Et ce que l'amitié sur moi peut en ce jour,
Vous doit faire juger tout ce qu'y peut l'Amour.
Bellerophon, Madame, à partir se dispose,
Et pour derniere peine il m'en cache la cause.

TRAGEDIE.

Souffrés que je le suive.

STENOBE'E.
Epargnés-vous ce soin :
Vous pouvés tout apprendre, & sans aller plus loin,
Je sai ce qui le chasse, & sans aucun mystere,
Prés d'être toute à vous je veux ne vous rien taire.

PROETUS.
Quoi, Madame, seroit-ce un ordre exprés du Roi ?

STENOBE'E.
Seigneur, vous le savés, le Roi se fie à moi :
A me croire aisément sa bonté le dispose,
Sur moi des plus grands soins son âge se repose ;
Et si votre Ami part, j'avouerai sans détour,
Que c'est moi qui l'oblige à quitter cette Cour.

PROETUS.
Quoi ? vous-même m'ôter un Ami si fidelle ?
A ce qui m'est si cher vous seriés si cruelle ?
Ah ! que Bellerophon par un zele discret,
Me cachoit justement ce funeste secret,
Et que d'un coup fatal la blessure est aigrie,
Quand on se voit frappé d'une main si cherie.
Mais quel crime est le sien ; pour vous, pour vos Etats,
Voiez ce qu'il a fait dans les derniers combats ?
Voiez quelle est sa gloire ? & quelle haute estime...

STENOBE'E.
Je ne le voi que trop, Seigneur, & c'est son crime ;
Son estime ne fait que trop bien éclater ;
Sa gloire va si loin qu'elle est à redouter.
Il n'est point à la Cour, il n'est point dans l'Armée,
De cœur qu'il n'ait gagné, d'ame qu'il n'ait charmée,
Il n'est rien que du Peuple il ne puisse obtenir,
N'en est-ce pas assez pour devoir le bannir ?
Du grand art de regner c'est l'ordinaire usage,
Ce qui s'éleve trop doit donner de l'ombrage,
L'excés de gloire est crime en matiere d'Etat,
Et pouvoir trop tenter, tient lieu d'un attentat.

BELLEROPHON,

PROETUS.

C'est pour Bellerophon une maxime vaine ;
Je connois sa vertu, j'en répondrai sans peine ;
Et son credit ici fût-il encor plus grand,
L'amitié qui nous lie en est un sûr garant.
Cette tendre amitié pour lui vous sollicite...

STENOBE'E.

Et c'est cette amitié qui contre lui m'irrite ?
Et s'il faut que mon cœur s'ouvre entier à vos yeux.
Il est si cher pour vous, qu'il m'en est odieux,
Non, je ne puis Seigneur, sans en être outragée,
Souffrir votre tendresse entre nous partagée.
Je voi d'un œil jaloux vos soins en sa faveur,
Comme autant de larcins que me fait votre cœur.
Je n'en puis partager l'empire avec personne ?
Je veux vous obtenir ainsi que je me donne ;
Et mon cœur tout à vous prétend meriter bien
Un cœur où l'amitié ne me dérobe rien,
Pardonnés-moi, Seigneur, cette délicatesse ;
J'en ai pris l'habitude, & n'en suis pas maîtresse.
J'eus toute la tendresse, & d'un Pere, & d'un Roi ;
J'attendois d'un époux même bonté pour moi ;
Et je tiendrois à honte, & prendrois pour injure,
Qu'en ma faveur l'Amour fît moins que la nature.

PROETUS.

N'accusés point l'Amour, il a fait son devoir,
L'empire de mon cœur est en votre pouvoir ;
L'amitié n'ôte rien à vos droits sur mon ame,
C'est un surcroît d'ardeur qui fait croître ma flâme,
J'en sai mieux vous aimer, & toujours sûrement
L'Ami le plus sensible en est plus tendre Amant.

STENOBE'E.

Non, non, pour m'éblouir c'est une vaine adresse :
On n'a qu'un fonds borné d'ardeur, & de tendresse,

Et ce fonds pour aimer dans nos cœurs établi,
N'est jamais partagé qu'il ne soit affoibli.
Je ne puis endurer qu'une amitié si tendre
M'ôte au cœur d'un Amant la part qu'elle y peut prendre,
J'y perds ce qu'elle a droit d'y prétendre à son tour,
Et la moitié d'un cœur est trop peu pour l'Amour.

PROETUS.

Le mien est tout à vous.

STENOBE'E.

Pour m'en rendre certaine,
Qu'il souffre donc l'exil d'un ami qui me gêne.
Que ce cœur tout à moi n'ait point d'attachement
Qu'il ne puisse à mon gré briser aveuglément :
Qu'il n'ait pour être heureux besoin que de moi-même,
Que l'heur de m'obtenir soit son bonheur suprême,
Un bien qui l'autorise à ne regretter rien,
Et qui lui tienne seul lieu de tout autre bien.
Allés, & cachés-moi la douleur qui vous presse.
Donnés à votre ami ce jour que je lui laisse :
Mais après vos regrets aujourd'hui consommés,
Ne m'en parlés jamais, au moins, si vous m'aimés.

SCENE IV.
STENOBE'E, MEGARE,
STENOBE'E.

J'Agis d'une maniere à devoir te surprendre,
Tu ne la comprens pas.
MEGARE.
Qui pourroit la comprendre ?
Voir en vous dont jamais le cœur ne se dément,
Pour un homme si rare un si grand changement ?
Y voir pour ce Heros succeder tant de haine
Aux marques d'une estime & si juste, & si pleine ?
Aprés tant de faveurs dont vous l'avés comblé,
Le voir cruellement par vous-même accablé ?
Enfin pour le bannir vous voit tout entreprendre ?
Madame, à dire vrai, c'est dequoi me surprendre.
STENOBE'E.
Je ne condamne point ton juste étonnement ;
Mais écoute, & t'étonne encor plus justement.
Ce Heros autrefois l'objet de mon estime,
Contre qui tant de haine apparemment m'anime,
Ne me force pas moins encore à l'estimer ;
Et si je le bannis, c'est pour le trop aimer.

MEGARE.
Vous, Madame ?
STENOBE'E.
Oui, c'est là son crime veritable.
A force de merite il n'est que trop coupable ;
Pouvoit-il l'être plus que d'avoir attenté
Et jusques sur mon cœur, & sur ma liberté ;

TRAGEDIE.

Sur un cœur jusqu'ici sans honte, & sans foiblesse,
De qui l'ambition fut l'unique maîtresse,
Un cœur si hautement dans la gloire affermi,
Un cœur que je devois entier à son Ami,
Qu'il dérobe au devoir à la reconnoissance,
Et dont il a troublé la paix & l'innocence.
Voila ce qui m'engage enfin à le bannir ;
Son crime est de me plaire, & je l'en veux punir.

MEGARE.

Il est vrai qu'il n'a pu s'attacher à vous plaire,
Sans trahir pour Prœtus une amitié bien chere ;
En osant vous aimer il est méconnoissant...

STENOBE'E.

Ah ! c'est surquoi l'Ingrat n'est que trop innocent ;
Il n'est dans son devoir que trop inébranlable,
Trop exempt des erreurs dont il me rend capable ;
Pour un Ami fidelle il n'a que trop de foi,
Et c'est ce qui le rend plus coupable envers moi.
C'est par là qu'il accroît la honte qui m'accable :
Mon crime partagé seroit plus supportable,
Et l'ingrat qui le cause en commet un nouveau,
D'en laisser sur mon cœur tomber tout le fardeau.
Cependant pour te faire entiere confidence,
C'étoit pour le bannir trop peu de cette offence ;
J'aurois eu peine à vaincre un charme encor trop doux,
Sans un dernier outrage, & le plus grand de tous :
Oui, qui surpasse encor tous ceux qu'il m'a pu faire,
Plus cruel mille fois que m'avoir sçu trop plaire,
Que m'avoir fait descendre à d'indignes erreurs,
Que n'avoir pu m'aimer, & c'est d'aimer ailleurs,
D'avoir choisi ma Sœur pour l'objet de sa flâme.

MEGARE.

Un peu de jalousie éblouit bien une ame.

STENOBE'E.

En puis-je mal juger ? je m'en fie à ta foi :
Toi-même, si tu peux, juges-en mieux que moi,
Tu sais que ce matin, de soucis travaillée,

Voiant avec le jour la Nature éveillée,
J'ai voulu dissiper mon trouble en jouissant
Du doux & pur éclat du Soleil renaissant.
Dans le Bois du Jardin, enfin étant entrée,
De mes gens, de toi-même, en rêvant séparée,
Pleine de cet amour, de ma gloire ennemi,
J'ai vu Bellerophon qui s'étoit endormi.
Le trouvant à telle heure en cette solitude,
J'ai jugé par mes soins de son inquietude :
Tout l'exprimoit en lui, son cœur en soupirant
N'avoit rien du repos d'un cœur indifferent ;
Et d'un reste de pleurs ses yeux sur son visage,
De ses ennuis secrets avoient tracé l'image.
Seule, & foible, d'abord, pour chercher du secours,
Je voulois m'éloigner, & j'approchois toujours.
Enfin j'ai pris sans bruit ces Tablettes ouvertes,
Qui sortoient de ses mains, & sembloient m'être
    offertes.
J'ai fui sans être vuë, & ces Témoins surpris
M'ont bien punie, helas ! parce-qu'ils m'ont appris.
            Elle lit.
Je sai qu'en ma faveur rien ne vous sollicite,
Que pour vous meriter il faut être un grand Roi ;
Mais si l'excés d'amour tenoit lieu de merite,
    Vous ne seriez jamais qu'à moi.
            Elle continuë.
Parle, explique ces mots.

MEGARE.

Ils font juger qu'il aime,
Mais ne pourroient-ils pas s'expliquer pour vous-
    même.

STENOBE'E.

Que me dis-tu ? Megare, & pourquoi me flatter ?

MEGARE.

Mais, Madame, quel lieu trouvez-vous d'en douter.

STENOBE'E.

Mais où me réduis-tu si tu me le fais croire ?
Je n'ai que mon dépit qui soûtienne ma gloire ;

TRAGEDIE.

Avec tout son secours, malgré tout mon effort,
Mon cœur contre un Ingrat ne se sent pas trop fort;
Et me défendant mal quand le dépit me presse,
Si cet ingrat m'aimoit, juge de ma foiblesse.

MEGARE.

Doutés, puisqu'il le faut.

STENOBE'E.

Ah! ne doutons de rien
Et quoi qu'il en puisse être, éclaircissons-nous bien.
Je n'ose lui parler pour m'éclaircir moi-même,
On se laisse aisément surprendre à ce qu'on aime,
J'aurois peur d'en trop dire, & dans notre entretien
De découvrir plutôt mon secret que le sien.
Parle-lui de ma part; sonde, s'il est possible,
Tout ce qu'au fonds de l'ame il a de plus sensible,
Di-lui bien que toujours j'ai fait gloire d'avoir
L'entiere autorité du souverain pouvoir.
Que sa faveur trop haute, & me choque, & m'étonne,
Qu'il peut trop sur l'esprit de l'époux qu'on me donne,
Que jusqu'à m'y détruire il s'en peut emparer,
Et qu'il n'est qu'un moien qui puisse m'assurer:
Un nœud qui de sa foi me soit un sacré gage,
Qui nous unisse assez pour m'ôter tout ombrage,
Qui fasse un sûr appui pour moi de sa grandeur,
Et que ce nœud propice est l'Hymen de ma Sœur.
Qu'il n'est point de milieu, que pour mon assurance
A moins de son exil, il faut son alliance;
Et qu'entre ces deux choix en faveur d'un Epoux,
Je renonce au plus sûr pour pancher au plus doux.
Observe sa réponse, & voi s'il se déguise:
Remarque bien sur tout, sa joie, ou sa surprise;

S'il hesite en parlant, s'il change de couleur;
Tâche à travers ses yeux de voir jusqu'en son cœur,
Je laisse jusques là tous mes vœux en balance.
Hâte toi de répondre à mon impatience,
Et songe qu'en un cœur inquiet & jaloux,
L'état d'incertitude est le pire de tous.

Fin du premier Acte.

ACTE II.

SCENE I.
STENOBE'E, MEGARE.

STENOBE'E.

NE me flattes-tu pas ? Megare, est-il possible ?
Bellerophon paroît pour ma Sœur insensible ?
L'offre de son hymen est pour lui sans appas ?
Megare, encore un coup, ne me flattes-tu pas ?
Ce refus surprenant semble à peine croiable.

MEGARE.

Tout surprenant qu'il est, rien n'est plus veritable.

STENOBE'E.

Mais avec soin, Megare as-tu bien remarqué
L'air, ou libre, ou contraint, dont il s'est expliqué ?
A-t-il rêvé long-temps avant que de répondre ?
N'a-t-il point témoigné se troubler, se confondre ?

MEGARE.

Quand j'ai parlé de vous sur tout ce que j'ai dit
Il a semblé d'abord incertain, interdit,
Mais offrant à son choix l'exil, ou l'hymenée,
Son ame a sans effort paru déterminée.

STENOBE'E.
Enfin as-tu connu qu'en refusant ma Sœur,
Il ait fait voir pour elle ou mépris, ou froideur?
MEGARE.
Il a, sans l'offencer, en courtisan habile
Coloré son refus d'une excuse civile,
A dit qu'en sa faveur il ne meritoit pas
Qu'on forçât votre Sœur à descendre trop bas,
Et puisque son exil pouvoit vous satisfaire
Qu'il cherchoit le moien le plus sûr de vous plaire.
Mais voulés-vous, Madame, à present le chasser?
STENOBE'E.
Si je le veux? Helas! puis-je m'en dispenser?
S'il n'aime point ma Sœur, & si c'est moi qu'il aime,
Au trouble où je me sens, dans ma foiblesse ex-
trême
N'aiant plus contre lui rien qui m'aide à tenir,
Quel besoin plus pressant ai-je eu de le bannir?
Si l'Amour en est cru, si mes vœux le retiennent.
Que veux-tu que ma gloire & mon devoir devien-
nent;
Pour mon mal, sans sa fuite, est-il quelque se-
cours,
Et guerit-on jamais quand on se voit toujours?
MEGARE.
A son exil ainsi vous êtes resoluë?
STENOBE'E.
Je le devrois, au moins j'en suis bien convaincuë;
Ce soin n'est je le sais que trop de mon devoir,
Je doute seulement s'il est en mon pouvoir.
Quand même pour ma Sœur j'ai cru son ame at-
teinte,
Je ne l'exilois pas sans peine & sans contrainte,
J'ai cent fois hesité d'en revoquer l'Arrêt;
Et s'il coûte à bannir un Ingrat quand il plaît,
Quel effort n'est-ce point pour une ame charmée
De bannir ce qui plaît quand on s'en croit aimée?

MEGARE.

Cependant c'est demain qu'il part...
STENOBE'E.
Voici ma Sœur :
Et pour Bellerophon il faut sonder son cœur.
Je veux de son refus lui dire la nouvelle.
Malgré ce que j'obtiens d'avantage sur elle,
Malgré les nœuds du Sang, par un jaloux transport,
Je ne sçais quoi toujours me trouble à son abord.

SCENE II.

STENOBE'E, PHILONOE', MEGARE, LADICE.

STENOBE'E.

JE brulois de vous voir, j'avois en confidence
A vous dire ma Sœur un secret d'importance.
PHILONOE'.
Je cherche aussi, Madame, à pouvoir sans témoins
Vous donner un avis qui n'importe pas moins.
Tout l'Etat y prend part.
STENOBE'E.
Mon avis cede au vôtre,
L'interet de l'Etat l'emporte sur tout autre.
Commencez donc, ma Sœur, la premiere à parler,
Et j'aurai soin après de ne vous rien celer.

PHILONOE'.
Bellerophon ici s'est acquis tant de gloire
Qu'on peut mal-aisément en perdre la memoire,
Et qu'on a peine à voir sans en être surpris

Que de tant de merite un exil soit le prix.
On murmure, on s'émeut, chacun ose le plaindre,
Mais le Peuple sur tout paroît le plus à craindre ;
Il pourroit s'emporter à trop d'émotion,
Et passer du murmure à la sedition.
C'est à vous d'en juger, d'en prévenir la suite,
Et sans prétendre en rien choquer votre pouvoir
C'est un sincere avis que j'ai cru vous devoir.

STENOBE'E
Il est donc juste aussi, ma Sœur, que sans mistere
Je réponde à mon tour à votre avis sincere.
Je veux m'ouvrir à vous d'un esprit ingenu ;
Vous ne m'avez rien dit qui ne me soit connu ;
Bellerophon sans doute est digne qu'on l'estime :
L'ardeur qu'on a pour lui n'est que trop legitime.
Son merite est bien grand, rien n'est plus glorieux ;
Je le sai comme un autre, & peut-être encor mieux :
Mais le trop de merite, & d'estime publique,
Sont des excés à craindre en bonne Politique,
Et son exil fit-il encore plus d'éclat
Les Rois n'écoutent rien que les raisons d'Etat.
Cependant, s'il vous faut avouer ma foiblesse,
La Politique en vain sur cet exil me presse ;
En faveur d'un ami Prœtus m'a sçu toucher ;
Toute ma fermeté se laisse relâcher,
Et malgré de l'Etat les raisons legitimes
Je sens qu'il est encor de plus fortes maximes.
Mais si j'osois vous dire à quel prix j'ai voulu
Revoquer cet exil que j'avois resolu,
Quelque interêt pour moi que votre amitié prenne,
Peut-être à m'excuser auriez-vous de la peine.

PHILONOÉ.
Il n'est guere de prix quoi qu'il doive coûter
Qu'ici Bellerophon ne puisse meriter.

STENOBE'E
Mais si ce prix plus grand que vous ne pouvez croire
Etoit même aux dépens de votre propre gloire ?

PHI-

TRAGEDIE.
PHILONOE'.
Se peut-il que ma gloire ait rien à démêler ...
STENOBE'E.
Je me suis engagée à ne vous rien celer,
Et j'avouerai quel tort j'ai prétendu vous faire,
En deussai-je attirer votre juste colere.
J'ai voulu faire grace à l'ami d'un époux,
J'ai trouvé son exil aussi cruel que vous.
Et contre sa faveur suspecte & dangereuse,
Cherché quelque assurance un peu moins rigou-
  reuse.
J'ai cru la rencontrer dans le nœud le plus doux,
Mais je n'ai pu trouver ce nœud charmant qu'en
  vous.
Vous vous troublez, ma Sœur ; ce choix vous doit
  surprendre,
Vous êtes née au Trône, & digne d'y prétendre :
Ce rang vous est offert dans les plus grands Etats,
Et tout autre au-dessous vous doit sembler trop bas.
Aussi ne veux-je point par aucun artifice,
De ce choix trop abjet colorer l'injustice.
Je n'ai point de raison qui put l'autoriser,
Et je laisse à l'amour le soin de l'excuser.
PHILONOE'.
Je l'avouerai, Madame, un Trône a dequoi plaire ;
Et s'il vous faut ici ceder celui d'un pere,
Peut-être est-il des Rois qui prendront le souci
De me donner ailleurs ce que je cede ici.
Mais il n'est point d'appas dont la couronne brille
Que je ne sacrifie au bien de ma famille,
Toujours les plus hauts rangs ne sont pas les meil-
  leurs,
Et vivre prés de vous vaut bien regner ailleurs.
STENOBE'E.
Ah ! c'en est trop, ma Sœur, tant d'amitié m'ac-
  cable.
Je sens mon injustice encor moins excusable,
Et de tout votre sort plus j'ai pû disposer,

Tome III.   M

Plus j'ai à prendre soin de n'en pas abuser,
Jusqu'au bout, à ma honte, il faut vous tout apprendre.
J'ai pressé cet hymen qui vous fait trop descendre,
J'en ai fait proposer l'offre à Bellerophon....
Je vous en vois rougir, & c'est avecque raison.
Mais cessez d'en paroître interdite & confuse,
Bellerophon, enfin, par bonheur vous refuse ;
Et le Ciel qui vous garde un sort plus glorieux,
Sur tout votre mérite a sçu fermer ses yeux.
Quitte ainsi vers Proetus par ce refus propice ;
Ma tendresse à son tour vous veut rendre justice,
Et va presser mon pere, en m'offrant un époux,
De faire en même tems un choix digne de vous.

SCENE III.

PHILONOE', LADICE.

LADICE.

Recevez-vous, Madame, avec tant de tristesse
Une si favorable & si belle promesse ?
Quoi, l'espoir le plus doux de l'hymen d'un grand Roi,
Ne peut vous inspirer que chagrin & qu'effroi ?

PHILONOE'.

Si le trouble où je suis te fait peine à comprendre,
Tu n'as pas bien oüi ce qu'on m'a fait entendre ;
Tu sçais peu quel dépit un mépris peut causer,
Et ce qu'on sent de honte à se voir refuser.

LADICE.

Quelle honte, Madame, avez-vous lieu de croire,

TRAGEDIE.

Dans un mépris heureux qui sauve votre gloire?
Voiez qui vous refuse: un Prince infortuné,
Persecuté par tout, des siens abandonné,
Et dont sans son refus l'alliance importune,
Vous eut fait épouser la mauvaise fortune.

PHILONOE'.

Ladice, tu dis vrai, je dois m'en souvenir,
Bellerophon n'est pas d'un rang à m'obtenir:
Il n'est rien en effet qui pour lui sollicite,
Qu'un peu de renommée avec trop de merite ;
Et tout Prince qu'il est à moins que d'être Roi,
Il n'eut pû sans audace aspirer jusqu'à moi ;
Il n'en eut pû trouver de legitime excuse ;
Ladice, cependant, c'est lui qui me refuse:
Et le peu qu'entre nous on voit d'égalité,
D'un refus si cruel accroît l'indignité.

LADICE.

Mais, Madame, en montrant tant de délicatesse,
N'est-ce point trop sentir que ce refus vous blesse ?

PHILONOE'.

Ah, Ladice !

LADICE.
Mon zele est peut-être indiscret ?

PHILONOE'.

Non, acheve, pénétre, & voi tout mon secret.
Voi quel trouble odieux me presse & me surmonte ;
Fai-m'en fremir d'horreur, fai-m'en rougir de honte ;
Et du moins si mon cœur n'en peut plus revenir,
En me le reprochant commence à m'en punir.
Je dévrois en effet recevoir cette offence,
Avec moins de colere, & plus d'indifference;
C'est un bonheur pour moi que son aveuglement,
L'outrage est moins honteux que le ressentiment :
L'affront vient de trop bas pour m'en laisser atteindre,
J'honore trop l'ingrat d'avoir daigné m'en plaindre,
D'avoir tant de regret de son heureux refus,

M 2

Et j'ai trop de dépit pour n'avoir rien de plus.
LADICE.
Si votre ame en secret étoit déja seduite,
Songez sans son refus où vous étiez reduite ?
Songez où son hymen eût pu vous engager ?
PHILONOE.
Helas j'aurois... Mais non, ne m'y fais plus songer;
Méprisons cet ingrat comme il m'a méprisée :
Mais crois-tu que ma Sœur ne m'ait point abusée.
Ne pourroit-elle point par des déguisemens,
Avoir voulu sonder mes secrets sentimens ?
Pénétrer mon espoir, voir quel desir me presse,
Et pour Bellerophon jusqu'où je m'interesse ?
Son refus me fait peine encore à concevoir.
LADICE
Madame le voici, vous allez tout savoir.

SCENE IV.
BELLEROPHON, PHILONOE, LADICE.

BELLEROPHON.

PRêt à quitter ces lieux par un ordre severe,
Sur le point d'y laisser tout ce qui peut me plaire,
Un malheureux banni sans secours, sans espoir,
Pour derniere douceur peut-il oser vous voir ?
Puis-je esperer de vous un moment pour m'entendre ?
PHILONOE.
Aprés ce qu'on vous doit, vous pouvés tout prétendre.

TRAGEDIE.
BELLEROPHON.
La Reine vous a vuë, & j'ai lieu de trembler.

PHILONOE'.
Elle ne m'a rien dit qui vous doive troubler.
J'aurois tort de m'en plaindre.

BELLEROPHON.
Ah ! quoi qu'elle vous die
De grace au moins songez qu'elle est mon enne-
  mie,
Et que de mon exil la rigoureuse loi
Doit rendre un peu suspect son rapport contre
  moi.

PHILONOE'.
Le rapport de la Reine est trop à votre gloire.

BELLEROPHON.
Ah ! Madame !

PHILONOE'.
Parlez, ne l'en dois-je pas croire ?
En a-t-elle trop dit ? j'en croirai votre aveu.

BELLEROPHON.
Ah ! plutôt je crains bien qu'elle en dit trop peu.
Oui, Madame, je crains qu'elle n'ait sçu vous
  taire,
La raison qui m'engage au choix que j'ose faire,
Et me fait préferer à votre hymen charmant
L'affreuse cruauté de mon bannissement
Aprés tant de rigueur, une offre si propice
M'a dû faire d'abord craindre quelque artifice :
J'ai dû me défier d'un si grand changement,
D'une haine si forte éteinte en un moment,
J'ai craint en m'engageant dans un choix teme-
  raire
Que me trouvant sans crime on ne voulût m'en
  faire,
J'ai craint un piege offert sous un appas si doux,
Mais si j'ai craint pour moi, c'est bien moins que pour
  vous.

M 3

La Reine votre Sœur peut être assez cruelle
Pour aimer à vous voir toujours au dessous d'elle,
Et pour songer plutôt à chercher un moien
D'abaisser votre sort que d'élever le mien.
Je me suis fait justice, & j'ai dû vous la rendre.
Je sai qu'à moins d'un Trône on vous fait trop descendre,
J'ai mieux aimé pour moi voir tout espoir perdu,
Qu'être heureux aux dépens du rang qui vous est dû ;
Je n'ai pû jusqu'à vous rejetter ma disgrace,
Et quelque affreux que soit le sort qui me menace,
Si vous en accablant je l'avois évité,
Je me reprocherois de l'avoir merité.

PHILONOE.

Un juste étonnement me laisse peu capable
De vous dire à quel point je vous suis redevable :
Je sens comme je dois de si genereux soins,
Et veux bien avouer que j'en attendois moins.
Je n'avois pas prévu ce grand effort de gloire ;
De tout autre que vous j'eusse eu peine à le croire,
Et jusqu'à votre aveu, j'avois presque douté
Qui pût porter si loin la generosité.

BELLEROPHON.

On doit peu me louer d'un choix si magnanime.
La generosité n'est pas ce qui m'anime ;
Je n'en sens point assez pour perdre un bien si doux,
Et tenir contre un charme aussi puissant que vous,
Je n'ai pas tant de force, & si j'ose tout dire
Il n'est point de vertu qui seule y pût suffire,
Et pour ce grand effort, dans mon cœur en ce jour,
La Gloire avoit besoin du secours de l'Amour.
Ce nom fatal m'échape, il vous trouble, il vous blesse ;
De grace, pardonnez ce reste de foiblesse,

Un Amour qui s'immole, & qui n'espere rien,
Croit être dispensé de se cacher si bien.
Du moins, si cet aveu contre moi vous anime,
Songez que le supplice a précedé le crime;
Qu'avec le châtiment le couroux doit finir,
Et qu'on plaint un coupable en le voiant punir.
Vous ne répondez point ? est-ce pour me confondre ?

PHILONOE'.

Vous écouter toujours, n'est-ce point trop répondre ?

BELLEROPHON.

Helas ! vous m'écoutez pour la derniere fois.

PHILONOE'.

Il n'a tenu qu'à vous de faire un autre choix.

BELLEROPHON.

M'en pourriez-vous blâmer ? & se pourroit-il faire
Que mon choix meritât d'avoir pû vous déplaire ?
Qu'en secret votre cœur n'en fût pas satisfait ?

PHILONOE'.

Que sert de s'expliquer sur un choix déja fait ?

BELLEROPHON.

Ah ! m'étoit-il permis d'en oser faire un autre ?
D'oser à mon bonheur sacrifier le vôtre ?
Et quand je me verrois digne d'un sort si doux,
Devois-je oser jamais le tenir que de vous ?
C'est un bien dont je sais le prix mieux que per-
sonne ;
A peine en est-on digne avec une couronne,
Sans un Trône à donner on ne peut l'acquerir,
Et je n'ai que mon cœur à vous pouvoir offrir.

PHILONOE.

Mais qui vous avoit dit que quoi que l'on pût faire
Le seul charme du Trône eût le droit de me plaire ?
Que mon ame attachée à l'ardeur de regner
Crût d'un illustre cœur l'empire à dédaigner ?
Et malgré le panchant qu'un tendre amour excite
Fit tout pour la grandeur & rien pour le merite ?

BELLEROPHON.

Que dites-vous, Madame ? & n'avez-vous point peur
Qu'un aveu si charmant ne tente trop mon cœur ?
Vous assurez-vous tant d'un choix dont je soupire ?
Et ne craignez-vous point que j'ose m'en dédire ?
Mon devoir est sans force, il vient de s'épuiser ;
Et si d'une autre main j'ai pu vous refuser,
Je ne répondrois pas de mon amour extrême
Jusques à vous pouvoir refuser de vous-même ?
Dieux ! comment à ce choix ai-je pu consentir ?
Hélas ! si vous pouviez m'en laisser repentir ?
Si pour prix de l'effort que s'est fait ma tendresse
Je pouvois obtenir l'aveu de ma foiblesse..

PHILONOE.

Adieu.

BELLEROPHON.

Vous me quittez sans me rien dire...

PHILONOE.

Helas !

BELLEROPHON.

Que me dit ce soupir ?

PHILONOE.

Ah ! ne l'entendez pas.

BELLEROPHON.
Obtiens-je enfin de vous l'aveu que je desire ?
PHILONOE.
Ne vous obstinez point à m'en faire trop dire,
Allez, & me laissez, s'il se peut, souvenir
Que ce n'est pas de moi qu'il me faut obtenir.

Fin du second Acte]

ACTE III.

SCENE PREMIERE.
PROETUS, STENOBE'E, MEGARE.

PROETUS.

ENfin le Roi, Madame, à choisi la journée
Où se doit achever notre heureux hymenée:
Il veut que dans trois jours le grand jour que j'at-
.ens
Rende ma joie entiere & tous mes vœux contens.
Les Dieux mêmes d'accord du bonheur que j'es-
pere
Ont promis de nouveau d'apaiser leur colere,
Et de nous garantir du Monstre furieux
Dont la rage a versé tant de sang en ces lieux;
Avec soin à l'envi toute la Cour s'apprête
A redoubler l'éclat d'une si belle Fête,
Chacun de mon bonheur semble faire le sien...

STENOBE'E.
Mais que fait votre Ami? Vous ne m'en dites rien.

PROETUS.
Je sai l'excés d'honneur que vous lui voulés
faire.
Je connois tout le prix d'une faveur si chere;
Mais je n'ose, Madame, oublier qu'aujourd'hui

TRAGEDIE.

Vous m'avez défendu de vous parler de lui.
J'ai cru que vos bontez après cette défence
Pour tout remerciement demandoient mon silence,
Et j'ai craint d'être ingrat plus que reconnoissant
Si je répondois mieux qu'en vous obeïssant.
Je ne vous dirai rien dont vous puissiez vous plain-
dre,
Et puisque votre haine a tant pu se contraindre,
Il est bien juste aussi qu'en mon cœur à son tour
L'amitié se contraigne en faveur de l'amour.

STENOBE'E.
C'est trop faire souffrir une amitié si tendre,
Et je souffrirai moins peut-être à vous entendre.

PROETUS.
Non, Madame, pour peu que vous puissiez souffrir....

STENOBE'E.
Que vous connoissez bien comme il faut m'attendrir.

PROETUS.
Si mon soin vous déplaît, je consens à me taire.

STENOBE'E.
Parlez, Seigneur, parlez vous savez trop me plaire.

PROETUS.
Bellerophon m'est cher, & je plains son malheur.

STENOBE'E.
Mais que vous a-t-il dit de l'offre de ma Sœur?

PROETUS.
Que sachant votre haine il avoit peine à croire
Que vous l'eussiez jugé digne de tant de gloire,
Et craignoit d'abuser dans un espoir si doux
D'un effort que pour moi vous faisiez malgré vous.

STENOBE'E.
Craint-il si fort ma haine?

PROETUS.
     Il ne m'est pas possible
D'exprimer à quel point il y paroît sensible.
Quelques peines qu'il trouve en son bannissement,

Vous voir son ennemie, est son plus grand tourment.
Il est au desespoir d'avoir pu vous déplaire.
Il sent tous ses malheurs moins que votre colere ;
Et vous l'auriez, Madame, à demi consolé
Si sans l'avoir haï vous l'aviez exilé.
STENOBE'E.
Il se plaint bien de moi ? Je l'avouerai sans feindre,
Il doit peut-être avoir quelque lieu de s'en plaindre.
PROETUS.
Malgré votre rigueur, il ne parle de vous
Que d'un air à fléchir le plus mortel couroux.
Il n'échape à sa plainte aucun mot qui n'exprime
Le plus profond respect, & la plus haute estime ;
Et sans vous accuser de lui faire aucun tort
Il se plaint moins de vous que de son mauvais sort.
STENOBE'E.
Dans l'ardeur que pour lui l'amitié vous inspire
N'en dites-vous point trop ?
PROETUS.
     Je n'en puis assez dire.
Madame, plût aux Dieux qu'avant qu'il dût partir
Vous méme à l'écouter vous pussiez consentir ;
Je suis sûr que votre ame en seroit attendrie,
Fût-elle contre lui mille fois plus aigrie :
Vous ne le pourriez voir sans le croire innocent...
STENOBE'E.
Ha ! vous êtes, Seigneur, un ami bien pressant ?
PROETUS.
Vous semblez vous troubler ?
STENOBE'E.
     N'en soiez point en peine,
Mon trouble ne vient pas du côté de la haine.
C'est un reste de gloire, & je rougis, Seigneur,
Que vous trouviez si bien le foible de mon cœur.
PROETUS.
Que mon bonheur est grand ! quelle douceur par-
  faite
De voir avec l'amour l'amitié satisfaite ?

TRAGEDIE.

STENOBE'E.

Vos soins pour votre ami n'ont que trop de pouvoir.
Mais souhaite-t-il tant en effet de me voir ?

PROETUS.

Prés de traîner ailleurs une mourante vie
Il n'a point de plus forte & de plus chere envie,
S'excuser prés de vous est tout ce qu'il prétend ;
S'il part sans votre haine il part assez content.
Chassez-le s'il le faut, mais souffrez qu'il vous voie
Et qu'il emporte au moins cette derniere joie :
Pour unique faveur c'est tout ce qu'aujourd'hui
L'amour & l'amitié vous demandent pour lui.

STENOBE'E.

Contre des droits si forts 'e moien que l'on tienne.

PROETUS.

Peut-il venir enfin, Madame ?

STENOBE'E.

    Hé bien, qu'il vienne.

PROETUS.

Par quels remercimens...

STENOBE'E.

    Il n'en est pas besoin,
Et s'il en faut, Seigneur, l'Amour en prendra soin.

SCENE II.

MEGARE, STENOBE'E.

MEGARE.

J'Admire avec quel art vous l'avez sçu reduire
A prendre en sa faveur tout ce qui peut lui nuire,
A se trahir lui-même, & par un soin fatal
A presser le bonheur de son propre Rival.
A voir Bellerophon il vous a resoluë ?
STENOBE'E.
Que je la crains, ô Dieux, cette funeste vue !
MEGARE.
Quoi vous craignez de voir un Amant qui vous
  plaît,
Et sur tout dans l'Etat où vous savez qu'il est,
Tendre, amoureux, soumis, souffrant sans s'oser
  plaindre.
STENOBE'E.
Megare, en cet état, qu'un Amant est à craindre !
MEGARE.
Il est vrai qu'entre vous l'Amour a peu d'espoir,
Vous devez redouter Prœtus & son pouvoir ;
Votre Pere aura peine à rompre un hymenée
Fondé sur une foi publiquement donnée :
Je crains mille perils que je voi trop certains.
STENOBE'E.
Je ne m'étonne pas des perils que tu crains.
Je puis ce que je veux sur l'esprit de mon Pere ;
Tu vois depuis quel temps mon hymen se differe,
Le Monstre jusqu'ici m'a procuré ce bien,
Et le malheur public a détourné le mien.

TRAGEDIE.

Aprés tant de delais je sai trop la maniere
De passer s'il le faut à la rupture entiere,
Et quand Prœtus voudroit troubler notre repos,
La Lycie a de quoi braver un Roi d'Argos.
Ce n'est pas là ma crainte, & ce qui fait le trouble
Que je sens dans mon cœur que chaque instant redouble.

MEGARE.

Qui peut donc vous troubler, & d'où naît votre effroi
Si vous ne craignez rien des scrupules du Roi,
Du pouvoir de Prœtus, de son dépit extrême...

STENOBE'E.

Ah ! n'ai-je rien, Megare, à craindre de moi-même ?
Prête à m'abandonner sans espoir de retour,
A l'aveugle transport d'un criminel amour,
Crois-tu qu'un premier crime, au moins, sans violence,
Puisse du fond de l'ame arracher l'innocence,
Et qu'il ne trouve pas dans mon cœur abatu
Quelque dernier effort de gloire & de vertu ?
Je ne sai que trop bien qu'un fatal hymenée
A la face des Dieux à Prœtus m'a donnée,
Et ne me permet plus de disposer de moi
Sans blesser mon devoir & sans trahir ma foi.
Je connois ma foiblesse, & je l'ai condamnée.
Je voi le précipice où je suis entraînée,
Et le voi d'autant mieux qu'à force d'y pancher,
Je m'en sens sur le bord & prés d'y trebucher.
Ma chute ne vient pas de défaut de lumiere.
Je sens à mon secours ma raison toute entiere,
J'aprouve ses conseils ; trop heureuse, en effet
Si le secours qu'elle offre étoit moins imparfait :
Si ses conseils trop vains quand l'Amour est le maître,
Savoient faire pouvoir tout ce qu'ils font connoître,

Et si montrant l'abîme où l'on va se jetter
Ils donnoient de la force assez pour l'éviter.
MEGARE.
Je ne m'étonne plus que votre cœur s'allarme,
Et d'un objet si cher aprehende le charme.
Vous deviez bien sans doute éviter de le voir,
Et si vous le pouviez..
STENOBE'E.
Eh, comment le pouvoir!
MEGARE.
Sans attendre qu'il vienne, & devant qu'il vous voie,
Il n'est pas impossible encor qu'on le renvoie.
Et si vous le voulez j'irai de votre part.

STENOBE'E.
Je le voudrois assez s'il n'étoit point trop tard,
Il est si prés, peut-être...

MEGARE.
On peut en diligence
Prendre encore le temps d'empêcher qu'il n'avance.

STENOBE'E.
Plus je croi qu'il aproche & plus je sens d'effroi.
MEGARE.
Irai-je?
STENOBE'E.
Il n'est plus temps, Megare, je le voi.

SCENE III.

BELLEROPHON, STENOBE'E, MEGARE.

BELLEROPHON.

Ne m'a-t-on point flaté d'une vaine esperance ?
Pourrez-vous bien, Madame, endurer ma presence ?
Que me veut dire encor le trouble où je vous voi !
Peut-être avez vous cru voir Prœtus avec moi.
Parlez, pour me souffrir souhaitez-vous qu'il vienne ?
Sa presence à vos yeux peut adoucir la mienne,
Je n'en dois pas douter, je vous entens trop bien.

STENOBE'E.
Pourquoi m'entendez-vous quand je ne vous dis rien,
Prœtus ici peut-être eût été necessaire,
Mais il a fait pour vous tout ce qu'il pouvoit faire,
Et si je vous voi seul avec peine aujourd'hui,
Je n'en aurois pas moins à vous voir avec lui.

BELLEROPHON.
Si Prœtus ne vient pas ce n'est qu'à ma priere,
J'ai voulu vous laisser liberté toute entiere,
Et ne pas abuser de ce qu'en ma faveur
L'interêt d'un Ami pourroit sur votre cœur.
Si l'on m'a prés de vous noirci de quelque crime
Qui vous ait fait juger mon exil legitime,
Je sens trop d'innocence, & m'y dois trop fier
Pour prendre aucun secours pour me justifier.
Et si vous m'exilez par votre propre haine

Je ne veux exiger rien qui vous fasse peine,
Je pars quoi que je quitte en partant de ces lieux
Ce qui m'est le plus doux & le plus précieux.

STENOBE'E.

Vous êtes bienheureux de vous trouver capable
D'avoir toujours sans peine une ame inébranlable :
Quoi qu'il faille quitter & de cher, & de doux,
L'effort n'en coûte guere aux Heros comme vous,
Et pour s'en consoler la grandeur de courage
Aux cœurs comme le vôtre est un grand avantage.

BELLEROPHON.

Je ne me pique pas de tant de fermeté,
Et ne suis point Heros jusqu'à la dureté,
Je sens si bien l'horreur du sort qui me menace,
Qu'au lieu de mon exil la mort me feroit grace;
Et peut-être en dépit de votre inimitié
Si vous saviez mes maux en auriez-vous pitié.

STENOBE'E.

Je n'eus jamais pour vous une assez forte haine
Pour vous pouvoir bannir sans regret, & sans peine :
Mais je ne vous jugeois à plaindre qu'à demi,
Croiant que vous n'aviez à quitter qu'un ami ;
Et quelque affreux tourment quelque peine cruelle
Que souffre dans l'absence une amitié fidelle,
Il est des maux plus grands que ceux de l'amitié,
Et qui rendent encor plus digne de pitié.

BELLEROPHON.

Toute votre pitié ne m'est que trop bien duë,
Et rien ne manque aux maux dont j'ai l'ame abatuë.
Plaignez un malheureux qui ne peut l'être plus.

STENOBE'E.

Que pourriez-vous ici regretter que Prœtus ?
Si vous étiez amant... Mais j'ai peine à le croire,
Vous autres grands Guerriers vous n'aimez que la Gloire ;

TRAGEDIE.

Et vous tenez l'Amour trop au deſſous de vous
Pour abaiſſer votre ame à ceder à ſes coups.
BELLEROPHON
On peut être à la guerre intrepide, invincible,
Et n'être que trop tendre ailleurs & trop ſenſible.
Où le cœur eſt charmé la valeur perd ſes droits,
Et l'ame la plus forte a de foibles endroits.
STENOBE'E.
Vous avez ſçu long-temps aimer avec miſtere :
Et l'Amour n'eſt pas fort qui ſait ſi bien ſe taire.
BELLEROPHON.
Quand on ſe ſent touché d'un temeraire Amour,
Le reſpect permet-il de l'oſer mettre au jour ?
STENOBE'E.
Le reſpect fait ſouvent des loix trop rigoureuſes,
Et les temeritez ſont quelquefois heureuſes.
BELLEROPHON.
Ah ! ſi vous excuſiez l'audace de mes vœux,
Ils n'auroient rien à craindre, ils ſeroient trop heu-
 reux ;
Mais ſi vous m'exilez que faut-il que j'eſpere.
STENOBE'E.
Ne craignez plus d'exil, je n'ai plus de colere ;
Puiſqu'ici tant de nœuds ont pû vous attacher
Il ſeroit trop cruel de vous en arracher.
BELLEROPHON.
C'eſt beaucoup d'engager votre pitié propice
A revoquer l'arrêt d'un ſi cruel ſuplice ;
Mais n'en puis-je eſperer rien encor de plus doux ?
STENOBE'E.
N'en fais-je pas aſſez ? que puis-je plus pour vous ?
BELLEROPHON.
Que ne pouvez-vous point ? mon eſperance eſt
 vaine
Si votre haine encor...
STENOBE'E.
   Ne parlons plus de haine ;
Vous pouvez deſormais vous croire tout permis,

Et vous ne devez plus craindre ici d'ennemis.
BELLEROPHON à genoux.
Ah, souffrez qu'à vos pieds aprés cette assurance,
J'ose exprimer ma joie, & ma reconnoissance ;
Que j'y laisse éclater mes transports les plus doux ;
Qu'enfin, pour votre Sœur mon amour….

STENOBE'E.
Levez-vous,
BELLEROPHON.
Aprés tant de bontés que je n'osois attendre,
De mes remercimens voulés-vous vous défendre ?
Lors que je vous dois tout, puis-je avec moins d'excés,

STENOBE'E.
Pour me remercier attendés le succés.

BELLEROPHON.
Je sçai votre credit sur le Roi votre pere,
Ne craignant rien de vous qui peut m'être contraire ?
Quel obstacle nouveau peut troubler mon bonheur ?

STENOBE'E.
Mais ne craignés-vous rien du côté de ma Sœur ?
Pour moi, vous le savés, cette même journée
Je vous en ai déja fait offrir l'hymenée .
Et mes soins les plus grands ne font que trop de foi,
Que j'ai voulu toujours vous attacher à moi :
Mais l'orgueil de ma Sœur aura peine, peut-être,
A descendre du rang où les Dieux l'ont fait naître,
Et je croi qu'à ses yeux dans le choix d'un époux ,
Le défaut de couronne est le plus grand de tous.
Je craindrois d'en venir jusques à la contrainte.

BELLEROPHON.
Ah ! n'aprehendés rien si c'est-là votre crainte ;
J'avois le même effroi, tous mes vœux incertains
N'osoient même accepter mon bonheur de vos mains,
Et vous pardonnez bien à mon amour extrême,
De l'avoir attendu du choix de ce que j'aime,

TRAGEDIE.

Votre adorable Sœur enfin a la bonté
De vouloir faire grace à ma temerité ;
Elle renonce au Trône où son destin l'apelle
Pour regner sur un cœur amoureux, & fidelle,
Et l'excés de l'amour que j'ai pour ses appas
Répare le défaut du rang que je n'ai pas.
C'est à vous maintenant qu'il faut que je m'a-
   dresse ;
Et si dans mon bonheur votre ame s'interesse,
Si du plus tendre amour les transports les plus
   grands.

STENOBE'E.
Allez vous connoîtrez l'interêt que j'y prens.

BELLEROPHON.
Je dois tout esperer si vous m'êtes propice ;
Mais de grace empêchez que mon espoir languisse ;
Pressez l'heureux effet que j'attens de vos soins ;
C'est beaucoup aux Amans qu'un moment plus ou
   moins.
Si vous saviez l'ardeur qu'un si beau feu m'inspire.

STENOBE'E.
Je l'imagine assez sans vous l'entendre dire ;
J'en sai plus qu'il ne faut pour faire mon devoir.
Allez, mes soins pour vous passeront votre espoir.

SCENE IV.
STENOBE'E, MEGARE.
STENOBE'E.

Hé bien Megare, hé bien, où suis-je enfin reduite ?
J'expliquois mieux que toi ces mots qui t'ont seduite.
Je ne sentois que trop dans le fond de mon cœur
Que l'amour de l'Ingrat n'étoit que pour ma Sœur.
Mais, ô Dieux ! quel amour ! & qu'il a de tendresse !
As-tu bien vu l'excés de l'ardeur qui le presse ?
Ce qu'il sent de transports, ce qu'il prend de souci.
Ah ! sans ma Sœur, peut-être, il m'aimeroit ainsi.

MEGARE.
Si ses vœux n'ont osé s'élever à vous-même,
Tout vous doit être égal qui que ce soit qu'il aime.

STENOBE'E.
Ah ! que tu conçois mal lors que l'on manque un cœur.
Ce qu'il coûte à le voir dans les mains d'une Sœur.
Plus la Rivale touche, & plus le dépit presse.
L'injure de plus loin moins vivement nous blesse,
Le sang aigrit l'outrage entre proches parens,
Et les coups de plus prés sont les plus penetrans.
Sur tout si tu savois quelle rage secrette
Une aînée à de voir triompher sa cadette ?

Ce qu'on souffre à ceder ce qu'on aime. Ah ! plutôt,
Osons-tout, perdons-tout, perdons-nous s'il le faut.
Faisons des malheureux, partageons nos supplices.
Je suis femme, & ma force est dans les artifices.
Allons, Megare, allons, songeons à menager
Tout ce que notre Sexe a d'art pour se venger.

Fin du troisiéme Acte.

ACTE IV.

SCENE PREMIERE.

PHILONOE', PROETUS, LADICE, LYCAS.

PHILONOE'.

SI vous cherchez ma Sœur, nous la pouvons attendre,
Elle est avec mon Pere.
PROETUS.
On vient de me l'aprendre,
Et si j'ose en juger sur ce que je lui doi
C'est pour Bellerophon qu'elle entretient le Roi,
Mais aprés ses bontez, je devrai tout aux vôtres.
PHILONOE'.
Ne pouvant rien pour moi, que pourrois-je pour d'autres ?
Vous savez mon devoir, & que jusqu'à mon cœur
Tout dépend de mon Pere, ou plutôt de ma Sœur.
PROETUS.
Votre Sœur favorable, enfin, à ma priere,
A mon heureux Ami rend son estime entiere
Et si dans sa colere elle-même aujourd'hui
A bien pu proposer votre hymen avec lui,

Aprés

TRAGEDIE.

Après avoir forcé sa colere à s'éteindre,
S'il ne craint rien de vous, il n'a plus rien à craindre.

PHILONOE.

Je ne puis qu'obéïr, mais s'il le faut, Seigneur,
Au moins j'obéïrai sans peine en sa faveur.

PROETUS.

Ah ! c'est donc maintenant qu'il m'est permis de dire
Qu'il ne manque plus rien à ce que je desire,
Et qu'enfin s'il peut être un bonheur achevé,
C'est à moi qu'aujourd'hui les Dieux l'ont reservé.
Je sens dans tous mes vœux mon ame satisfaite ;
Mais puis que c'est par vous que ma joie est parfaite,
J'aurai soin du bonheur de qui me rend heureux,
Et qu'il ne manque rien au comble de vos vœux,
En faveur d'un ami je veux que tout conspire,
Il n'a qu'un seul défaut, c'est qu'il est sans Empire.

PHILONOE.

Le vrai bonheur n'est pas dans le rang le plus haut,
Et tout ce qui sçait plaire est toujours sans défaut.

PROETUS.

Un si parfait ami m'est plus cher que moi-même,
C'est être heureux deux fois que l'être en ce qu'on aime,
Et j'espere obliger votre charmante Sœur,
A souffrir que je cede un Trône en sa faveur.
Je prétens couronner une flame si belle...
Mais j'apperçois la Reine allons au-devant d'elle.

SCENE II.

STENOBE'E, PROETUS, PHILONOE',
MEGARE, LADICE,
LYCAS.

PROETUS.

Enfin vous avez vu Bellerophon....
STENOBE'E.
O Dieux !
PROETUS.
Madame, quel chagrin se montre dans vos yeux.
Mon amour ne peut-il être encor sans allarmes !
Vous fuiez mes regards, vous me cachez vos larmes !
Peut-on savoir d'où naît le trouble où je vous voi ?
STENOBE'E.
Non, Seigneur, ce n'est rien ; Mégare, soûtien-moi.
PHILONOE'.
On doit apprehender un mal que l'on néglige,
Et si c'est....
STENOBE'E.
Non, ma Sœur, non, ce n'est rien, vous dis-je.
PROETUS.
Quel déplaisir secret peut donc tant vous saisir ?
STENOBE'E.
Ah ! que ne suis-je morte avant ce déplaisir !
PHILONOE'.
Ne pouvons-nous, Madame, esperer de l'aprendre ?

TRAGEDIE.
PROETUS.
Vous sçavez l'interêt que nous y devons prendre?
STENOBE'E.
Vous avez trop de part tous deux dans mes ennuis.
Ah ma Sœur! ah, Seigneur!
PROETUS.
Achevez.

STENOBE'E.
Je ne puis.

PHILONOE'.
Megare peut savoir d'où ce chagrin peut naître?
MEGARE.
J'ai peine ainsi que vous, Madame, à le connoître:
Mais si j'osois, Seigneur, former quelque soupçon,
Il ne pourroit tomber que sur Bellerophon.
PROETUS.
Qu'a-t-il pû dire enfin? vous pouvez nous l'aprendre?
MEGARE.
Il avoit trop de peur qu'on le pût entendre:
Il m'a fait retirer avant qu'il ait rien dit:
Je l'ai vu seulement sortir tout interdit.
PROETUS.
Et la Reine...
MEGARE.
Avec soin elle a voulu se taire,
Elle s'est fait effort pour cacher sa colere:
Mais un écrit fatal qu'on lui vient d'aporter,
A sçu contraindre enfin son courroux d'éclater.
C'est d'où naît la douleur qui de son cœur s'empare...
STENOBE'E.
Ne sauriez-vous vous taire indiscrete Megare.
PROETUS.
Quoi, ni le nom de sœur, ni le titre d'époux,
N'obtiendront rien...

STENOBE'E.

Helas ! que me demandez-vous ?
Je vous chéris tous deux avec trop de tendresse,
Ne me pressez point tant & craignez ma foiblesse.
De mon cœur contre vous je ne répons pas bien,
De peur d'obtenir trop, ne me demandez rien.

PROETUS.

Il n'importe, il est doux avec ce que l'on aime
De pouvoir partager jusqu'à la douleur même.

STENOBE'E.

Encor un coup craignez tous deux d'en savoir plus ;
Les malheurs ne sont rien tant qu'ils sont inconnus.
Préferez à l'horreur d'une clarté fâcheuse,
La douce obscurité d'une ignorance heureuse.

PROETUS.

Non, Madame, avec vous, il nous plaît de souffrir.

PHILONOE'.

C'est adoucir ses maux que de les découvrir.

PROETUS.

Au nom du nœud sacré qui déja nous assemble.

STENOBE'E.

Que le sang & l'amour sont puissans joints ensem-
  ble,
Je vous l'avois bien dit, je n'y puis résister,
Et j'ai pitié des maux qu'il vous en va coûter.
Au moins, promettez-moi quelle que soit l'of-
  fence ;
Que vous me laisserez le soin de la vengeance,
Que vos ressentimens ne pourront s'en mêler.

PROETUS.

Nous vous promettons tout, vous n'avez qu'à parler.

STENOBE'E.

Qui se seroit douté de cette perfidie !
Ciel ! à qui faut-il donc desormais qu'on se fie ?
Et qui peut se garder d'un crime revêtu
Des trompeuses couleurs d'une fausse vertu !
Qu'un ingrat ! au mépris d'une amitié si rare

TRAGEDIE.

Qu'elle auroit pû gagner le cœur le plus barbare,
Au mépris de ma Sœur avec tous ses appas,
Même avec des bontez qu'il ne méritoit pas ;
Insensible aux honneurs qu'on s'empresse à lui faire,
Sans respect d'un hymen dont la loi m'est si chere,
Par un lâche attentat digne d'étonnement....
Ah ! Seigneur, je fremis d'y penser seulement,
Le crime a tant d'horreur que je tremble à le dire,
Mais pour vous l'expliquer ce témoin peut suffire,
Il vient de votre ami.

Elle donne à Prœtus les tablettes de Bellerophon.

PROETUS.
Dieux ! rien n'est plus certain,
Je reconnois ce chiffre, & ces mots de sa main.

Il lit.

Je sçai qu'en ma faveur rien ne vous sollicite,
Que pour vous mériter il faut être un grand Roi ;
Mais si l'excez d'amour tenoit lieu de merite,
Vous ne seriez jamais qu'à moi.

STENOBE'E.
Je l'avois bien prévû, cet amour si coupable,
Vous trouble, vous confond, vous frape & vous accable.
C'est un mal qu'à regret je vous ai découvert,
Je vous l'eusse épargné si vous l'aviez souffert,
Vous deviez sur mes vœux prendre un peu moins
d'empire.

PHILONOE'.
Bellerophon ainsi peut oser vous écrire ?

STENOBE'E.
Plût aux Dieux que l'ingrat pour vous moins endurci,
Eut sans crime, ma Sœur, pû vous écrire ainsi.
Je ne veux point vous dire avec quelle insolence,
Il se vante d'avoir surpris votre innocence,
Et sçu l'art d'éblouir, & Prœtus, & le Roi,

Feignant des feux pour vous qu'il ne sent que pour
 moi.
PHILONOE'.
Le perfide !
PROETUS.
L'ingrat !
STENOBE'E.
Vous pouvez voir sans peine
Dans cet indigne amour la source de ma haine,
Souvent de ses regards l'indiscrette langueur,
M'avoit fait soupçonner l'audace de son cœur ;
Ce fut de son exil le sujet veritable,
Et sans votre amitié toujours trop favorable,
Seigneur, sans votre soin trop aveugle & trop doux,
Il auroit emporté ses crimes loin de nous.
En vain j'ai crû qu'ailleurs j'engagerois son ame,
Pour me débarasser des horreurs de sa flame ;
Malgré tous mes efforts l'excés de sa fureur
Ferme toujours ses yeux aux charmes de ma Sœur.
Votre bonté n'a fait qu'irriter son audace,
Et que lui donner lieu d'abuser de ma grace.
Vous avez remarqué peut-être avec quels soins
Le perfide a voulu me parler sans témoins :
Concevez, s'il se peut, toute la violence
Que m'a coûté pour vous mon trop de complaisance,
Et tout ce qu'en un cœur aussi fier que le mien,
La pudeur peut souffrir d'un pareil entretien.
Mais ç'eût été trop peu de ce qu'il m'a pû dire,
Son audace a passé jusqu'à m'oser écrire,
Et jusqu'à se flater du temeraire espoir,
De me faire à mon tour oublier mon devoir.
De tant d'indignitez, Seigneur, vous êtes cause,
Et vous voiez pour vous où mon amour m'expose.
PROETUS.
J'en suis confus, Madame, & je cours de ce pas,
Vous venger par ma main du plus grand des ingrats,
A tant de droits trahis il faut que je l'immole.

STENOBE'E.

Ah ! Seigneur, est-ce ainsi que vous tenez parole,
Qu'à tout ce que je veux, je puis vous engager ?
N'ai-je pas réservé le soin de nous venger ?

PROETUS.

Mais que pouvez-vous craindre ?...

STENOBE'E.

     Une fureur extrême,
Je crains.... demandez-vous ce qu'on craint quand on aime,
Pour un objet trop cher tout m'allarme en ce jour,
Et la fraieur n'est pas une honte à l'amour.
N'exposez point des jours où les miens s'interessent,
Vous me l'avez promis, mes larmes vous en pressent.

PROETUS.

Tout mon sang ne vaut pas les pleurs que vous versez,
Commandez seulement, Madame, c'est assez,
Et pour me retenir, pour m'arracher les armes,
Il suffit d'un regard, & c'est trop de vos larmes.

STENOBE'E.

Allez, pour nous venger je sçai ce que je doi :
Je vais en prendre soin, fiez-vous-en à moi.

SCENE III.

PROETUS, PHILONOE', LADICE, LYCAS.

PROETUS.

Qu'un malheureux tiré d'exil & de misere,
Favorisé, comblé d'une amitié si chere :
Qu'un ingrat que mes soins s'empressoient de placer
Sur un Trône, où pour lui j'aimois à renoncer,
Avec tant de ferveur, avec tant d'artifice,
Pour prix de mes bontez lâchement me trahisse ?
Que m'ôtant ce qu'en lui je n'ai que trop aimé,
Il veuille encor m'ôter l'objet qui m'a charmé ?
Et cherche à me blesser d'une rage inflexible,
Par tout ce qu'en mon cœur il sçait de plus sensible ?
Helas ! il est certain, sans ce coup rigoureux
Pour un simple mortel j'eusse été trop heureux.
Ah ! que j'éprouve bien que par des loix trop dures,
Les humains n'ont jamais des douceurs toutes pures,
Et que toujours les Dieux du vrai bonheur jaloux,
Mêlent quelque amertume à nos biens les plus doux.

PHILONOE'.

L'ingrat ! puisque son ame étoit préoccupée,
Pourquoi dans ses forfaits m'a-t-il envelopée ?
Que ne m'épargnoit-il la honte d'un aveu
Qui me coûtoit si cher, & lui servoit si peu ?
A quoi bon sans besoin, par une injuste envie,
Troubler l'heureuse paix d'une innocente vie ?
Pour lui les trahisons ont-elle tant d'appas,
Que trahir l'amitié ne lui suffise pas ?
Et pour trahir l'amour, qu'étoit-il necessaire,

Qu'il vint surprendre un cœur dont il n'avoit que faire ?
Non, vous n'êtes, Seigneur, à plaindre qu'à demi :
Vous ne perdez pas tout en perdant un ami ;
Votre tendresse à deux se trouvoit partagée,
Et la mienne à l'ingrat s'étoit toute engagée.
Votre amitié trahie a du moins en ce jour
La douceur de se voir consoler par l'amour,
Et dans mon cœur sensible au seul bien qu'on me vole,
L'amour trahi perd tout, & rien ne le console.

PROETUS.

C'est de ma propre main qu'il auroit dû périr.

PHILONOE'.

Il n'est que trop coupable & ne peut trop souffrir ;
Mais l'exil & l'horreur de perdre ce qu'il aime,
Sont un suplice encor plus grand que la mort même.

PROETUS.

Qu'il aille donc périr errant loin de nos yeux,
Et que d'un nouveau Monstre il délivre ces lieux,
Qu'odieux à lui même & sans aucun azile....
Ah ! d'un excés d'horreur je me sens immobile,
Troublé de voir le traître. il vient, fuiez.

PHILONOE'.

Helas !
Si vous êtes troublé, puis-je ne l'être pas ?

SCENE IV.

BELLEROPHON, PHILONOE', PROETUS, LYCAS, LADICE.

BELLEROPHON.

JE vous cherchois par tout avec impatience.
Il manquoit à ma joie encor votre presence,
Et j'ai besoin pour être entierement heureux
De la part qu'avec moi vous y prendrez tous deux.
Qu'un doux ravissement sur tous mes sens préside !
Belle Princesse, enfin....
PHILONOE'.
Va, laisse-moi, perfide.
BELLEROPHON.
Moi ! perfide ! & pour vous ! quel soupçon de ma
foi....
PHILONOE'.
Va, ne me dy plus rien, perfide, laisse-moi.
BELLEROPHON.
Me quitter sans m'entendre !
PHILONOE'.
Et pour toute ma vie.
BELLEROPHON.
Princesse avez-vous peur que je me justifie ?
Mais quel crime ai-je fait ? pourquoi me le cacher ?
Ah ! demeurez au moins, pour me le reprocher.
PHILONOE'.
Qui l'eut pû concevoir ! quelle horreur en approche !

Ingrat, mérites-tu que je te le reproche ?
BELLEROPHON.
Quoi, me fuir pour jamais, sans espoir, sans secours.
PHILONOE.
Ha, que pour mon repos ne t'ai-je fui toujours.

SCENE V.

BELLEROPHON, PROETUS, LYCAS.

BELLEROPHON.

SEigneur, quel changement ! & qui pouvoit l'attendre !
D'un cœur si grand, si noble, & qui sembloit si tendre !
Vous êtes interdit ? ah, Seigneur, je le voi,
Ce coup qui me confond, vous trouble autant que moi,
Vous êtes trop touché du malheur qui me presse,
Il vous en coûte trop d'avoir tant de tendresse,
Et pour vous épargner tant de maux, tant de soins,
Je vous pardonnerois de m'aimer un peu moins.
Mais sçavez-vous d'où vient que la Princesse aigrie
D'une extrême bonté passe à la barbarie ?
Que sans vouloir m'entendre elle me fuit ainsi ?...
Seigneur, sans me parler, vous me fuiez aussi ?
Que vois-je ? ô justes Dieux ! quelle fureur soudaine
Dans vos yeux menaçans m'exprime tant de haine ?
Vous à qui je doi tout, vous mon unique appui,
Vous aussi, vous voulez m'accabler aujourd'hui ?
Qu'ai-je donc fait pour perdre une amitié si chere ?

Seigneur! mon Protecteur! vous seul en qui j'espere,
Si vous m'abandonnez, que puis-je devenir?
Achevez, par pitié, du moins de me punir;
M'ôtant ce qui rendoit mes jours dignes d'envie,
Vous seriez trop cruel de me laisser la vie.

PROETUS.

Ah, cherches-tu, perfide, encore à m'éblouir?
Et jusques à deux fois prétens-tu me trahir?

BELLEROPHON.

Aprés tant de bonté, pour prix de tant de gloire,
Je pourrois vous trahir? Eh! le pouvez-vous croire?
Aprenez-moi mon crime?

PROETUS.

        Hé, peus-tu l'oublier?
Va, traître, tout ton sang ne sauroit l'expier.

BELLEROPHON.

Seigneur, ne croiez pas ainsi que je vous laisse....

SCENE VI.

TIMANTE, BELLEROPHON, GARDES.

TIMANTE.

C'est....

BELLEROPHON.
Ne m'arrêtez point.

TIMANTE.
      C'est un ordre qui presse,
Seigneur, considerez....

BELLEROPHON.
Qu'ai-je à considerer.

TRAGEDIE.
TIMANTE.
Que c'est de vous, Seigneur, que je dois m'assurer.
BELLEROPHON.
Je reconnois la Reine à ce coup qui m'accable.
Allons, vouloir me perdre est un soin favorable.
Ma vie est desormais un trop cruel tourment,
Et pour qui veut périr, il n'importe comment.

Fin du quatriéme Acte.

ACTE V.

SCENE I.

STENOBE'E, MEGARE.

STENOBE'E.

JE tiens Bellerophon enfin sous ma puissance,
Par mon ordre, on le méne en un lieu d'assurance.
Il m'étoit important de l'ôter de ces lieux ;
J'avois à redouter qu'il n'ouvrît trop les yeux,
Et qu'à travers ma haine, & malgré ma colere,
Il ne vit mon amour, & n'eut peine à s'en taire.
J'ai cru devoir, sur tout, dans ces premiers momens,
Eviter l'embarras des éclaircissemens.
Je l'envoie en un Fort, où je serai certaine
D'en pouvoir disposer & sans crainte & sans peine ;
Et ma superbe Sœur, dont l'ingrat suit la loi,
Du moins, si je le perds, le perdra comme moi.

MEGARE.
Ainsi donc vous voulez sa vie en sacrifice ?

STENOBE'E.
Ah ! je l'ai trop aimé pour vouloir qu'il périsse.

Sa vie encor m'est chere, & malgré ma fureur,
Si j'osois j'en voudrois seulement à son cœur.

MEGARE.

Nul espoir ne nous reste ?

STENOBE'E.

Eh ! pourquoi non, Megare ?
Si je puis écarter tout ce qui nous sépare,
Rompre mon hymenée, & marier ma Sœur,
Pourquoi n'esperer pas qu'il panche en ma faveur ?
Souffre-m'en l'esperance, & dût-elle être vaine,
L'erreur même en est douce, elle flate ma peine ;
L'espoir le plus trompeur tient lieu de quelque bien,
Et le plus grand des maux est de n'esperer rien.
Un artifice heureux m'a déja bien servie ;
Ma Rivale n'a plus de quoi me faire envie ;
Je viens avec usure, au gré de mes souhaits,
De lui rendre à mon tour les maux qu'elle m'a faits,
Et de mettre en deux cœurs pleins d'un amour extrême,
La haine en dépit d'eux, & malgré l'amour même,
Au défaut d'être aimée, au moins j'ai la douceur
Qu'on goûte à se venger, & sur tout, d'une Sœur.
La voici, voi ses pleurs, sa peine est sans égale,
Ah ! qu'il est doux de voir pleurer une Rivale !

SCENE II.

STENOBE'E, PHILONOE', LADICE, MEGARE.

STENOBE'E.

Laissez en ma presence agir en liberté,
Le trouble dont je voi votre esprit agité :
Ma Sœur, n'étouffez point vos soûpirs ni vos plaintes,
Laissez, laissez couler vos larmes sans contrainte,
Nos interêts ici ne sont pas séparez ;
Je ressens vivement l'affront que vous souffrez,
Et j'ai le cœur touché plus qu'on ne peut comprendre.
De ces trop justes pleurs que je vous voi répandre.
Quel outrage ! en effet, de voir qu'un tel mépris
Paie un choix dont ailleurs un Trône étoit le prix,
Qu'un traître, & plus cent fois qu'on n'eût osé le croire,
Insensible au mérite, à l'amour, à la gloire,
Aveugle à vos appas, ingrat à vos bontez,
Venge en vous rebutant tant de Rois rebutez.
Mais peut être en est-il qui pour secher vos larmes,
Au rebut d'un ingrat verront encor des charmes,
Qui pour vous consoler perdant Bellerophon.....

PHILONOE'.

Ciel !

STENOBE'E.

Votre cœur fremit à ce funeste nom ?
Vous parler d'un ingrat qui vous fait tant d'outrage,
C'est vous renouveller une cruelle image :
C'est redoubler vos pleurs, & pour les essuier,
Il vaut mieux s'il se peut vous laisser l'oublier.

N'en parlons plus, l'oubli n'eſt que trop legitime.
PHILONOE'.
Non, non, Madame, non, parlez-moi de ſon crime,
Peignez-m'en bien l'horreur, retracés-là toujours,
Des plus noires couleurs empruntés le ſecours ;
Faites-moi croire enfin ſa trahiſon ſans peine ;
C'eſt trop peu de l'oubli, j'ai beſoin de la haine,
Et peut-être en cherchant l'oubli hors de ſaiſon,
Tout ce que j'oublierois ſeroit ſa trahiſon.
STENOBE'E.
Quoi, douter de ſon crime ? en prendre la memoire ?
D'où vous vient maintenant tant de peine à le croire ?
Qui le rend moins coupable ? & l'aiant cru d'abord...
PHILONOE'.
Madame, je l'aimois, & j'apprens qu'il eſt mort.
STENOBE'E.
Bellerophon eſt mort !
PHILONOE'.
La nouvelle en eſt ſçuë.
Quoi ? ſa mort vous ſurprend, vous qui l'avez voulüe !
Vous enfin dont la haine au trépas l'a conduit.
STENOBE'E.
Moi, j'ai voulu ſa mort ! ah, c'eſt donc un faux bruit,
Quelqu'un mal informé répand cette nouvelle.
Je n'ai point pour l'ingrat de haine ſi cruelle :
Non, tout ingrat qu'il eſt.... Mais qu'apperçois je ! ô
  Dieux,
Timante de retour ſans mon ordre en ces lieux !

SCENE III.

STENOBE'E, PHILONOE', TIMANTE, MEGARE, LADICE.

TIMANTE.

AH ! Madame !
STENOBE'E.
   Qui peut à ce point vous confondre ?
Quitter Bellerophon dont vous devez répondre ?
TIMANTE.
J'ai fait ce que j'ai pu ; mais le pouvoir humain
Contre l'effort du Monstre a toujours été vain.
Chacun sçait trop sa rage & l'effroi qu'elle imprime....
STENOBE'E.
Bellerophon au Monstre a servi de victime ?
TIMANTE.
C'en est fait, il est mort. Par votre ordre arrêté,
Seul, dans un char couvert, de Soldats escorté,
Je le faisois conduire au Fort en diligence :
Nous marchions au grand pas, dans un profond silence,
Quand à côté de nous du fond du bois prochain
D'horribles hurlemens ont retenti soudain.
A ce bruit qui pénétre, & transit jusqu'à l'ame,
A travers des boüillons de fumée & de flame,

paroît ce Monstre affreux que le Ciel en courroux
A tiré des Enfers pour s'armer contre nous.
Il se fait reconnoître à la confuse forme,
D'un corps prodigieux d'une grandeur énorme.
Lion, Chêvre, Dragon, composé de tous trois,
C'est en un Monstre seul trois Monstres à la fois.
Il n'est sur son passage endroit qu'il ne desole,
Il rugit, crie, & sifle, il court, bondit, & vole;
Des yeux il nous devore, il ouvre avec fureur
De sa gueule beante un gouffre plein d'horreur,
Et pour fondre sur nous s'excitant au carnage,
Sur des rochers qu'il brise il aiguise sa rage.
A l'entendre, à le voir, tout tremble, tout fremit :
Le jour même est troublé des noirs feux qu'il vomit.
A ce terrible objet, de mortelles allarmes,
Font fuir tous nos soldats, leur font jetter les armes,
Le seul Bellerophon ferme dans ce danger,
D'un regard intrépide ose l'envisager.
Je fais tourner son char pour regagner la Ville ;
Mais il rend malgré moi tout mon soin inutile,
Il s'élance, & saisit en se jettant à bas,
Des armes que la peur fait jetter aux soldats ;
Non, par un vain espoir de faire résistance,
Contre un Monstre au-dessus de l'humaine puissance ;
Mais pour chercher encor dans un trépas certain,
L'honneur d'être immolé les armes à la main.
C'est ainsi que lui-même il s'offre en sacrifice :
Laisse moi, m'a-t-il dit, abreger mon suplice ;
Va, retourne à la Reine, annoncer mon trépas ;
Dy-lui, quoi qu'elle ait fait, que je ne m'en plains pas,
Pourvû qu'au moins rendant justice à ma memoire,
Elle ait aprés ma mort quelque soin de ma gloire.

STENOBE'E.
Hé vous l'avez quitté !

TIMANTE.
Que pouvois-je aujourd'hui,
Seul sans espoir....

STENOBE'E.
                    Le suivre & périr avec lui.
Tâcher que votre vie avant la sienne offerte,
Au moins de quelque instant peut retarder sa perte,
Mais qui puis-je en sa mort accuser plus que moi.
Prenons soin de sa gloire, il le veut, je le doi,
Et je vai hautement commencer sa vengeance,
Par l'aveu de mon crime & de son innocence.
         PHILONOE'.
O Dieux ! son innocence ?
         STENOBE'E.
                    Oui, je l'avouë à tous,
Il n'en avoit que trop pour Pretus, & pour vous,
Il n'a que trop rempli tout ce qu'on peut attendre,
De l'ame la plus haute, & du cœur le plus tendre.
Il ne fut pour tous deux jusqu'au dernier moment,
Que trop parfait ami, que trop fidelle Amant.
Il ne fut que trop digne & d'amour & d'estime,
Et son trop de vertu fut enfin tout son crime.
         PHILONOE'.
Pourquoi donc le poursuivre avec tant de courroux ?
Pourquoi le tant haïr ?
         STENOBE'E.
                    Je l'aimois plus que vous.
         PHILONOE'.
Vous auriez pû l'aimer ? vous dont l'injuste envie
Persecuta sans cesse & sa gloire & sa vie ?
Vous de qui la fureur lui coûte enfin le jour ?
         STENOBE'E.
Et par cette fureur jugez de mon amour.
C'est par-là qu'il doit être au-dessus de tout autre.
Mon cœur pour la vertu fut fait comme le vôtre :
La gloire qui vous plût, fit mes vœux les plus doux ;
J'ai porté la fierté cent fois plus loin que vous ;
Voyez où m'a réduite une amour si funeste ?
Dans vos pertes, du moins, l'innocence vous reste,
Et de tant de vertu, de gloire & de fierté,
Il ne me reste rien, l'amour m'a tout ôté.

Vos feux furent gênez de scrupules, de craintes,
Et ma flame a grossi par l'effort des contraintes :
Rien ne vous résistoit, tout m'étoit opposé ;
Votre amour n'osoit rien, le mien a tout osé ;
Il m'a fait trahir tout, sans s'épargner lui-même;
Il m'a fait perdre tout, jusques à ce que j'aime ;
Et sur vos feux les miens l'ont d'autant emporté,
Qu'ils sont plus criminels, & qu'ils m'ont plus coûté :
Mais pleurer ce Heros ce n'est pas assez faire,
C'est l'effet trop commun d'un regret ordinaire.
Voions qui l'aime plus au-delà du trépas,
Ou, vous qu'il adoroit, ou moi qu'il n'aimoit pas,
Et jusques chez les morts, par l'ardeur de le sui-
  vre,
Montrons pour qui des deux, il devoit plutôt vi-
  vre.

LADICE, *retenant Philonoé*.

Madame....

PHILONOE'.

Ah, laisse-moi punir mon lâche cœur;
De n'avoir pu mourir d'amour & de douleur.
Allons, ne souffrons pas que dans le tombeau même
Ma Rivale avant moi rejoigne ce que j'aime.

SCENE IV.

PROETUS, PHILONOE', LADICE.

PROETUS.

Dérobez-vous, Princesse, à des malheurs nouveaux,
Sauvez-vous de ces lieux, fuiez sur mes vaisseaux,
Fuiez un peuple aveugle, & dont l'injuste envie...

PHILONOE'.
Bellerophon est mort, qu'ai-je à fuir que la vie ?

PROETUS.
Plaignez moins son destin trop illustre & trop doux :
Gardez votre pitié toute entiere pour vous.

PHILONOE'.
Timante nous a dit son desespoir funeste :
Il l'a vû s'exposer....

PROETUS.
     Aprenez donc le reste.
Averti que mes gens trop touchez de son sort,
Courroient pour le sauver sur le chemin du Fort,
J'ai cru devoir moi-même aller par ma presence,
De leur zele indiscret calmer la violence.
J'ai pris soin de les suivre, & les faisant rentrer,
Dans la ville aprés eux j'allois me retirer ;
Lorsque j'ai vû le Monstre, & n'ai pû me deffendre,
D'admirer qu'un perfide osât lui seul l'attendre.
Ses Gardes pleins d'effroi l'aiant d'abord quitté,

Le bruit de son trepas a par tout éclaté;
Et contre un Ennemi jusqu'alors indomtable,
Lui même a dû juger sa perte inévitable.
Cependant, il l'attaque avec un dard lancé
Qui, perçant l'œil du Monstre, y demeure enfoncé,
Son sang qui par ce coup jaillit en abondance,
L'achevant d'aveugler, détourne sa vengeance,
Sa victime à couvert par son aveuglement
A sa fureur errante échape heureusement.
Ce grand Corps sans rien voir, s'élance à l'avan-
    ture,
Il se veut prendre au dard qu'il sent dans sa bles-
    sure ;
Mais n'y pouvant atteindre, il se heurte, il se mort
Il s'affoiblit toujours par ce qu'il fait d'effort,
Et plus en s'agitant sa rage en vain s'essaie,
Plus le dard qui penetre aprofondit sa plaie.

PHILONOE'.

Ainsi Bellerophon évite le trepas ?

PROETUS.

Loin d'éviter le Monstre, il marche sur ses pas.
Il le voit qui revient, il l'attend au passage ;
Observe un foible endroit, joint l'adresse au courage ;
Un javelot en main, à côté se glissant,
Choisit le flanc qu'il montre, & le perce en passant.
Le coup en est mortel ; le Monstre qui se roule
S'efforce d'avaler tout son sang qui s'écoule,
Epuise à se debattre un reste de vigueur,
Et tombe enfin sans vie, aux pieds de son Vain-
    queur.
Le Peuple au haut des Tours, témoin de sa victoire,
Par de longs cris de joie en celebre la gloire.
Il sort, il court en foule, où ce grand Corps san-
    glant
Tout mort qu'il est, étonne, & n'est vu qu'en trem-
    blant.
Plus à voir ce Prodige, on s'effraie, on se trouble,
Plus l'admiration pour le Vainqueur redouble.

Chacun pour l'honorer s'efforce d'encherir,
Tel assure avoir vû des Dieux le secourir,
Et venir assister ses forces inégales,
L'un, d'un cheval volant, l'autre d'armes fatales,
Tant en des cœurs surpris d'un grand évenement,
La superstition s'insinuë aisément.
L'ardeur du peuple enfin pour lui devient si forte,
Que jusques au Palais en triomphe on le porte,
Et qu'on entend par tout crier avec chaleur,
Qu'il faut que votre hymen couronne sa valeur.
De quelle joie, ô Dieux! paroissez-vous capable?
Quelque heureux qu'il puisse être, en est-il moins coupable,
Nous a-t-il moins trahis? pouvez-vous l'oublier!

PHILONOE.

Ma Sœur vient hautement de le justifier.
Hâtez-vous de la voir, sa fureur est extrême,
Et pourroit bien enfin tourner contre elle-même.

SCENE

TRAGEDIE.

SCENE V.
TIMANTE, PROETUS, PHILONOE', LADICE.

TIMANTE.

Seigneur....

PROETUS.

Parle, quels cris percent jusqu'en ces lieux;

TIMANTE.

La Reine votre épouse....

PROETUS.

Acheve.

TIMANTE.

Expire.

PROETUS *rentrant*.

Ah ! Dieux !

PHILONOE'.

Toute injuste qu'elle est, secourons-là, n'importe.

TIMANTE.

Madame, il n'est plus tems....

PHILONOE'.

Quoi ? Timante, elle est morte ?

Tome III. O

TIMANTE.

Le desespoir au cœur, la fureur dans les yeux,
Elle a couru chez elle, en sortant de ces lieux.
D'une fatale épée à Prœtus destinée,
Qu'elle avoit fait orner pour present d'hymenée,
Elle a percé son sein avant qu'aucun de nous,
L'ait pû joindre assez tôt pour prévenir ses coups.
Dans la funeste horreur qu'elle avoit pour la vie,
Et n'y croiant plus rien qui lui dût faire envie,
Elle-même empêchant qu'on la pût secourir,
Aprés Bellerophon se hâtoit de mourir;
Quand par les cris du peuple, aprenant sa victoire,
Et sçachant qu'il venoit vivant, & plein de gloire,
Son ame fugitive & prête à s'envoler,
A semblé par ce bruit se sentir rappeller.
Mais il étoit trop tard, sa blessure mortelle,
Ne laissoit à la vie aucun retour pour elle.
Un foible & dernier nœud s'est rompu par l'effort,
Dont elle a vainement lutté contre la mort,
Et son ame est partie avec l'horreur cruelle,
D'être seule à descendre en la nuit éternelle,
Et de laisser en paix dans l'espoir le plus doux,
Au jour qu'elle perdoit Bellerophon & vous.
Ce Heros s'avançant a sçu cette disgrace:
Et je l'ai vû suivi d'un gros de populace,
Vers votre appartement passer.... Mais le voici.

SCENE DERNIERE.

BELLEROPHON, PHILONOE', LADICE, TIMANTE.

BELLEROPHON.

Amis, laissez-moi seul. La Princesse est ici;
Ne craignez point qu'un peuple ébloui de ma gloire,
Vous rende malgré vous le prix de ma victoire;
Pour moi, sans votre cœur, il n'est point d'autre bien:
Je compte en le perdant ma victoire pour rien.
Si ma Princesse encor de ma foi se défie,
Le Ciel par un miracle en vain me justifie:
C'est un crime assez grand que de vous faire horreur.

PHILONOE'.

Ne parlons plus de crime, excusez mon erreur.
Je sçai votre innocence, il m'est doux de la croire.
Et je l'estime encor plus que votre victoire.

BELLEROPHON.

Quoi, je reviens enfin sûr de plaire à vos yeux.

PHILONOE'.

Il n'étoit pas besoin d'être si glorieux,
Sans chercher les périls d'une gloire si chere,
Devenir innocent suffisoit pour me plaire.

O 2

BELLEROPHON.

Se peut-il que l'amour.....

PHILONOE.

Seigneur, l'amour content,
Pourroit en dire trop, ne l'écoutons pas tant.
Songeons à consoler & Prætus & mon pere;
Le sang & l'amitié ne doivent pas moins faire;
Qu'ils fassent leur devoir, & vous assurez bien,
Que l'amour à son tour n'oubliera pas le sien.

Fin du cinquiéme & dernier Acte.

PAUSANIAS,

TRAGEDIE.

PAR
Mr. QUINAULT.

Representée en 1666.

ACTEURS.

PAUSANIAS, *General des Grecs.*

ARISTIDE, *Chef des Atheniens.*

CLEONICE, *Prisonniere des Grecs.*

DEMARATE, *Princesse de Sparte.*

SOPHANE, *Confident d'Aristide.*

EURIANAX, *Confident de Pausanias.*

STRATONE, *Confidente de Cleonice.*

CHARILE, *Confidente de Demarate.*

La Scene est à Bisance.

PAUSANIAS,
TRAGEDIE.

ACTE I.

SCENE I.

DEMARATE, CHARILE.

DEMARATE.

IL le faut avoüer, rien n'eſt plus éclattant,
Que le ſuprême honneur du deſtin qui m'attend.
L'hymen m'offre un époux que l'Univers admire,
C'eſt par lui que des Grecs la liberté reſpire.
Notre illuſtre païs qui depuis ſi long-tems,
A preſque autant produit de Heros que d'enfans,
Sparte, juſqu'ici pour ſa gloire immortelle,
N'a point fait naître encor de Roi ſi digne d'elle.
C'eſt ſous ce General que l'on vient dans nos champs
D'immoler en un jour trois cens mille Perſans,
Et que par un effort de valeur ſans ſeconde,

La Grece échappe au joug qui soûmet tout le
    monde;
De plus, Pausanias n'est point de ces Guerriers,
Dont la tête ait blanchi sous le faix des Lauriers,
Qui soit monté par l'âge à des grandeurs solides,
Et dont la Renommée ait attendu les rides,
Sur le front d'un Heros si fameux, si vaillant,
L'éclat de la jeunesse est encor tout brillant.
Vainqueur qu'il est d'un Roi le plus grand de la
    Terre,
Il peut prétendre à vaincre ailleurs que dans la
    Guerre,
Et la paix qu'à la Grece il assure aujourd'hui,
Peut réserver encor des conquestes pour lui;
Cependant sur le point du pompeux hymenée,
Qui doit à ce grand homme unir ma destinée,
Puis-je oser découvrir à ton zele discret,
L'invincible chagrin qui m'accable en secret.

CHARILE.

Vous du chagrin, Madame? en est-il qui vous presse
Si prés du plus haut rang que puisse offrir la Grece,
Le Vainqueur des Persans, le grand Pausanias,
Tout aimable qu'il est, ne vous plairoit-il pas?
Quel charme y peut manquer pour l'ame la plus vaine?

DEMARATE.

Il ne me plaît que trop, Charile, & c'est ma peine.
Si mon cœur simplement n'étoit qu'ambitieux,
L'éclat de son hymen éblouiroit mes yeux.
Mon orgueil trouveroit au seul nom de sa femme
Dequoi pouvoir remplir tous les vœux de mon ame,
J'examinerois peu s'il m'aimoit plus ou moins:
Je ne prendrois pas garde aux tiedeurs de ses soins,
Et l'heur d'atteindre au rang le plus beau de la Grece
Pourroit me consoler de perdre sa tendresse.
Mais j'aime, & c'est mon mal, le Ciel pour ce Heros,
M'a fait un cœur sensible, & trop, pour mon repos,
Et depuis qu'à l'amour on se laisse surprendre,
Il en coûte bien cher d'avoir un cœur trop tendre.

TRAGEDIE.
CHARILE.

Pausanias, Madame, encor jusqu'aujourd'hui
Vous a peu donné lieu de vous plaindre de lui,
Et votre ame inquiete en doutant qu'il vous aime,
Est trop ingenieuse à se troubler soi-même,
Je ne sçaurois penser que vous en jugiez bien.

DEMARATE.

Tu peux croire qu'il m'aime, & je n'en croirois rien,
Non, non, s'il étoit vrai j'en serois trop certaine,
Je le souhaite assez pour le croire sans peine,
Et pour peu que son cœur pour moi pût s'émouvoir
Je serois la premiere à m'en apercevoir.
Depuis un mois entier que je suis à Bisance,
J'observe en me voiant qu'il se fait violence,
Et que sous la couleur de ses soins importans,
Toujours sur notre hymen il cherche à gagner tems.

CHARILE

Son embarras l'excuse, il est Chef d'une armée,
Jalouse de son rang & de sa renommée;
Et les Persans sur terre entierement défaits,
Sont encor sur la mer aussi forts que jamais.
Le cœur d'un grand Guerrier peut aimer comme un
    autre;
Mais sa façon d'aimer differe de la nôtre;
Ces Heros que la guerre occupe nuit & jour,
Ont peu de tems de reste à donner à l'amour.

DEMARATE.

La valeur ne rend pas une ame moins sensible,
Et la guerre & l'amour n'ont rien d'incompatible,
Quelqu'heure dérobée aux soins de sa grandeur,
Un doux amusement d'une agreable ardeur,
Un peu d'amour enfin aprés une victoire,
Peut bien s'accommoder avec toute sa gloire,
Et loin qu'il fut pour lui honteux de s'enflamer,
Pour comble de mérite il lui manque d'aimer.

CHARILE.

Croiez-vous que son cœur soit toujours insensible?

O 5

DEMARATE.
Non, je croi qu'à l'amour il n'est rien d'impossible :
Mais s'il te faut tout dire, il pourroit s'enflamer,
Charile, & n'aimer pas ce qu'il dévroit aimer,
Depuis que Cleonice est ici prisonniere,
Voi quels soins il lui rend....
CHARILE.
C'est à votre priere.
N'avez-vous pas pour elle imploré son secours ?
DEMARATE.
Je ne l'ai pas prié de la voir tous les jours.
CHARILE.
Mais pouvez-vous penser qu'il s'attache à lui plaire,
Lui qu'elle sçait auteur de la mort de son pere,
Lui contre qui sa haine a sçu tant s'expliquer....
DEMARATE.
C'est peut-être en effet ce qui le peut piquer ;
Et cette haine à vaincre avec toute sa force,
N'est pour un cœur si fier qu'une trop douce amorce ;
Mais avant que je montre aucun ressentiment,
Je veux sur ce soupçon m'éclaircir pleinement.
J'en conçoi des moiens qui dévront te surprendre,
Et dont mal-aisément on pourra se défendre.
D'un art si peu commun....
CHARILE.
Voici Pausanias.
DEMARATE.
Ce n'est pas moi qu'il cherche, il ne m'apperçoit pas.

SCENE II.
PAUSANIAS, EURIANAX, DEMARATE, CHARILE.

PAUSANIAS.

Voir un autre à ma honte obtenir Cleonice,
Non, non, auparavant il faut que je périsse.
Puisqu'on veut tout tenter, emploions tout aussi,
Allons savoir....

EURIANAX.
Seigneur, Demarate est ici.

PAUSANIAS.
Madame, pardonnez au transport qui m'anime,
On n'en conçût jamais qui fut plus légitime.
Un jeune Athenien au mépris de mes droits,
Veut de nos prisonniers me disputer le choix.
J'ai choisi Cleonice, & vous-même, Madame,
A ce dessein si juste avez porté mon ame,
Ce sont en sa faveur vos soins officieux,
Qui m'ont sur son mérite ouvert d'abord les yeux,
Et qui pour adoucir sa fortune cruelle,
M'ont en faisant un choix fait déclarer pour elle ;
Cependant aujourd'hui pour me la disputer,
L'audacieux Cimon n'a pas craint d'éclater,
Déja pour l'obtenir sa caballe est si forte,
Que peut-être à ma honte, il faudra qu'il l'emporte,
Et qu'il ôte à mes vœux tout ce qu'auroit de doux,
La gloire d'un dessein que j'avois fait pour vous,

PAUSANIAS,
DEMARATE.
N'écoutez point, Seigneur, d'interêt que le vôtre;
C'est celui qui me touche au dessus de tout autre,
Et si j'ai sur ce choix pû vous solliciter
Je ne prévoiois pas qu'il vous dût tant coûter:
Pour peu que votre gloire en ce dessein hazarde
Cleonice & son sort n'ont rien que je regarde,
Je n'y prens plus de part, & vous devez penser
Qu'entre elle & vous mes vœux n'ont guere à balancer.
PAUSANIAS.
Je ne puis plus quitter ce dessein qu'avec honte,
Ce seroit de mon rang faire trop peu de conte,
Ce seroit exposer ma dignité, mes droits,
Et ma gloire m'engage à soûtenir mon choix:
Je sai que le pouvoir que la Grece me donne
Attache obstinément l'envie à ma personne;
Et qu'un si grand dépôt entre mes mains commis
De tous les mécontens me fait des ennemis.
Aristide, & Cimon Chefs des troupes d'Athene,
Aux Loix d'un Roi de Sparte obeïssent à peine;
Mon rang leur fait envie, & pour me l'arracher
A me nuire sans cesse on les voit s'attacher.
Déja l'un de ces Chefs par cette concurrence,
Veut en choquant mon choix ébranler ma puissance;
Il éprouve sa force, & ce qu'il entreprend,
N'est qu'un premier essai d'un attentat plus grand.
Ainsi, Madame, il faut mettre tout en usage,
Pour ne leur pas ceder ce premier avantage,
Et pour défendre un rang qui me seroit ôté
Au moindre abaissement de mon autorité.
Je dois même avoir soin avant notre hymenée
D'affermir la grandeur qui vous est destinée,
D'assurer pour vous-même un solide pouvoir.
DEMARATE.
Je vous entens Seigneur, & je sai mon devoir.
Je voi ce qui vous plaît, & je cherche à vous plaire.
Vous voulez que l'hymen entre nous se differe;
Sans chercher des raisons, sans m'expliquer pour-
quoi,

TRAGEDIE.

Vous le voulez, Seigneur, & c'est assez pour moi.
Si même vous craignez que Sparte ne s'offence,
Du delai d'un hymen qui fait son esperance,
Publiez que c'est moi qui seule ai differé,
Si mon aveu vous sert, il vous est assuré.
Ne regardez que vous.

PAUSANIAS.

Ah ! c'en est trop, Madame ;
Pour peu que ce delai puisse gêner votre ame,
A moins que sans regret vous n'en tombiez d'accord,
Si vous n'y consentez sans peine & sans effort.

DEMARATE.

Ah ! Seigneur, j'y consens, cela vous doit suffire.
Votre hymen seul n'est pas tout le bien où j'aspire,
Ce n'est pas malgré vous que j'y veux parvenir,
C'est peu que Sparte seule ait soin de nous unir ;
Si l'amour ne prend part à notre destinée,
Et ne se mêle un peu d'un si grand hymenée.
Pour être au point qui peut rendre mes vœux contens ;
Votre cœur a besoin encor de quelque tems :
Bien que l'ordre de Sparte ait à mon avantage,
Enjoint expressément qu'un si grand cœur s'engage,
Je veux bien, sans jamais abuser de mes droits,
Aprés l'ordre de Sparte attendre encor son choix,
Et pour mettre le comble à mon bonheur extrême,
Lui donner le loisir de se donner lui-même,
Aprés cela de peur de vous embarasser,
Seigneur je me retire, & vous laisse y penser.

SCENE III.

PAUSANIAS, EURIANAX.

EURIANAX.

De si beaux sentimens où tant d'amour s'ex-
    prime,
Méritent bien, Seigneur, tout au moins votre estime,
Et ce soûpir paroît me dire en sa faveur,
Qu'un procedé si noble a touché votre cœur.

PAUSANIAS.

J'estime Demarate, & tout m'en sollicite,
Je connois son amour, je vois tout son mérite,
J'en sai trop bien le prix, j'en admire l'éclat ;
Mais j'ai beau l'admirer, j'y suis toujours ingrat,
Et mon cœur qui ne peut souffrir qu'on nous unisse,
Soûpire du regret de lui faire injustice.
Le choix de son hymen que pour moi Sparte a fait,
Loin d'attirer mes vœux les révolte en effet.
Aprés tant de travaux, tant d'efforts de courage,
Aprés avoir sauvé tous les Grecs d'esclavage,
C'est trop que mon païs malgré le nom de Roi,
M'ôte la liberté de disposer de moi.
De plus ... te le dirai-je ? oui, c'est trop m'en dé-
    fendre,
Notre amitié m'en presse, il te faut tout aprendre,
Et comme ce secret doit éclater dans peu,
Je ne t'en dois pas moins que le premier aveu ;
Aprens Eurianax toute mon injustice.
J'aime ailleurs.

TRAGEDIE. 327
EURIANAX.
Vous, Seigneur ?
PAUSANIAS.
Et j'aime Cleonice.
EURIANAX.
Cleonice, Seigneur, est aimable à vos yeux ?
Elle qui sort d'un sang à la Grece odieux ?
Qui sait que vous avez par un devoir severe,
Haï, poursuivi, pris, & condamné son pere ?
Qui pour venger sa mort avec des soins pressans,
A suivi le débris du parti des Persans,
Et s'est si hautement promise pour conqueste,
A quiconque en ses mains remettroit votre teste,
Enfin vous flatez-vous qu'au mépris de son choix,
Sparte approuve des feux qui choqueront ses Loix,
Et que la Grece entiere encor mal affermie,
Souffre en son General l'amour d'une ennemie ?
PAUSANIAS.
Tout ce que tu peux voir je l'ai vû comme toi,
Je sai qu'en ce dessein tout s'arme contre moi,
Je sai que mon amour n'a d'espoir qu'aux mira-
cles,
J'en connois les perils, j'en voi tous les obstacles :
Mais les difficultés aux amans ne sont rien,
Et c'est un nouveau charme aux cœurs comme le mien
Aimer une ennemie, & prétendre à lui plaire,
Malgré toute la Grece, & le sang de son pere,
C'est braver des dangers terribles & puissans ;
Mais l'audace en sied bien au Vainqueur des Persans,
Tout couvert de l'éclat d'une illustre victoire,
J'ai jusques dans l'amour voulu chercher la gloire,
J'aspire en amant même, à vaincre avec honneur,
Une conqueste aisée eut fait honte à mon cœur,
Puis qu'aimer est pour tous un tribut necessaire,
J'ose au moins dédaigner un amour ordinaire,
Et n'ai pas cru qu'aimer avec un plein repos,
Sans peine, sans péril fut aimer en Heros.

EURIANAX.
Dans ce dessein sur tout gardés-vous d'Aristide ;
S'il est des mécontens c'est lui seul qui les guide,
Sous le grand nom de Juste il cache un cœur jaloux
Du pouvoir que les Grecs n'ont confié qu'à vous.
PAUSANIAS.
Je le sai, mais passons, je le voi qui s'avance.

SCENE IV.

ARISTIDE, SOPHANE, PAUSANIAS, EURIANAX.

ARISTIDE.

De vos amis, Seigneur, fuiez-vous la presence,
Votre entretien pour eux est-il si peu permis...;
PAUSANIAS,
Je ne fuis qu'Aristide, & connois mes amis,
J'évite un entretien qui pourroit le contraindre,
Et juste comme il est il ne doit pas s'en plaindre.

ARISTIDE.
Quoi, ne puis-je esperer, Seigneur, d'être éclairci
De ce qui vous oblige à me traiter ainsi ?
Ne m'apprendrez-vous point par un aveu sincere
Quel crime ou quel malheur me force à vous déplaire ?
Expliquez-moi du moins en quoi j'ai pû manquer.

PAUSANIAS.
Puisque vous le voulez je vais donc m'expliquer,
L'art de dissimuler ce qu'on reçoit d'outrages

N'est pas à mon avis fait pour les grands courages,
Et je ne puis conter qu'entre mes ennemis,
Quiconque aspire au rang où la Grece m'a mis.
ARISTIDE.
Moi, Seigneur, que j'aspire à ce rang plein de gloire,
M'avés-vous pû connoître, & l'avés-vous pû croire ?
Et m'est-il échappé dans la moindre action
Rien qui m'ait convaincu d'aucune ambition ?
PAUSANIAS.
Vous vous déguisez bien sans doute, & je confesse
Qu'en vous l'ambition se cache avec adresse,
J'y fus trompé d'abord, mais j'ouvre enfin les yeux
Et la crains d'autant plus qu'elle se cache mieux,
J'aurois apprehendé bien moins la force ouverte,
Que vos pieges secrets préparés pour ma perte :
Vos soins à ménager des Peuples inconstans,
Votre adresse à flatter l'aigreur des mécontens,
Votre douceur maligne autant qu'ingenieuse
Pour rendre de mon rang la hauteur odieuse,
Votre art à colorer l'orgueil de vos desseins,
Si rien n'allarme en vous, c'est tout ce que j'y crains.
ARISTIDE.
Je serai bien coupable en effet, si c'est crime
Seigneur, que d'adoucir ceux que l'aigreur anime,
D'appaiser des mutins qui pourroient s'emporter,
D'empêcher contre vous leur fureur d'éclater...
PAUSANIAS.
Je connois votre adresse à savoir vous défendre,
Et je la connois trop pour m'y laisser surprendre ;
Vous êtes éloquent, Seigneur, je le sai bien :
Et pour l'être il suffit qu'on soit Athenien.
L'art des belles couleurs est l'étude d'Athenes ;
Mais pour nous nez à Sparte, & nourris dans les
   peines,
A qui l'on ne permet d'apprendre & d'acquerir
Que ce qu'il faut savoir pour vaincre ou pour mourir,
Sans le secours de l'art, instruits par la nature,
Nous suivons seulement la raison toute pure,
Et les belles couleurs dont vous vous déguisez,

Nous trouvent trop grossiers pour en être abusez.
Du moins si vous vouliez cacher votre artifice,
Vous ne me deviez pas disputer Cleonice :
Choquer d'un General le choix jusqu'à ce point.
ARISTIDE.
De grace avec Cimon ne me confondez point.
Seigneur, c'est de lui seul que part cette injustice :
Lui seul....
PAUSANIAS.
Hé, vous croiez que ce nom m'éblouïsse,
Qu'il m'empêche de voir que c'est un voile adroit
Dont vous cachez la main qui m'attaque en secret,
De peur de démentir tout ce qu'à votre gloire,
Le fameux nom de Juste a voulu faire croire ;
Je sçai que cet ami vous doit tout ce qu'il est,
Qu'il n'agit que par vous, & que comme il vous plaît,
Que vous ne l'élevez qu'afin qu'il vous soûtienne,
Qu'il sauve votre gloire aux périls de la sienne,
Et que quand au besoin l'injustice vous sert,
Son nom seul s'en chargeant vous en mette à couvert.
ARISTIDE.
C'est un malheur pour moi de perdre votre estime,
Seigneur, mais vos mépris n'auront rien qui m'anime ;
Et quoi que la vengeance en fut en mon pouvoir,
Je ne m'en vengerois qu'en faisant mon devoir ;
J'accuse mon ami d'une injustice extrême,
Et me déclare enfin pour vous contre lui-même.
PAUSANIAS.
Vous, Seigneur, vous pour moi, contre un ami si cher ?
ARISTIDE.
Toujours à son parti l'on m'a vû m'attacher,
Toujours mon amitié fut pour lui tendre & pure,
Et si vous le voulez il est ma creature,
Mais quelque cher enfin qu'il me soit aujourd'hui
La justice est pour vous, je ne suis plus pour lui.
PAUSANIAS.
Un sentiment si noble, une vertu si pleine....

ARISTIDE.

Epargnés-moi de grace une louange vaine,
La gloire où je prétens touche peu d'autres cœurs.
Je la cherche en moi-même, & n'en veux point d'ail-
  leurs.
Assemblez le Conseil, demandez Cleonice,
J'irai donner l'exemple à vous rendre justice.

PAUSANIAS.

Que ne vous dois-je pas, Seigneur, & quel moien...

ARISTIDE.

Je fais ce que je dois, vous ne me devez rien.

SCENE V.

ARISTIDE, SOPHANE.

SOPHANE.

Quoi, Seigneur, au mépris d'une amitié si tendre
Pausanias obtient tout ce qu'il peut prétendre,
D'un ami tout à vous, l'interêt sera vain ?

ARISTIDE.

J'en ai donné parole & rien n'est plus certain.

SOPHANE.

S'il est ainsi toujours, si l'équité severe
Etouffe en vous ainsi l'amitié la plus chere,
Si vous n'osez jamais rien qui ne soit permis,
Que sert-il donc, Seigneur, d'être de vos amis ?

ARISTIDE.

Hé, puis-je à mes amis rendre un plus grand service,
Que de les empécher de faire une injustice ?
Ce n'est pas qu'en effet à vous parler sans fard,
La politique ici ne prenne un peu de part :
Vous savez mon dessein, Sophane, & quelles peines
Je souffre à voir toujours Sparte au-dessus d'Athenes,

PAUSANIAS,

Et combien ardemment je cherche quelque jour
A mettre au premier rang ma Patrie à son tour,
Si j'obtiens par mes soins que Sparte enfin nous laisse,
Le droit de commander aux troupes de la Grece,
J'ai déclaré déja que sans songer à moi,
J'en cede à mon ami le glorieux emploi :
Voila ce que pour lui mon amitié veut faire,
C'est pour le mieux servir que je lui suis contraire.
Son soin pour Cleonice est un peu trop pressant,
Elle est belle, il est jeune, & l'amour est puissant,
Tout est perdu pour lui si cet amour ne cesse ;
Cleonice est d'un sang odieux à la Grece,
Plein de rage de voir ses voisins florissans,
Son pere pour nous perdre appella les Persans,
Elle a trop herité des fureurs de son pere,
Tout doit être suspect de qui cherche à lui plaire,
J'étouffe en mon ami de dangereux soûpirs,
Je consulte sa gloire & non pas ses desirs,
Et prétens d'autant plus faire voir que je l'aime,
Que j'ose le servir en dépit de lui-même ;
Mais pour l'y préparer prenons soin de le voir
Et qu'il s'en plaigne ou non, faisons notre devoir.

Fin du premier Acte.

ACTE II.

SCENE PREMIERE.
CLEONICE, STRATONE.

CLEONICE.

Cesse de me flater d'une attente importune,
Je connois mieux que toi toute mon infortune,
Le soin de Demarate & son empressement,
La part que l'on me donne en son appartement,
L'honneur qu'en ce Palais chacun cherche à me rendre
Ne me font que trop voir de qui je dois dépendre ;
L'ennemi de mon pere, & l'auteur de sa mort,
Pausanias, sans doute, est maître de mon sort.

STRATONE.
Pausanias, Madame, a fait assez connoître,
Que c'est pour l'adoucir qu'il veut s'en rendre maître,
Parmi les prisonniers le choix qu'il fait de vous,
Ne vous doit de sa part rien marquer que de doux,
Et s'il vous a donné quelque lieu de vous plaindre,
Je croi que desormais vous devez n'en rien craindre.

CLEONICE.
N'en rien craindre, Stratone ?

STRATONE.
En doutez-vous ?

CLEONICE.
Helas !

STRATONE.
Quoi soupirer, rougir, & ne répondre pas.
CLEONICE.
N'impute ce soûpir qu'à la perte d'un pere.
STRATONE.
On peut en soupirer, mais on n'en rougit guere,
Et plus je vous observe en ce trouble pressant....
CLEONICE.
Ha, de peur d'en trop voir ne m'observe pas tant.
STRATONE.
Je n'ai garde de prendre un soin qui vous offence,
Ni d'entrer malgré vous dans votre confidence,
Je n'examine plus ce qui peut vous troubler.
CLEONICE.
Non, Stratone, avec toi c'est trop dissimuler;
C'est trop te déguiser la honte qui me presse,
Jusqu'au fond de mon cœur voi toute ma foiblesse,
Pour chercher du secours mon mal n'est que trop grand
Et je n'en puis trouver qu'en te le découvrant.
Malgré tous mes efforts j'en sens la violence,
Au lieu de s'étouffer grossir par mon silence,
Et le trouble où me jette un funeste penchant,
Se prévaut de ma honte, & croît en se cachant.
Apprens ce que j'ai peine à comprendre moi-même,
Tout mon ressentiment, dans sa chaleur extrême,
Tout l'effort, tout l'excez de la mortelle horreur,
Qui pour Pausanias avoit saisi mon cœur,
L'ardeur de l'immoler au sang qui me fit naître,
Tout mon soin pour le perdre avant que le connoître,
Par je ne sçai quel charme en mon cœur répandu,
Tout cela s'est éteint depuis que je l'ai vû,
Et d'un trouble secret mon ame toute émuë,
Ne sçait ce que pour lui ma haine est devenuë;
Je n'ose en cet état trop bien m'examiner,
Ose achever toi-même, ose tout deviner,
Et m'épargne du moins dans cet aveu funeste,
La honte, & l'embarras d'en expliquer le reste.

TRAGEDIE.
STRATONE.

Qui croiroit qu'un grand cœur dans la haine affermi,
Fut à craindre d'aimer un mortel ennemi,
J'avouërai ma surprise, & d'autant plus, Madame,
Que rien n'est échapé du secret de votre ame,
Et que votre courroux en secret amorti,
Devant Pausanias ne s'est point démenti.

CLEONICE.

Oui, mon ressentiment, au moins en apparence,
Garde avec soin toujours la même violence;
Mes yeux ne disent rien d'un changement si bas,
Si mon cœur est seduit ma raison ne l'est pas,
Et ma haine au-dedans connoissant sa foiblesse,
Se retranche au-dehors, & s'y rend la maîtresse.
Je crains Pausanias, j'essaie à l'éviter,
Mais j'aime en le fuiant qu'il tâche à m'arrêter;
J'ai beau dés qu'il me parle avec soin l'interrompre,
Ma colere s'oublie, & se laisse corrompre:
J'ai beau vouloir fermer l'oreille à ses discours,
J'ai beau n'en rien entendre, il m'en souvient toujours;

STRATONE.

Pour vous en consoler on voit dans ce qu'il ose,
Qu'il n'est pas insensible au trouble qu'il vous cause,
Que son cœur....

CLEONICE.

Que dis-tu ? dy plûtôt, di-moi bien,
Qu'enduci dans la Guerre il n'est sensible à rien,
Dy que sa seule ardeur, est toute pour la gloire,
Dy qu'il ne peut m'aimer, j'ai besoin de le croire,
Et mon mal n'est déja que trop à redouter,
Sans y rien joindre encor qui le puisse augmenter,
Dy qu'il donne les soins qu'il s'attache à me rendre,
A la part qu'en mon sort Demarate veut prendre,
Et qu'au point comme il est de recevoir sa foi,
Ce n'est qu'en sa faveur qu'il s'empresse pour moi,
Peint moi bien cet hymen que leur païs souhaite,
Cet hymen dont je sens que mon cœur s'inquiete,
Cet hymen qui peut seul raffermir mon devoir,

Et m'ôter ma foiblesse en m'ôtant tout espoir.
STRATONE.
L'ardeur que Demarate à vous servir emploie,
Vaut bien que vous voiez son bonheur avec joie,
Elle est digne en effet d'un rang si glorieux,
Et Sparte pour son Roi ne pouvoit choisir mieux :
Il doit l'aimer sans peine & son merite extrême.
CLEONICE.
C'est assez qu'il l'épouse, il n'importe qu'il l'aime,
C'en seroit trop, peut-être, & pour me rendre à moi,
Sans que son cœur s'engage il suffit de sa foi,
Je sens que jusques-là j'aurai peine à détruire,
Je ne sai quel espoir qui cherche à me séduire,
Je le chasse, il revient, je l'étouffe, il renaît.
Mais Dieux !
STRATONE.
Vous vous troublez.
CLEONICE.
Pausanias paroît.

SCENE II.

PAUSANIAS, CLEONICE, STRATONE.

PAUSANIAS.

Quoi, malgré tous mes soins votre invincible haine
Ne vous permet jamais de me voir qu'avec peine;
Quoi, Madame, à la fuite avoir toujours recours ?
CLEONICE.
Je ne fui pas trop bien, vous m'arrêtez toujours.
PAUSANIAS.
Ce que je vous dois dire est assez d'importance,

Pour

TRAGEDIE.

Pour vous faire un moment endurer ma presence.
De tous nos prisonniers je n'ai choisi que vous,
Ce choix m'a vainement suscité des jaloux,
Malgré tout leur effort, malgré leur artifice,
Mon choix est approuvé, les Grecs me font justice,
Je suis maître absolu de tout votre destin,
C'est à dire qu'ici vous êtes libre enfin.

CLEONICE.

Libre! & par vous, Seigneur!

PAUSANIAS.

Votre ame s'en étonne,
La liberté vous gêne à voir qui vous la donne,
Et perdant par mes mains tous ses charmes pour vous,
Le seul droit de me fuir est ce qu'elle a de doux,
Mais malgré votre haine & le soin qui vous presse,
N'est-il rien qui vous puisse attacher à la Grece ?
Me fuirez-vous si-tôt ?

CLEONICE.

Voiez ce que je doi,
Et vous-même, Seigneur, répondez-vous pour moi ?

PAUSANIAS.

D'avec ses ennemis sans peine on se sépare ;
Mais connoissez mon cœur, il faut qu'il se déclare,
Il est tems de l'ouvrir sans reserve, sans fard :
Enfin en Roi de Sparte, & tout mystere à part,
Je vous aime, Madame, & ne puis m'en deffendre,
Un tel aveu sans doute a lieu de vous surprendre,
Je ne fus pas d'abord moins que vous étonné,
Du desordre où mon cœur se trouve abandonné,
J'eus peine ainsi que vous à le croire moi-même.
Mais il n'est que trop vrai, Madame, je vous aime.
Né pour aimer la Guerre avant que de vous voir,
Rien que les seuls combats n'avoit pû m'émouvoir.
La gloire m'animoit & m'occupoit sans cesse,
Je ne traitois l'amour que d'un Dieu de foiblesse.
Des plus rares beautez j'avois bravé les coups,
Votre haine pour moi m'assuroit contre vous.
Ma liberté toujours fortement affermie,

Tome III. P

Ne se défioit pas des yeux d'une ennemie,
Et n'avoit pas prévû qu'il se put faire un jour,
Que jusques dans la haine on put trouver l'amour:
Cependant quelqu'effort qu'ait pu faire mon ame,
Tout hai que je suis, je vous aime, Madame,
Je ne vous dirai rien pour toucher votre cœur,
Du comble où ma fortune a porté ma grandeur;
Je ne vous dirai rien du prix de ma victoire;
Je ne vous dirai rien de l'éclat de ma gloire,
Du rang de General, du nom pompeux de Roi,
Rien du pur sang des Dieux descendu jusqu'à moi,
Pour toucher un grand cœur l'amour seul doit suffire,
Et je vous aime est tout ce que je veux vous dire.
Malgré le choix que Sparte a fait en ma faveur,
Je sens ma main pour vous prête à suivre mon cœur,
Quoi qu'entre nous l'hymen me coûte d'injustice,
Mon amour vous en ose offrir le sacrifice;
Et c'est aprés cette offre à vous à décider,
Si toute votre haine à ce prix peut ceder.
Prononcez librement vous n'avez rien à craindre,
J'ai voulu vous ôter tout lieu de vous contraindre,
Et j'ai pris soin exprés pour découvrir mon feu,
Que votre liberté précedât mon aveu,
Commencez d'en user sans que rien vous étonne,
J'en veux à votre cœur, mais je veux qu'il se donne,
Et la moindre contrainte ôteroit à mes yeux,
Tout ce qu'un bien si cher a de plus précieux.
Au péril de vous perdre en faveur de quelqu'autre,
J'aime mieux hazarder mon bonheur que le votre,
Et risquer d'un refus les mortels déplaisirs,
Que ne vous devoir pas à vos propres desirs;
Parlez, déclarez-vous; mais au lieu de répondre,
D'où vient que vous semblez vous troubler, vous con-
    fondre;
Comment de votre cœur expliquer l'embarras?

CLEONICE.

Excusez-le de grace, & ne l'expliquez pas.

PAUSANIAS.

J'obéirai, Madame, & de peur que ce trouble
Par l'objet qui l'excite encor ne se redouble,
Pour ne vous pas surprendre un choix précipité,
Je veux bien vous laisser en pleine liberté,
Et vous donner le droit malgré le rang suprême,
De pouvoir tout ici jusques contre moi-même.

SCENE III.

DEMARATE, PAUSANIAS, CLEONICE, CHARILE, STRATONE.

DEMARATE.

ON vient de m'avertir que suivant notre espoir,
Le sort de Cleonice est en votre pouvoir ;
Mais, Seigneur, j'ose attendre une grace nouvelle,
Et viens vous demander la liberté pour elle.

PAUSANIAS.

Son sort mérite bien que vous y preniez part.
Mais pour sa liberté vous venez un peu tard.
Oui, c'en est déja fait, elle est libre, Madame,
Mes soins ont prévenu les vœux que fait votre ame,
Et je tiens à bonheur que le don que je fais,
Aille même au-devant de vos plus doux souhaits.
Je vous prie à mon tour de prendre soin du reste,
D'essaier d'adoucir une haine funeste,
Et s'il se peut enfin, d'obliger son courroux,
A ne connoître plus d'ennemis parmi nous.

SCENE IV.

DEMARATE, CLEONICE, CHARILE, STRATONE.

DEMARATE.

Votre ressentiment à quelque point qu'il monte,
Contre un tel ennemi peut bien ceder sans honte.
Tant de soins genereux seroient-ils impuissans ?
Le plus fameux des Grecs, le vainqueur des Persans :
Lui par qui tout triomphe avec si peu de peine,
Manqueroit-il, Madame, à vaincre votre haine ?
N'aurez-vous point pour lui des sentimens plus doux ?

CLEONICE.

Ha, Madame, de quoi me sollicitez-vous ?
Sollicitez plûtôt, & pressez ma retraite,
Ici ma liberté n'est encor qu'imparfaite,
Et je ne puis jamais sans trouble & sans effroi,
En jouir en des lieux si funestes pour moi.

DEMARATE.

Quoi, pour Pausanias tant de haine vous reste,
Qu'un azile en ces lieux vous semble si funeste ?
Votre ressentiment craint tant de se trahir ?

CLEONICE.

Si vous saviez combien j'ai droit de le hair.

DEMARATE.

Je sai qu'un pere mort contre lui vous anime,
Qu'il fait de votre haine un devoir legitime,
Et que rien n'est si fort que des ressentimens,
Fondez sur tant de droits & sur tant de sermens ;
Mais aiant fait pour vous tout ce que j'ai pu faire,
Enfin, si dans ces lieux vous m'étiez necessaire.

CLEONICE.

Moi, Madame, en ces lieux necessaire pour vous,
Je faits de vous servir mes souhaits les plus doux :
Mais je suis malheureuse, & le sort d'ordinaire,
A mes plus doux souhaits donne un succés contraire.

DEMARATE.

Il faut vous dire tout, Madame, & je veux bien,
Commencer la premiere à ne déguiser rien.
Je m'y sens disposer par une forte estime,
Et sans qu'il soit besoin qu'un vain discours l'exprime,
Vous en avez assez dans les soins que je prens,
De fidelles témoins & d'assurez garans.
Sparte a plus fait pour moi que je n'eusse osé croire.
Trop heureuse en effet par son choix plein de gloire,
Si j'avois accordé pour comble de bonheur
Le choix de ma Patrie & celui de mon cœur ;
Mais engagée ailleurs, je ne puis qu'avec peine,
Rompre les nœuds charmans d'une premiere chaîne ;
Et je paie à regret cet honneur malheureux,
Du repos de ma vie, & de mes plus doux vœux.
Pressée en cet état de mortelles allarmes,
Si j'attends du secours ce n'est que de vos charmes,
Et je ne puis fonder que sur leur seul pouvoir,
Mon unique ressource, & mon dernier espoir.
Le succés y répond, j'observe à votre vuë,
Que de Pausanias la fierté diminuë,
Et que si l'on peut vaincre un cœur si glorieux,
C'est un droit que le Ciel réserve pour vos yeux.
Je sai qu'il faut du tems pour un si grand ouvrage,
Que ce n'est pas si-tôt qu'un cœur si fier s'engage,
Un cœur qui n'eut jamais que des soins importans.

CLEONICE.

On change quelquefois beaucoup en peu de tems.

DEMARATE.

Que ne vous dois-je point, s'il est vrai qu'il vous aime ?
Je m'assure déja qu'il vous l'a dit lui-même.
C'est beaucoup; mais peut-être est-ce un premier aveu
Dont vous croyez devoir vous défier un peu.

P 3

On peut douter d'abord des douceurs qu'on écoute.
CLEONICE.
Il parle de maniere à laisser peu de douté.
DEMARATE.
O Dieux ! que vous flâtés mon espoir le plus doux ;
Il ne me reste plus qu'un scrupule pour vous :
Quoi que l'heur d'être aimée ait toujours dequoi plaire,
Je sai trop à quel point la gloire vous est chere,
Et je crains de vous voir hautement dédaigner
Un amour que l'hymen ne peut accompagner.
Pausanias connoît à quoi Sparte l'engage.
Son cœur peut sans sa foi vous tenir lieu d'outrage.
Ces deux dons separez n'ont rien que de honteux,
Et vous meritez bien de les avoir tous deux.
CLEONICE.
Je me plaindrois à tort de l'offre qu'il m'a faite,
Je n'ai que trop de lieu d'en être satisfaite,
Et vous devés juger au trouble où je me voi,
Qu'il ne m'a rien offert qui soit honteux pour moi.
DEMARATE.
Il ne manque donc plus au bonheur que j'espere,
Que vous faire oublier le sang de votre Pere.
Ce sang de qui la voix doit sans cesse crier,
Ce sang qui vous anime...
CLEONICE.
    Et comment l'oublier ?
DEMARATE.
Il est vrai que l'offense est presque irreparable,
Pausanias, sans doute, envers vous est coupable,
J'aurai peine en effet à le bien excuser ;
Mais ne seroit-il rien qui pût vous appaiser ?
On peut excuser tout pour peu qu'on le desire.
CLEONICE.
Ne dites rien pour lui : Mais que pourriés-vous dire ?
DEMARATE.
Qu'il tâche autant qu'il peut d'éteindre en votre cœur
Ce qu'un devoir trop juste y doit former d'horreur.

Que s'il prit tant de soins pour perdre votre pere,
Il crut de son trépas l'exemple necessaire,
Qu'il ne peut rien de plus que ce qu'il fait pour vous,
Que s'il vous ôte un pere, il vous offre un époux.
CLEONICE.
J'ai peur d'écouter trop, souffrez que je vous quite.
DEMARATE.
Le soin de l'excuser à ce point vous irrite ?
CLEONICE.
En me parlant pour lui, si c'étoit m'irriter,
Je ne craindrois pas tant de vous trop écouter.

SCENE V.

DEMARATE, CHARILE.

DEMARATE.

AI-je bien entendu, Charile, est-il possible ?
Pausanias enfin n'est donc plus insensible ?
Cette ame impénétrable aux ardeurs des amans,
Laisse donc attendrir ses plus fiers sentimens ?
Le vainqueur des Persans ne peut plus se défendre,
Du tribut que l'amour tôt ou tard se fait rendre ?
Ce grand cœur aime enfin comme les autres cœurs,
Et pour mon desespoir, Charile, il aime ailleurs.
CHARILE.
C'est dequoi s'étonner ; mais ma surprise extrême,
Est de vous voir tourner vos soins contre vous-même,
Aider à vous trahir, & renoncer d'abord,
A vos droits les plus chers avec si peu d'effort.
DEMARATE.
Quoi, tu peux t'étonner qu'au mépris exposée,
Je cache au moins ma honte aux yeux qui l'ont causée ?

Que j'ôte à ma Rivale en cette occasion,
La douceur de jouir de ma confusion ?
Et tâche d'empêcher qu'un vain dépit n'acheve,
De lui montrer le prix du bien qu'elle m'enleve.
N'attens pas d'un courage aussi fier que le mien,
De ces éclats honteux qui ne produisent rien.
Laissons aux foibles cœurs, aux ames imbeciles
Consommer leur colere en plaintes inutiles ;
N'épuisons point la notre en vains emportemens,
Laissons meurir l'aigreur de nos ressentimens,
Forçons notre dépit à quelqu'excez qu'il monte,
D'attendre à se montrer qu'il le puisse sans honte,
Et sans nous exposer par un éclat trop prompt,
Tâchons que la vengeance éclate avant l'affront.

CHARILE.

Contre Pausanias vous pourrez tout sans peine,
Il a de tous les Grecs ou l'envie ou la haine,
Et si pour vous venger sa perte a des appas....

DEMARATE.

Vengeons-nous, s'il se peut, & ne le perdons pas.
A quelqu'affront cruel que son mépris m'expose,
Je voudrois bien pouvoir n'en punir que la cause,
J'aime trop le coupable encor pour m'en venger,
Je n'en veux qu'à l'objet qui m'en fait outrager.
Voi de quel prix fatal cette esclave trop vaine,
Récompense les soins dont j'ai brisé sa chaîne,
Comme il semble à travers tous mes déguisemens,
Qu'elle ait dévelopé mes secrets sentimens,
Comme elle a par degrez fait croitre mes surprises,
Sçu me percer le cœur à diverses reprises,
Et me faire avec soin ressentir à longs traits,
Toute l'indignité des maux qu'elle m'a faits.
Je n'imagine point une vengeance égale,
A celle d'abaisser l'orgueil d'une Rivale,
De la rendre à son tour un objet de mépris,
Et de reprendre un cœur des mains qui nous l'ont pris.

Mais pour y réüssir mettons bien en usage,
Ce qui peut le mieux vaincre un glorieux courage,
Combattons ce grand cœur par generosité,
Engageons sa vertu, ménageons sa fierté,
Et contre son amour joignons pour ma défence,
La gloire, le devoir, & la reconnoissance.
Si tout nous manque enfin, je sçai où l'attaquer,
Et la vengeance au moins ne me sauroit manquer.

Fin du second Acte.

ACTE III.

SCENE PREMIERE.
ARISTIDE, SOPHANE.

ARISTIDE.

D'Un ami mécontent évitons la presence,
N'allons point de sa peine aigrir la violence,
Ne nous exposons pas à souffrir aujourd'hui
Quelque reproche indigne & de nous & de lui.
Un amant qui pert tout a peine à se deffendre,
De dire quelquefois plus qu'on ne doit entendre,
Laissons-le librement en murmures secrets,
Evaporer l'effort de ses premiers regrets.
Redoublons cependant les soins sur qui je fonde
L'espoir de l'élever au premier rang du monde,
Pour prix d'une maîtresse arrachée à ses vœux,
Faisons-le commander à cent peuples fameux.
Reparons dignement la perte qu'il regrette,
Et par de vrais effets d'une amitié parfaite,
Rendons avec usure à sa gloire en ce jour,
Tout ce que nous venons d'ôter à son amour.

SOPHANE.

On n'attend que votre ordre, & pour cette entreprise,
Seigneur, selon vos vœux, tout est prest sans remise,
Au camp, dans nos vaisseaux, par-tout, sans hesiter,
Contre Pausanias on brûle d'éclater.
Il n'est que trop en butte à la commune haine,
Nos Alliez sont las de son humeur hautaine,

Et flatant les esprits aigris par ses hauteurs,
Votre douceur adroite a gagné tous les cœurs.
Chacun souffre à regret qu'un peuple s'attribuë,
Sur tous les peuples Grecs la puissance absoluë,
Et que Sparte jamais ne voulant rien ceder,
Perpetuë en ses Rois le droit de commander.

ARISTIDE.

Essaions, s'il se peut, qu'en nous cedant l'Empire,
Contre son propre Roi Sparte même conspire,
Et que sans qu'à la Grece il en coûte du sang,
Notre chere Patrie arrive au premier rang,
Pausanias en offre une voie infaillible,
Son cœur pour Cleonice a paru trop sensible :
Il l'aime, & dans l'ardeur de son temperament,
Sa flame ira bien-tôt jusqu'à l'aveuglement.
Pour triompher d'une ame à la haine obstinée,
Il pourra tout tenter jusques à l'hymenée,
Et Sparte qui prétend disposer de ses Rois,
Ne pourra rien souffrir au mépris de son choix.
Demarate offencée, & justement aigrie,
Tournera son amour en mortelle furie,
Et c'est un grand secours, & qu'on doit ménager,
Qu'une amante outragée, & qui peut se venger.

SOPHANE.

Il n'est donc pas encore à propos qu'on éclate,
Il est bon que d'abord Pausanias se flate,
De crainte que trop tôt effarouchant son cœur,
Le péril de ses feux n'en étouffe l'ardeur.

ARISTIDE.

C'est le connoître mal d'en juger de la sorte,
Sa flame combatuë en deviendra plus forte ;
Plus nous exposerons d'obstacles à ses feux,
Et plus nous en rendrons l'effort impetueux,
Son amour languiroit s'il étoit trop tranquile,
Son courage trop fier n'aime rien de facile,
Et dans quelque dessein qu'il puisse s'engager,

S'irrite par l'obstacle & croît par le danger.
Demarate sur tout prenant notre querelle,
J'espere ...
SOPHANE.
La voici, je vous laisse avec elle,
Et vais de mon côté disposer nos amis,
A tenter hautement ce qu'ils nous ont promis.

SCENE II.
DEMARATE, ARISTIDE.
DEMARATE.
SEigneur, pour éviter le péril qui me presse,
C'est entre tous les Grecs à vous que je m'adresse,
Quoi que nez de païs l'un de l'autre jaloux,
Quoi que nulle amitié n'ait pu naître entre nous,
C'est sur vous toutefois qu'en un destin funeste,
J'ose encore fonder tout l'espoir qui me reste.
Votre haute vertu laisse peu soupçonner,
Qu'à votre seul païs vous puissiez la borner,
Et la justice en vous parfaite & sans seconde,
Est un bien que les Dieux vous font pour tout le monde.
ARISTIDE.
Ordonnez, j'obéïs, proposez, j'y consens,
Le sexe & le mérite ont des droits tout puissans.
J'ai déja ressenti ce qu'on vous fait d'injure,
J'en sai l'indignité, comme vous j'en murmure,
Je m'étonnois d'abord de voir Pausanias,
Differer entre vous un hymen plein d'appas ;
Mais ses empressemens, ses soins pour Cleonice,
N'ont que trop découvert toute son injustice ;
Chacun voit à regret à quel rebut honteux,
Vous expose l'ardeur de ses indignes feux.

Sparte de cette injure avec vous offencée,
Seule à vous en verger n'est pas interessée.
Les Grecs ne doivent plus connoître un General.
Qui s'allie en un sang à leur repos fatal,
Et dans cette odieuse & funeste alliance,
Ce qu'il vous fait d'outrage est la commune offence,
Contre lui hautement nous nous unirons tous....
DEMARATE.
Ah ! Seigneur, ce n'est pas ce que je veux de vous.
Pausanias n'est point amant de Cleonice,
C'est un bruit mal fondé qui lui fait injustice.
J'aurois tort de m'en plaindre, & je dois avouer,
Qu'on ne peut pas avoir plus lieu de s'en louer,
Si l'hymen entre nous trop long-tems se differe,
C'est moi qui l'en conjure, il le veut pour me plaire ;
Et si pour Cleonice il fait voir quelque ardeur,
Tous ses empressemens ne sont qu'en ma faveur.
J'ai souhaité de lui ce qu'il ose pour elle,
Il s'empresseroit moins s'il m'étoit moins fidelle.
Sparte, ni tous les Grecs n'ont rien à redouter....
ARISTIDE.
Vous aimez, & l'amour se plaît à se flater,
Craignez d'en croire trop, gardez de vous méprendre.
DEMARATE.
Des yeux interessez se laissent peu surprendre.
Je répons de son cœur, & sans trop me flater,
Quand j'en ose répondre, on n'en doit pas douter.
Plût aux Dieux qu'à ma honte une heureuse Rivale,
M'ôtât pour mon repos cette gloire fatale,
Et qu'un refus injuste & pour moi plein d'appas,
Pût d'un aveu honteux m'épargner l'embarras.
L'époux qui m'est offert brille d'un grand mérite,
Rien n'en ternit l'éclat, pour lui tout sollicite.
Et sa propre personne autant que sa grandeur,
N'a que trop dequoi plaire au plus superbe cœur ;
Mais l'aveugle destin qui dispose des ames,
M'avoit avant ce choix soûmise à d'autres flames,
Et du plus grand mérite un cœur est peu frapé,

Quand une fois d'ailleurs il est préoccupé.
Quelqu'éclat qu'ait pour moi l'hymen où l'on m'en-
　　gage,
Je n'en voi qu'en tremblant le funeste avantage,
Et si Pausanias sait qu'un autre a mes vœux,
Pour les tyranniser il est trop genereux.
J'espere qu'à moi-même il voudra bien me rendre,
D'un Heros tel que lui, c'est ce que j'ose attendre;
Et c'est enfin, Seigneur, pour l'y bien disposer,
Ce qu'aucun mieux que vous ne lui peut proposer.
　　　　　　ARISTIDE.
Je n'examine point si cette ardeur extrême,
Où cherche à m'éblouir, ou vous séduit vous-même;
Ou si votre dépit par un éclat si prompt,
D'un refus assuré veut prévenir l'affront.
Sans rien approfondir je ne veux voir, Madame,
Que ce que vous m'ouvrez du secret de votre ame,
Je croi ce qui vous plaît, & veux de bonne foi,
Répondre aux sentimens que vous avez de moi:
Ne précipitez rien si vous m'en voulez croire,
Quel que soit votre amour, ménagez votre gloire,
Après tant de délais, peut-être encor un jour,
Sauvera votre gloire ensemble & votre amour;
Evitez, s'il se peut, les reproches de Sparte,
Et du moins attendez que Cleonice parte.
Pausanias pour elle un peu trop genereux,
Pourroit bien entreprendre au-delà de vos vœux.
　　　　　　DEMARATE.
Dites-tout, ma priere en effet vous fait peine,
J'exige trop de vous, c'est un soin qui vous gêne,
Vous cherchez doucement à vous en dispenser,
Et je veux bien, Seigneur, vous en débarasser.
Je ferai cet aveu sans secours de personne.
L'aiant fait une fois il n'a rien qui m'étonne,
Je veux tout déclarer, & j'irai de ce pas.
　　　　　　ARISTIDE.
Vous n'irez pas bien loin, voici Pausanias.

SCENE III.

PAUSANIAS, ARISTIDE, DEMARATE, EURIANAX.

PAUSANIAS.

A Votre tour, Seigneur, fuiez-vous ma presence ?
J'allois vous assurer de ma reconnoissance.
ARISTIDE.
Vous me devez trop peu pour vous en souvenir ;
Mais Démarate cherche à vous entretenir,
Seigneur, & le secret qu'elle prétend vous dire,
Doit fuir la multitude & veut qu'on se retire.

SCENE IV.

PAUSANIAS, DEMARATE, EURIANAX.

PAUSANIAS.

QUel est donc ce secret dont vous l'avez instruit ;
Qui cherche tant l'éclat, les témoins, & le bruit ?
M'en jugerez-vous digne, & pourai-je prétendre,
Ensuite d'Aristide à l'honneur de l'apprendre ?
DEMARATE.
Aristide, Seigneur, ne l'a sçu que pour vous ;

J'ai cru que de moi-même il vous seroit moins doux;
Mais il répond si mal à ce que je desire,
Que j'ose me resoudre enfin à vous tout dire.
J'estime votre hymen autant que je le doi,
L'honneur du choix de Sparte est précieux pour moi;
C'est la plus haute gloire où je pouvois atteindre...

PAUSANIAS.

Je vous entens, Madame, & vous allez vous plaindre,
C'est un mauvais moien que de fâcheux éclats,
Que des plaintes...

DEMARATE.

    Seigneur, vous ne m'entendez pas,
A quelque excés d'honneur que votre hymen m'éleve,
Je ne viens pas ici pour presser qu'il s'acheve:
Loin d'avoir là-dessus rien à craindre de moi,
Je viens vous conjurer de dégager ma foi,
Et c'est là cet aveu que mon ame timide,
Est contrainte à vous faire au refus d'Aristide.

PAUSANIAS.

Vous m'en voiez surpris, c'est sans doute un aveu
Madame, où j'avouerai que je m'attendois peu;
Mais pour me disposer à ce qui peut vous plaire,
Le secours d'Aristide étoit peu necessaire;
Vous douteriez à tort de ma facilité,
C'est sans peine...

DEMARATE.

    Ah! Seigneur, je n'en ai pas douté.

PAUSANIAS.

Quoi que je perde en vous je n'ose pas m'en plaindre,
Je ne dois rien vouloir qui puisse vous contraindre,
Et j'aime mieux ceder mon bonheur le plus doux,
Que d'oser en Tyran être heureux malgré vous.
Il est aisé de voir au desordre où vous êtes
Que l'Amour s'est mêlé du refus que vous faites,
Et si rien en secret n'occupoit votre cœur,
Peut-être mon hymen vous feroit moins d'horreur.
Quelque soit cet Amour il peut tout se permettre,
J'offre & je promets tout...

TRAGEDIE.
DEMARATE.
            Gardez de trop promettre,
Seigneur, & de m'offrir en faveur de mes feux
Plus que vous ne croiez & plus que je ne veux.
Il n'est que trop vrai, j'aime, & d'une amour trop tendre,
J'aime un ingrat enfin, s'il faut vous tout apprendre,
Un ingrat dont je prens contre moi l'interêt
Tout insensible encore & tout ingrat qu'il est.
        PAUSANIAS.
Peut-il être un ingrat à ce point insensible ?
        DEMARATE.
S'il en peut être helas ! il n'est que trop possible,
Et pour être en effet le plus grand des ingrats,
C'est peu d'être insensible & de ne m'aimer pas :
Cet ingrat aime ailleurs sans songer que je l'aime,
Et pour tout dire enfin, cet ingrat c'est vous-même.
        PAUSANIAS.
Moi, Madame ?
        DEMARATE.
        Oui, Seigneur, cessons de déguiser,
Vous aimez Cleonice, & voulez l'épouser.
Ce feu qui me trahit menace votre tête
De l'éclat d'une affreuse & mortelle tempête,
Nos voisins envieux, nos alliez jaloux,
Ne cherchent qu'un prétexte à s'unir contre vous :
Sparte même engagée au refus qui m'offence,
Croira de mon affront se devoir la vengeance,
Et si j'ose me plaindre & soutenir mes droits
J'armerai contre vous tous les Grecs à la fois :
Voila pourquoi, Seigneur, lors que je vous refuse,
Même pour me trahir je vous prête une excuse,
Et pourquoi ce refus qui vous sert & me nuit,
Affecte tant l'éclat, les témoins & le bruit.
Je ne puis me venger quoique trop offencée,
Vous êtes en peril, ma colere est passée,
Dés qu'un ingrat si cher a besoin de secours,
Le dépit presse en vain, l'amour revient toujours.
Que Sparte contre moi, tonne, éclate, foudroie,

A la fureur pour vous je m'expose avec joie,
N'aiant plus nul espoir qui flate mon amour,
Il m'en coutera peu m'en coûta-t-il le jour :
Vous me l'avez rendu trop peu digne d'envie,
Mes vœux en vous perdant comptent pour rien la vie :
Je ne regarde plus que votre seul danger,
Je m'y livre aisément pour vous en dégager,
Et veux bien immolant tout mon bonheur au votre,
Périr pour vous sauver, dût-ce être pour une autre,

PAUSANIAS.

Ah ! Madame, faut-il que vous trouviez si bien
Le secret d'étonner un cœur comme le mien ?
Que ne vous armez-vous d'un dépit legitime,
Contre un ingrat séduit & charmé de son crime,
Et que ne cherchez-vous à pouvoir m'en punir,
Plutôt qu'à me forcer d'en vouloir revenir ?
Je sens mes vœux confus & mon ame interdite ;
Que vous m'embarassez avec tant de mérite.
Que n'en avez-vous moins en effet, & pourquoi
Me montrez-vous si-bien mon devoir malgré moi ?
Vous faites un effort qui m'en prescrit un autre.
Ma generosité doit répondre à la votre,
Et n'oseroit souffrir que par des soins si doux,
Vous fassiez tout pour moi sans rien faire pour vous.
Il est juste à mon tour que même soin m'anime,
Et peut-être en effet l'amour qui fait mon crime,
N'a pas de ma vertu si bien sçu triompher,
Qu'il ne m'en reste encor assez pour l'étouffer ;
Je sens que votre exemple à cet effort m'engage....

DEMARATE.

C'est sans doute un effort digne d'un grand courage,
Rien n'est plus heroïque, il le faut avouer....

PAUSANIAS.

Ne vous pressez pas tant encor de m'en louer,
L'effort est beau, je sçai que la gloire en est grande
Que ma vertu le veut, que Sparte le demande,
Je sai que je le dois ; mais au trouble où je suis,
Je ne sçai pas trop bien encor si je le puis.

TRAGEDIE.
DEMARATE.

Si d'un espoir trop doux j'ai flaté ma tendresse,
Pardonnez-moi, Seigneur, ce reste de foiblesse :
L'espoir renaît sans peine, il séduit aisément,
Et tout trompeur qu'il est, il est toujours charmant.
Je ne veux point vous faire aucune violence,
Et si vous en trouvez la moindre en ma presence,
Si l'effort de mes vœux aux vôtres immolez,
Vous touche en ma faveur plus que vous ne vou-
    lez,
Je vous laisse & renonce en ma tendresse extrême,
A toucher votre cœur en dépit de lui-même.
Allez, Seigneur, sans voir ce que vous me coûtez,
Offrir ailleurs en paix ce cœur que vous m'ôtez :
Oubliez, s'il se peut, qu'à tort il m'abandonne,
Et qu'il m'étoit mieux dû peut-être qu'à person
Si du plus tendre amour la plus fidelle ardeur,
Pouvoit jamais suffire à mériter un cœur.

SCENE V.

EURIANAX, PAUSANIAS.

EURIANAX.

N'En est-ce point assez ? & seroit-il possible,
Qu'à cet illustre effort vous fussiez insensible ?
Se pourroit-il, Seigneur, qu'il vous fut reproché
D'avoir vû tant d'amour sans en être touché ?
Vous laisseriez-vous vaincre en grandeur de cou-
    rage ?
Le trouble où je vous voi paroît d'heureux pré-
    sage :
L'amour & la vertu, la gloire, & le devoir
Pour Demarate enfin semblent vous émouvoir.

PAUSANIAS.

Sans doute, Eurianax, un si grand sacrifice,
Engage trop mon cœur à lui rendre justice.
Il le faut, tout le veut, Cleonice aussi-bien
A trop d'horreur pour moi pour en esperer rien.
Qu'elle parte à son gré, renonçons à sa vuë,
Et tandis que je sens ma vertu revenuë,
Hâtons-nous d'éloigner ses dangereux attraits,
Allons lui dire adieu pour ne la voir jamais.

Fin du troisiéme Acte.

ACTE IV.

SCENE PREMIERE.
ARISTIDE, PAUSANIAS.

ARISTIDE.

JE détourne vos pas, je sai où je m'expose ;
Mais l'interêt public va devant toute chose,
Et c'est enfin, Seigneur, à ne vous rien celer,
Au nom de tous les Grecs que je viens vous parler.
PAUSANIAS.
Avec beaucoup d'ardeur le bien public vous touche,
Et tous les Grecs souvent parlent par votre bouche :
Mais je veux bien, Seigneur, me taire là-dessus,
Pour prix des derniers soins que vous m'avez rendus.
ARISTIDE.
Croiez qu'avec regret, Seigneur...
PAUSANIAS.
                    Pour votre gloire,
Sans rien examiner je consens à tout croire,
Je croirai, s'il le faut, que le superbe emploi,
De voir un General prendre de vous la loi,
D'avoir au nom des Grecs des ordres à prescrire,
Au Chef dont vous devez reconnoître l'empire,
Est un soin qui n'a rien qui vous flate en secret,
Et dont vous vous chargez toujours avec regret ;
Quoi qu'il en soit, enfin sachons ce qu'on desire,
Et ce qu'au nom des Grecs vous avez à me dire.

ARISTIDE.

C'est un soin important qu'ils souhaitent de vous,
Pour votre propre gloire, & pour le bien de tous,
Cleonice est toujours à craindre avec justice.

PAUSANIAS.

Les Grecs se mêlent-ils encor de Cleonice ?
Elle a la liberté, j'en ai pû disposer.

ARISTIDE.

Oui, mais les Grecs ont peur qu'elle en puisse abuser.
Ce que leur a couté la haine de son pere,
En fait craindre en la fille un reste hereditaire ;
Suspecte parmi nous, on veut qu'elle aille en paix,
Parmi nos ennemis jouir de vos bienfaits,
Et que vous preniez soin, Seigneur, qu'en diligence
Elle quitte la Grece, & dés demain Bisance.

PAUSANIAS.

L'ordre est pressant sans doute, & surprenant pour moi,
Il se peut que les Grecs, ces peuples sans effroi ;
Eux qui sous ma conduite avec tant d'assurance,
Ont bravé des Persans l'effroiable puissance,
Eux de tant d'ennemis par tout victorieux,
Soient capables de craindre une fille en ces lieux ?
Mais une fille enfin qui n'a pour toutes armes,
Que ce que sa beauté lui peut donner de charmes,
Que d'innocens appas qu'elle fait éclater......

ARISTIDE.

Eh ! c'est par-là, Seigneur, qu'elle est à redouter.
La beauté quelquefois forme de grands orages,
Elle est souvent l'écueil des plus fermes courages,
Des plus fiers ennemis tel a bravé l'effort,
Qui contre de beaux yeux n'est pas toujours si fort.
Quelque Heros qu'on soit on n'est pas insensible,
Et fut-on mille fois à la guerre invincible,
Mille fois intrépide & mille fois vainqueur,
L'amour trouve aisément le foible d'un grand cœur.

PAUSANIAS.

Si c'est en Cleonice un crime d'être aimable,
Pour qui trouvez-vous tant sa beauté redoutable ?

TRAGEDIE.

Pour Cimon votre ami, craignez-vous ses appas?

ARISTIDE.

Tout mon ami qu'il est, je n'en répondrois pas:
Mais si je puis, Seigneur, oser ne vous rien feindre,
Vous-même pourriez-vous n'y trouver rien à craindre?

PAUSANIAS.

Un soin si curieux doit me surprendre fort.

ARISTIDE.

Je parle au nom des Grecs, je vous l'ai dit d'abord.

PAUSANIAS.

Au nom des Grecs, ou non, d'eux, ou de vous, n'importe,
La curiosité me paroît toujours forte;
Que les Grecs sans prétendre à plus qu'il n'est permis,
Me demandent raison de ce qu'ils m'ont commis,
Du soin de soutenir leur Gloire chancelante,
Du soin de r'animer leur Liberté mourante,
Du soin de les tirer de cent périls pressans,
Du soin de vaincre enfin trois cens mille Persans:
C'est dequoi, s'il le faut, & sans peine, & sans honte,
Le General des Grecs est prêt à rendre compte;
Mais pour ce qui se passe en secret dans son cœur,
Quels que soient ses desirs, quelle qu'en soit l'ardeur,
Qu'il s'engage à son gré, qu'il haïsse, ou qu'il aime,
Il n'en prétend devoir de conte qu'à lui-même.

ARISTIDE.

Aucun des Grecs, Seigneur, n'a la temerité,
De vouloir de leur Chef choquer la liberté;
Mais si vous êtes libre, ils prétendent tous l'être,
Et pour souffrir un Chef ne souffrent point de Maître.
Ils laissent votre cœur à son gré soupirer,
Contre un Objet suspect laissez-le s'assurer:
S'ils craignent, vous devez d'autant moins vous en
  plaindre,
Que ce n'est que pour vous qu'ils ont le plus à craindre:
Leur soin part de leur zele, & vous doit être doux,
Ils ont peur d'avoir lieu d'oser rien contre vous,
De vous voir engager plus qu'ils ne voudroient croire,
De vous voir oublier peut-être votre gloire,

PAUSANIAS,

Et pour leur General eux-mêmes de se voir,
Dans la necessité d'oublier leur devoir.

PAUSANIAS.
Sçachez vous, & les Grec...

ARISTIDE.
Cessez de nous confondre,
Ce n'est qu'aux Grecs, Seigneur, que vous devez ré-
  pondre,
Je vous parle pour eux.

PAUSANIAS.
    Puisque vous le voulez,
Je répons donc aux Grecs pour qui vous me parlez.
Leur zele va trop loin, ils ont sujet de croire,
Que je sçaurai sans eux avoir soin de ma gloire:
Qu'ils ne se mêlent pas d'en prendre aucun souci,
Et quant à leur devoir j'en aurai soin aussi.
L'interêt que j'y prens vaut bien que l'on s'y fie,
Je répons d'empêcher que personne l'oublie,
Ou de sçavoir au moins par un prompt repentir,
Y ramener quiconque oseroit en sortir.
Voilà ce que de moi les Grecs doivent attendre,
Et ce que de ma part vous leur pouvez aprendre.

ARISTIDE.
Si mon avis, Seigneur, peut ici se mêler....

PAUSANIAS.
Ce n'est qu'au nom des Grecs que vous devez parler,
Et n'aiant de leur part rien de plus à me dire,
Vous avez ma réponse, & cela doit suffire.
Je n'écoute plus rien, vos soins sont superflus.

ARISTIDE.
Je voi pourquoi, Seigneur, vous ne m'écoutez plus,

SCENE

SCENE II.

CLEONICE, PAUSANIAS.

CLEONICE.

Aprés tant de bienfaits & pour faveur derniere,
Pourrai-je encor, Seigneur, vous faire une priere ?
Pourrai-je à mon devoir vous faire consentir ?

PAUSANIAS.

Que ne pourrez-vous point ?

CLEONICE.

Pourrai-je enfin partir ?

PAUSANIAS.

Vous-même avec les Grecs aussi d'intelligence ?
Et vous me condamnez comme eux à votre absence !
Avec eux contre moi vous vous joignez si bien ?

CLEONICE.

Les Grecs font leur devoir, je fais aussi le mien.

PAUSANIAS.

Quoi, Madame, à partir vous êtes déja prête ?
Et mon cœur ni ma main n'ont rien qui vous arrête ?
A me fuir pour jamais vous trouvez tant d'appas ?

CLEONICE.

Seigneur, si vous m'aimez ne m'en détournez pas.

PAUSANIAS.

Si je vous aime ingrate ainsi pour me confondre,
Aux soins de mon amour vous voulez donc répondre ?
Vous voulez que toujours nous soions ennemis ?
Hé bien, vous êtes libre & tout vous est permis.
Partez, mais pour le prix d'un amour qui vous gêne,
Laissez-moi donc au moins un peu de votre haine.

CLEONICE.

Helas !

PAUSANIAS.
Vous soupirez, me haïssez-vous tant ?
CLEONICE.
On dit peu que l'on hait, Seigneur, en soupirant.
PAUSANIAS.
Puis-je oser demander pourquoi ce cœur soupire ?
CLEONICE.
Ne me demandez rien j'aurois peur d'en trop dire.
PAUSANIAS.
Ah ! dites tout de grace, achevez cet aveu.
CLEONICE.
Ma honte & mon silence en disent-ils trop peu ?
PAUSANIAS.
Si vous ne partiez point j'oserois les entendre,
Et si j'en croi vos yeux votre cœur devient tendre,
Je ne rencontre plus de haine en vos regards :
Cependant vous partez.
CLEONICE.
     Et c'est pourquoi je pars !
J'oublie en vous voiant avec trop peu de peine
Tout ce que je vous dois de colere & de haine.
Prés de vous sur mon cœur j'ai trop peu de pouvoir
Et je tâche en fuiant de sauver mon devoir.
Laissez-moi ménager quelque reste de gloire,
Ma fuite vous assure assez de la victoire,
Le peril est trop grand & n'a que trop d'appas,
Epargnez ma foiblesse & n'en triomphez pas.
PAUSANIAS.
Laissez-là triompher cette heureuse foiblesse
De la severité du devoir qui vous presse.
CLEONICE.
Puis-je trahir le sang à qui je dois le jour ?
Qui pourroit m'excuser !
PAUSANIAS.
     Que ne peut point l'Amour ?
CLEONICE.
Hé bien, Seigneur, hé bien, contre un devoir severe,
Si l'Amour sert d'excuse aux fautes qu'il fait faire,

TRAGEDIE.

Il ne tiendra qu'à vous de m'en convaincre bien,
Et sur votre devoir je reglerai le mien.

PAUSANIAS.
Il ne tiendroit qu'à moi ?

CLEONICE.
Non, Seigneur, qu'à vous-même.
Montrez-moi ce que doit un grand cœur quand il
    aime.
Montrez-moi le premier pour m'en faire une loi,
Même foiblesse en vous que vous voulez en moi ;
Montrez-moi quelque gloire ici qui vous retienne
Par l'oubli de la vôtre à negliger la mienne.
J'en croirai votre exemple & je trouverai doux
Que vous m'autorisiez à faillir aprés vous ;
Puisque la Grece en moi d'un fardeau se délivre,
J'oserai tout pour vous si vous osez me suivre.

PAUSANIAS.
Oublier mon devoir ?

CLEONICE.
Hé vous souhaitez bien,
Seigneur, qu'en vous aimant j'oublie aussi le mien ?

PAUSANIAS.
Ma foi s'est par serment engagée à la Grece.

CLEONICE.
J'ai fait serment aussi de vous haïr sans cesse.

PAUSANIAS.
Quoi, trahir mon Païs pour vous trop obeïr ?

CLEONICE.
Le sang d'un Pere est-il plus facile à trahir ?

PAUSANIAS.
D'un si coupable effort voiez pour moi la honte.

CLEONICE.
Et c'est dequoi, Seigneur, l'Amour vous tiendra conte.
Un effort de vertu n'est pas effort pour vous,
Votre cœur y suivroit son penchant le plus doux.
L'ardeur est pour la gloire aux grands cœurs natu-
    relle.
Et l'Amour ne doit rien de ce qu'on fait pour elle.

Q 2

PAUSANIAS.

Considerez mon rang.

CLEONICE.
　　　　　　　　Regardez en ces lieux
Combien pour vous l'ôter vous avez d'envieux ;
Vous êtes en peril toujours qu'on vous l'arrache,
Et de plus, c'est un rang où ma haine s'attache :
Il m'a coûté mon Pere & sur lui mon courroux,
Tombe exprés pour pouvoir se détourner de vous.
N'attendez pas ici que la Grece vous l'ôte,
La Perse peut vous rendre une grandeur plus haute ;
Vous pouvez vous y faire un rang à votre choix,
Elle a mille Sujets plus grands que tous vos Rois ;
Cessez pour des ingrats de vaincre & de combattre,
Relevés le parti que vous venez d'abattre :
Portés-y la Victoire, & par vos seuls exploits,
Changés du Monde entier le sort jusqu'à deux fois.
Ce crime, au moins, s'il faut ainsi que l'on le nomme,
Est un illustre crime & digne d'un grand homme,
Est digne d'un Heros intrepide, fameux,
Et pour tout dire enfin, d'un Heros amoureux.

PAUSANIAS.
Vous me pouvés aimer, & vous voulés cruelle
Voir flétrir ma vertu d'une tache éternelle ;
Vous m'aimés, & voulés pour prix de votre cœur,
Que de tout l'Univers je merite l'horreur.
Vous m'aimés, & l'Amour dans votre ame inhumaine,
Ne se peut empêcher d'agir comme la haine ;
Et dans les plus doux vœux que pour moi vous formés,
C'est même en ennemie encor que vous m'aimés.
Allés, Madame, en vain vous pressés ma foiblesse,
La gloire est de mon cœur la premiere maîtresse.
L'Amour a dû toujours s'attendre à lui ceder,
On devroit avec elle au moins s'accommoder,
Malgré de vos appas la puissance infinie,
Je veux me revolter contre leur tyrannie,
M'affranchir de leur charme, & pour m'en garentir
Allez Ingrate, allez, hâtez-vous de partir.

Sauvés-moi de ces yeux dont la beauté funeste,
Peut encor enchanter la vertu qui me reste ;
De ces regards cruels que j'ai trouvés trop doux ;
Emportez s'il se peut ma foiblesse avec vous ;
Déracinés l'ardeur de ma fatale flâme ;
Rompés, brisez mes fers, jusqu'au fond de mon ame.
Arrachés-m'en les nœuds, dussiez-vous en ce jour
M'arracher mille fois le cœur avec l'amour.

CLEONICE.

Ce grand effort m'apprend celui que je dois faire ;
Votre vertu m'étoit un secours necessaire ;
Il faut la contenter & mon devoir aussi,
Il faut partir enfin.

PAUSANIAS.

    Et vous partés ainsi ?

CLEONICE.

Il le faut bien, Seigneur, vous me chassés vous-même.

PAUSANIAS.

Moi, Madame ? Ah ! plutôt, c'est votre haine extrême!
C'est elle qui vous chasse avec un si grand soin.

CLEONICE.

Que n'est-il vrai, Seigneur, je serois déja loin.

PAUSANIAS.

Mais, qu'ai-je dit qui puisse à partir vous contraindre ?

CLEONICE.

Ce que vous m'avés dit me sert trop pour m'en plaindre.

PAUSANIAS.

Mais encor qu'ai-je dit qui vous presse à tel point ?

CLEONICE.

L'oubliés-vous si tôt ?

PAUSANIAS.

    Ne l'oubliés-vous point ?
Quand vous ne pourriés même en perdre la memoire,
Quoi que j'aie pu dire, avés-vous pu m'en croire,
Et ne pas pardonner dans mon cœur qui le rend,
A ce dernier éclat d'un devoir expirant !
C'en est fait, & je sens que l'ardeur qui m'emporte,

Se relâchoit exprés pour devenir plus forte ;
Et que ce fier torrent qui devoit m'accabler,
N'interrompoit son cours que pour le redoubler.
Disposés de mon cœur, vous avez la puissance
D'y mettre à votre gré le crime ou l'innocence.
La colere des Grecs ni la foudre des Dieux,
Ne l'ébranlent pas tant qu'un regard de vos yeux.
L'Amour m'attache à vous, le nœud dont il me lie
Est plus fort mille fois que Grandeur ni Patrie :
Je trouverois sans vous la Grandeur sans appas,
Et n'ai point de Patrie où vous ne serez pas.
Mais ne puis-je obtenir que pour quitter la Grece
Vous attendiés au moins encor qu'on vous en presse.
Je m'exile avec vous, s'il le faut, sans effroi ;
Demeurés s'il se peut pour regner avec moi ;
Laissés-moi voir encor si la Grece propice,
Peut vouloir qu'avec vous son General s'unisse.
Resisteriés-vous seule à nos communs souhaits ?

CLEONICE.

Ah ! la Grece, Seigneur, ne le voudra jamais !

PAUSANIAS.

Oserois-je esperer qu'il ne tint qu'à la Grece ?

CLEONICE.

Votre exemple autorise & me rend ma foiblesse ;
Allez esperez tout, vous m'aprenés trop bien,
Seigneur, que quand on aime on ne refuse rien.

SCENE III.

PAUSANIAS, DEMARATE, CHARILE.

DEMARATE.

Pardonnés-moi le trouble où vous met ma pre-
            sence,
Seigneur, & m'accordés un moment d'audience.

TRAGEDIE.
PAUSANIAS.
Parlez, je vous dois tant qu'il me seroit bien doux
De pouvoir à mon tour quelque chose pour vous.
DEMARATE.
Votre interêt, Seigneur, est le seul que j'embrasse,
Ne craignez de ma part rien qui vous embarasse :
Vous avez pour garans ma tendresse & ma foi,
Qu'aiant à vous parler, ce n'est jamais pour moi ;
C'est pour vous, pour vos jours que mes soins s'in-
  teressent...
PAUSANIAS.
Mais savez-vous, Madame, à qui vos soins s'adres-
  sent ?
J'ai honte de surprendre encore à vos bontez
Des sentimens si doux & si peu meritez ;
Et pour leur prix au moins je veux bien vous aprendre
Combien j'en suis indigne avant que rien entendre.
Apprenés que je suis en effet malgré moi,
Plus ingrat que jamais à ce que je vous doi ;
Qu'avec un seul regard presque sans resistance,
L'Amour a triomphé de ma reconnoissance ;
Qu'enflamé, qu'enchaîné, que tout percé de coups,
Mon cœur n'a qu'un moment pu combattre pour vous ;
Que toute ma vertu par la votre excitée,
S'est en votre faveur vainement revoltée ;
Que mes efforts n'ont fait que resserrer mes nœuds ;
Qu'aprofondir ma plaie & qu'irriter mes feux ;
Abandonnés des jours dignes de votre haine.
DEMARATE.
Je le voi bien, Seigneur, tous mes soins vous font peine,
Votre propre salut pour qui j'ai tant d'effroi,
Vous deviendroit à charge à le tenir de moi :
Il vous coûteroit trop au prix d'un grand service,
De me devoir vos jours & même Cleonice ?
PAUSANIAS.
Cleonice ? on voudroit l'ôter à mon espoir ;
Puisqu'il vous plaît, Madame, il faut vous tout devoir.
Parlez, par vos bontez, comblez mon injustice.

Q 4

PAUSANIAS,

DEMARATE.
Hé vous ne m'écoutez qu'au nom de Cleonice !
Vous pouviez à ma honte insulter un peu moins,
Vous craignez de devoir votre vie à mes soins ?
Et rendant ma tendresse à moi-même fatale,
Vous n'aprehendez pas d'y devoir ma Rivale ?
N'importe, il faut, Seigneur, en sacrifiant tout ;
Pour confondre un ingrat le servir jusqu'au bout.
Votre Rival piqué de perdre ce qu'il aime,
A cru qu'en même état je la serois de même ;
Que mon dépit caché n'avoit pas moins d'ardeur,
Et s'est ouvert à moi pour découvrir mon cœur.
J'ai d'abord contre vous feint pour mieux vous dé-
    fendre,
D'embrasser le parti qu'il me pressoit de prendre.
J'ai juré votre perte & promis d'éclater,
Avec moi cette nuit il doit tout concerter :
Et dés que j'aurai sçu ce qu'il veut entreprendre,
Soiez sûr qu'aussi-tôt j'irai vous tout aprendre.

PAUSANIAS.
Dieux ! faut-il qu'un ingrat toujours vous doive tant !
Je vais faire garder Cleonice à l'instant.

DEMARATE.
Quoi pour l'unique prix de ce dernier service,
Seigneur, vous me quittez déja pour Cleonice ?

PAUSANIAS.
Vous qui savés aimer excusés un Amant,
Sa sûreté m'engage à cet empressement.

DEMARATE.
Il n'est rien qui vous presse encor pour sa défence
On ne doit pas d'abord tenter la violence :
Mais votre empressement doit être à redouter,
Peut me rendre suspecte & tout précipiter :
Je ne répons de rien pour peu qu'on me soupçonne.

PAUSANIAS.
Mon sort est en vos mains & je vous l'abandonne.
Cependant, puisqu'il faut qu'on ne soupçonne rien,
On peut se défier d'un trop long entretien,

DEMARATE.
Cette précaution ne sauroit être vaine,
Mais, Seigneur, c'est un soin que j'oubliois sans peine,
Vous n'y songez que trop.
PAUSANIAS.
Ah! pour tant de bienfaits
Que ne puis-je...
DEMARATE.
Epargnez d'inutiles souhaits.
Ils redoublent ma honte & la gloire d'une autre,
Seigneur, je suis mon sort, allez, suivez le vôtre :
Le vôtre est d'être ingrat, & le mien de savoir,
Et souffrir sans murmure & servir sans espoir.
Il s'en va donc enfin.

SCENE IV.
DEMARATE, CHARILE.
CHARILE.

Il sort l'ame interdite.
Il vous quitte confus.
DEMARATE.
Mais enfin il me quitte.
Il ne me peut souffrir, & j'ai beau tout tenter.
Amour, services, soins, rien ne peut l'arrêter.
CHARILE.
J'admire que votre ame ait tant pu se contraindre.
DEMARATE.
Tu l'as vu, jusqu'ici, j'ai souffert sans me plaindre.
J'ai pris d'extrêmes soins, fait les derniers efforts
Pour retenir l'ardeur de mes jaloux transports :
Mais crois-tu dans mon ame à force de contrainte,

Mes transports étouffez, ma jalousie éteinte,
Penses-tu qu'en effet sous ce calme apparent,
Dans le fonds de mon cœur l'orage soit moins grand.
J'ai cru par de grands soins toucher un grand courage,
Regagner, rarement doucement un volage.
Et donner à son cœur, & laisser à sa foi
Des moiens & du temps pour revenir à moi ;
Mais perdant tout espoir, l'Amour même déchaîne
Un dépit trop contraint, qui m'échappe & m'entraîne,
Un dépit à son comble à la fin parvenu,
Furieux d'autant plus qu'il s'est plus retenu,
Un dépit aussi fort que mon Amour fut tendre.
De tant de soins perdus j'ai du moins profité,
D'avoir mis ma vengeance en pleine sûreté,
Sans crainte & sans soupçon de mon dépit extrême,
Ma victime à mes coups s'offrit à elle-même,
Et sera de concert avecque ma fureur,
Pour m'aider à trouver le chemin de son cœur.

CHARILE.
Il mourra donc enfin l'ingrat qui vous offence ?

DEMARATE.
Il mourra, ce seroit trop peu pour ma vengeance.
Il faut pour le punir au gré de mon transport
Quelque genre de peine au dessus de la mort.
Dans un cœur trop charmé, tu viens de voir sans cesse,
Ce que peut de l'Amour la derniere tendresse ;
Dans un cœur outragé, vien, Charile, vien voir
Ce que peut à son tour l'Amour au desespoir.

Fin du quatriéme Acte.

ACTE V.

SCENE PREMIERE.

EURIANAX, PAUSANIAS.

EURIANAX.

Dans quel trouble, Seigneur, vous vois-je ici paroître ?
Ce grand courage ainsi peut-il se reconnoître ?
Quoi, le danger étonne un cœur si glorieux ?

PAUSANIAS.

Quel danger ? que dis-tu ? parle, & t'explique mieux.

EURIANAX.

Apprenez donc, Seigneur, qu'une Troupe mutine,
Maîtresse de la Ville au Palais s'achemine,
Que dans la nuit tout cede, & que votre Rival
Même sans qu'il paroisse est nommé General :
Qu'il n'a qu'à se montrer pour recevoir l'Empire,
Et qu'en ces lieux enfin contre vous tout conspire.

PAUSANIAS.

Les mutins sont un Chef dont je prens peu d'effroi,
Aristide est ici le seul... Mais je le voi.

SCENE II.

ARISTIDE, PAUSANIAS, SOPHANE, EURIANAX.

ARISTIDE.

JE me dérobe aux Grecs & viens ici moi-même
Défendre en vous, Seigneur, l'honneur du Rang suprême,
C'est en vain qu'à le perdre on peut se voir forcé,
Le caractere au moins n'en peut être effacé.
Mon zele encor pour vous des factieux m'écarte.

PAUSANIAS.
D'un zele Athenien je juge en Roi de Sparte.
Je veux bien y répondre avec un libre aveu,
Je l'estime beaucoup, & m'en défie un peu.
Voions où des mutins l'audace peut s'étendre.

ARISTIDE.
Souffrez qu'auparavant j'ose vous tout apprendre :
J'ai des Amis en foule à la porte arrêtez,
Qui m'ont suivi sans bruit de differens côtez :
A vous garder ici mon ordre les engage.

PAUSANIAS.
Et tout cela par zele & pour mon avantage ?

ARISTIDE.
Si vous en jugez bien, vous n'en sauriés douter.
Pour vous au moindre effort tout est à redouter.
Craignez tout des mutins ..

PAUSANIAS.
    Quoi donc vous pouvés croire
Que si je perds mon Rang je survive à ma gloire ?

TRAGEDIE. 373

Que je puisse ramper dans un destin plus bas !
Qu'ai-je à craindre en tombant que de ne périr pas !
Qu'un peuple ingrat acheve & ma perte & son crime,
D'un Chef qui l'a sauvé qu'il fasse sa victime,
Et m'ôte enfin la vie avec ma dignité,
Pour prix de mes travaux & de sa liberté.

ARISTIDE.

Encore un coup, craignez une fureur extrême,
Et si votre grand cœur ne craint rien pour vous-même,
Songez contre quel sang les Grecs sont animez,
Et du moins craignez tout pour ce que vous aimez.

PAUSANIAS.

Ah ! que vous savez bien chercher avec adresse,
Par où mon cœur peut craindre, & trouver sa foiblesse !
Que votre ambition a de rafinement !
Et qu'elle se prévaut de mon égarement !

ARISTIDE.

Je n'ai rien épargné, Seigneur, je le confesse,
Pour mettre en mon païs l'Empire de la Grece.
J'en obtiens l'avantage, & sans en rien garder,
Je ne veux que l'honneur de le pouvoir ceder.
En faveur d'un ami mon estime en dispose ;
Voilà l'ambition que mon cœur se propose,
C'est le but de mes vœux, & des soins que j'ai pris.

PAUSANIAS.

Sauvez-moi ce que j'aime, il n'importe à quel prix.

ARISTIDE.

Fiez-vous-en à moi, vos feux n'ont rien à craindre,
La fureur des mutins par mes soins peut s'éteindre ;
Et pour vous rendre en paix, maître de votre espoir,
Je veux les renvoier au camp dans leur devoir ;
Je vais y donner ordre avecque diligence.

PAUSANIAS.

Cependant Cleonice est-elle en assurance !

ARISTIDE.

Sophane aiez-en soin, pour la garder, prenez

Tous les Amis qu'ici nous avons amenez.
PAUSANIAS.
De grace en ma faveur que votre soin redouble ;
Respectés son repos, empêchés qu'on le trouble ;
De son appartement qu'on s'approche sans bruit,
Et qu'il n'arrive rien sans que j'en sois instruit.

SCENE III.

PAUSANIAS, EURIANAX.

PAUSANIAS.

JE doute Eurianax, si mon amour extrême
Doit pour la bien garder se fier qu'à moi-même,
Tout me paroît suspect, mon cœur inquieté,
Ne la peut croire encor assez en sûreté.
Cherchons nos vrais Amis.
EURIANAX.
     Le peu qui vous en reste
Garderoit mal un bien qui vous est si funeste.
Un bien pour qui l'Amour vous fait tout oublier,
C'est à vos ennemis qu'il faut vous en fier.
Vous l'avez aux dépens d'une grandeur trop haute
Pour craindre qu'Aristide endure qu'on vous l'ôte ;
Et son zele avec joie à ce prix employé,
Pour servir mal vos feux en est trop bien païé.
Il vous en doit coûter la grandeur souveraine,
Même à votre Rival vous la cedés sans peine,
A l'ennemi mortel qui s'est cru tout permis.
PAUSANIAS.
Laisse mourir ma haine avec mes ennemis,
Je cede un bien sans peine à qui n'y peut prétendre,

EURIANAX.

Quoi donc votre Rival...

PAUSANIAS.

Je te vais tout apprendre.
J'attendois Demarate, & devois cette nuit
Des plus secrets complots être par elle instruit.
Confus de tant d'efforts que l'Amour lui fait faire,
Je me suis retiré plutôt qu'à l'ordinaire ;
Ordonnant que chez moi sans rien considerer,
Demarate en tout temps eût liberté d'entrer.
Déja las de veiller & fatigué d'attendre,
Un sommeil inquiet m'étoit venu surprendre :
Et des songes confus m'agitoient tour à tour,
Suivant tantôt ma haine & tantôt mon amour.
Je me croiois au bord d'un affreux précipice,
Où mon Rival sembloit entrainer Cleonice ;
Lors saisi de crainte & d'horreur travaillé,
La voix de Demarate enfin m'a réveillé,
Seigneur, a-t'elle dit, tremblante, hors d'haleine,
Et pour trop se presser s'exprimant avec peine,
Vengez-vous d'un Rival, d'un perfide Ennemi,
Le voici qui prétend vous surprendre endormi ;
Sans suite, & déguisé sur mes pas il s'avance,
Hâtez-vous. J'ai voulu le joindre en diligence :
Mais je ne sai comment me trouvant sans clarté,
Et marchant au hazard parmi l'obscurité,
Mon Rival aveuglé de sa fureur extrême,
Au fer qui le cherchoit s'est presenté lui-même ;
Et tombant sans parler ni faire aucun effort,
Un premier coup fatal a suffi pour sa mort :
Tant son ame étonnée à la hâte est partie,
Au premier jour ouvert à sortir de la vie.
Demarate a couru chercher de la clarté,
Mais honteux d'un trepas qui m'a si peu coûté,
Et sentant dans mon cœur je ne sai quel murmure,
Reprocher à mon bras cette vengeance obscure :
J'en ai fui le spectacle & me suis retiré,
Jusqu'ici dans le trouble où tu m'as rencontré.

Mais enfin, il est temps que mon cœur se degage,
Des restes importuns d'une funeste image.
Je ne veux plus songer qu'à la felicité
Dont mes feux vont jouir avec tranquillité,
Qu'à la douceur de vivre aimé de ce que j'aime
Content, débarassé des soins du Rang suprême,
Et de passer enfin au gré de mes desirs,
Du faiste des Grandeurs au comble des plaisirs.

EURIANAX.

Quel changement, Seigneur, d'un cœur tel que le votre !

PAUSANIAS.

Un grand cœur quand il aime, aime encor plus qu'un autre,
Et les mêmes ardeurs, les mêmes sentimens
Qui font les grands Heros font les tendres Amans.
N'attends pas de mon cœur de communes tendresses,
Ni rien que d'éclatant jusques dans mes foiblesses.
Mon courage trop grand ne se peut démentir,
Mes fautes, mes erreurs, tout s'en doit ressentir,
Et j'oserai porter, quoi qu'on en puisse croire,
Mon amour aussi loin que j'ai porté ma gloire.

SCENE IV.

PAUSANIAS, ARISTIDE, EURIANAX.

PAUSANIAS.

HE' bien qu'avez-vous fait ?
ARISTIDE.
Tout ce que j'ai promis,
Le tumulte est calmé, les mutins sont soumis,
J'ai vu votre Rival lui-même les conduire.
PAUSANIAS.
Mon Rival ?
ARISTIDE.
Il promet de ne jamais vous nuire.
PAUSANIAS.
Hé mon Rival lui-même aussi vous a parlé ?
ARISTIDE.
Oui, Seigneur, votre amour ne sera plus troublé,
J'en ai pris sa parole, & s'il s'osoit dédire,
Je vous en suis garant, cela vous doit suffire ;
Du trouble où je voi vous devez revenir.
PAUSANIAS.
Je ne le puis cacher, j'ai peine à le bannir.

SCENE V.

PAUSANIAS, ARISTIDE, SOPHANE, EURIANAX.

PAUSANIAS.

Mais Sophane en ces lieux, quel ordre vous rappelle ?
Vous quittés Cleonice.

SOPHANE.

Elle n'est pas chez elle,
Seigneur, & j'ai voulu la chercher vainement.

PAUSANIAS.

Cleonice n'est pas dans son appartement ?
Et vous n'avés point sçu ce qu'elle est devenuë ?

SOPHANE.

En habit déguisé pour passer inconnuë,
Quelques-uns de vos gens craignant les factieux
L'ont mise en sûreté chez Demarate...

PAUSANIAS.

O Dieux !

SOPHANE.

J'ai cherché Demarate & je l'ai rencontrée,
Mais elle ne s'est point avec moi déclarée.
Elle même vous cherche avec empressement,
Elle ne veut s'expliquer qu'avec vous seulement,
Vous la voiés.

SCENE VI.

PAUSANIAS, DEMARATE, ARISTIDE, SOPHANE, EURIANAX.

PAUSANIAS.

MAdame où donc est Cleonice ?
DEMARATE.
Il est juste, il est temps que je vous éclaircisse,
Je vous aimois, Seigneur, & pour vous regagner,
Je n'ai, vous le savés, voulu rien épargner...
PAUSANIAS.
Cleonice, il est vrai, m'a fait tout méconnoître,
Je le sai, mais enfin Madame, où peut-elle être ?
DEMARATE.
Laissés-moi m'expliquer pour vous bien faire voir...
PAUSANIAS.
De grace expliqués-moi ce que je veux savoir,
Tirés-moi des horreurs d'un embaras funeste,
Parlés de Cleonice & laissés tout le reste.
DEMARATE.
Que vous pressés le coup qui vous doit accabler,
J'en tremble encor pour vous, commencés d'en trembler.
J'ai trompé Cleonice en lui faisant entendre,
Que contre elle les Grecs vouloient tout entreprendre,
Et qu'aprés tant de soins qui vous prouvoient ma foi,
Votre amour n'avoit pû la confier qu'à moi.

PAUSANIAS.
Et qu'en avez-vous fait ?
DEMARATE.
Déguisée & sans suite
Je l'ai secretement jusques chez vous conduite.
PAUSANIAS.
Chez moi ?
DEMARATE.
Dans votre Chambre enfin, même en effet
Jusqu'en vos mains, voiez ce qu'elles en ont fait.
PAUSANIAS.
Qu'entens-je ?
DEMARATE.
Entendés tout il n'est plus temps de feindre,
Mon dépit n'a pour vous que trop sçu se contraindre,
Il n'a laissé que trop éclater mon amour,
Et c'est à ma vengeance à paroître à son tour.
Durant votre sommeil m'avançant la premiere,
J'ai pris l'occasion d'éteindre la lumiere.
Cleonice a sans peur suivi mes pas chez vous,
J'ai ménagé ce temps pour l'offrir à vos coups,
Sous le nom d'un Rival par une erreur fatale,
J'ai forcé votre amour d'immoler ma Rivale :
Par l'excés de vos feux j'ai sçu vous éblouïr,
Je me suis fait venger par qui m'a sçu trahir.
C'étoit peu pour me faire une vengeance pleine,
D'armer contre vos jours la fureur ni la haine ;
J'ai pris soin d'oser plus que vous ôter le jour,
Et d'armer l'Amour même enfin contre l'Amour.
PAUSANIAS.
Ah ! Barbare !
DEMARATE.
Eclatés, suivés votre colere,
Je me suis satisfaite & veux vous satisfaire ;
J'ai mis votre rigueur en droit de tout oser,
Ce dernier sacrifice a dû l'autoriser,
Il a rendu pour moi votre horreur legitime,

TRAGEDIE.

Vous nous deviés enfin cette grande victime,
Vous nous l'avés offerte, & je viens sans effroi,
Vous offrir à mon tour celle que je vous doi.
Achevés, vangés vous, & vangés ma Rivale,
Que la mort rende au moins notre fortune égale,
Et que le même bras du même fer armé
Joigne un sang odieux à ce sang trop aimé.
Vous dédaignés, Seigneur, de vous rendre justice,
Vous me refusez tout jusques à mon supplice ;
Mais au refus du bras qui me veut négliger,
Le fer qui m'a vengée au moins vous doit venger.

Elle fuit avec l'épée de Pausanias.

ARISTIDE.
O Dieux ! courons...

EURIANAX *arrêtant Aristide.*
Seigneur, Sophane l'a suivie,
Prés d'elle il suffira pour assurer sa vie.
De grace demeurons prés de Pausanias,
A ses premiers transports ne l'abandonnons pas,
Fût-il votre ennemi, fut-il cent fois coupable,
Voiés où l'a réduit son amour déplorable.

ARISTIDE.
Je plains l'état funeste où ses malheurs l'ont mis,
Et les infortunés sont toujours mes amis :
Un affreux desespoir dans ses regards éclate ;
Mais Sophane revient & quitte Demarate.

SCENE DERNIERE.

SOPHANE, PAUSANIAS, ARISTIDE, EURIANAX.

SOPHANE.

Avant qu'on l'ait pu joindre elle a fini son sort,
Et prévenu nos soins par une prompte mort.
D'un coup précipité mortellement frappée...

PAUSANIAS.

Donnés, rendés-la moi cette fatale épée,
Je ne suis donc plus libre ; & pour me voir souffrir,
On prétend m'ôter tout jusqu'au droit de mourir.

ARISTIDE.

Vivés, Seigneur...

PAUSANIAS.

Cruel ! quoi toujours me poursuivre ?
Que vous ai-je donc fait pour me forcer de vivre ?
Malgré nos differens & vôtre inimitié,
Suis-je trop peu puni pour vous faire pitié ?
Considerés l'excés du malheur qui m'accable,
Sur le point d'obtenir un objet adorable :
Un objet par l'Amour à la haine arraché ;
Malgré le sang d'un Pere en ma faveur touché ;
Pour qui de mon devoir j'ai perdu la memoire,
Abandonné mon Rang, sacrifié ma gloire ;
Pour qui j'ai tout trahi, pour qui j'ai tout quitté ;
Enfin d'autant plus cher qu'il m'avoit plus coûté ;
Aprés tant de perils, tant de soins, tant d'allarmes,
Prêt à voir dans mes bras cet objet plein de charmes,
Par une aveugle erreur, par un coup inhumain,
Je le perds, je l'immole, & de ma propre main.

Laissez mêler mon sang au sang de Cleonice,
Puisqu'il ne se peut plus que l'Amour nous unisse;
Ne nous separez pas par un dernier effort,
Et nous laissez au moins rejoindre par la mort.
EURIANAX.
Vivés pour tous les Grecs.
PAUSANIAS.
     Par un zele barbare
Eurianax aussi contre moi se declare,
A l'horreur de la vie il veut me condamner,
Lors que c'est mille fois pis que m'assassiner.
Croiez-vous malgré moi me sauver de moi-même,
Non en dépit de vous je suivrai ce que j'aime,
Et pour nous réunir malgré tout votre effort,
Tout desarmé qu'il est l'Amour n'est que trop fort.
Défens-moi donc Amour de leur pitié cruelle
Aigri mon desespoir, rens ma douleur mortelle,
Défai-moi d'une vie unie à tant d'horreurs,
C'en est fait il m'exauce, & je sens que je meurs.
ARISTIDE.
Ses jours semblent finis, je n'ose en rien attendre;
Mais ne negligeons rien des soins qu'on lui peut rendre.

FIN.

www.ingramcontent.com/pod-product-compliance
Lightning Source LLC
Chambersburg PA
CBHW060601170426
43201CB00009B/858